복 있는 사람
오직 여호와의 율법을 즐거워하여 그 율법을 주야로 묵상하는 자로다.
저는 시냇가에 심은 나무가 시절을 좇아 과실을 맺으며 그 잎사귀가
마르지 아니함 같으니 그 행사가 다 형통하리로다. (시편 1:2-3)

사자와 어린양

Brennan Manning

The Relentless Tenderness of Jesus

사자와 어린양

브레넌 매닝 지음 | 송형만 옮김

복 있는 사람

사자와 어린양

2002년 3월 9일 초판 1쇄 발행
2012년 3월 12일 재조판 1쇄 발행
2022년 11월 21일 재조판 3쇄 발행

지은이 브레넌 매닝
옮긴이 송형만
펴낸이 박종현

(주) 복 있는 사람
서울특별시 마포구 연남동 246-21(성미산로 23길 26-6)
Tel 723-7183(편집), 723-7734(영업·마케팅) | Fax 723-7184
hismessage@naver.com
등록 1998년 1월 19일 제1-2280호

ISBN 89-6360-078-9

The Relentless Tenderness of Jesus
by Brennan Manning

Copyright ⓒ 1986, 2004 by Brennan Manning
Originally published in English under the title *The Relentless Tenderness of Jesus*
published by Revell
A division of Baker Publishing Group
P.O. Box 6287, Grand Rapids, MI 49516, U.S.A.
All rights reserved.

Translated and used by the permission of Baker Publishing Group
through the arrangement of rMaeng2, Seoul, Korea.
This Korean edition Copyright ⓒ 2002 by The Blessed People Publishing Co., Seoul. Korea.

이 책의 한국어판 저작권은 알맹2 Agency를 통해 Baker Publishing Group과 독점 계약한 (주) 복 있는 사람이 소유합니다. 저작권법에 의하여 한국 내에서 보호를 받는 저작물이므로 무단전재와 복제를 금합니다.

이 책을 피트, 로이스 켈리, 로이스 스미스에게 바친다.
그들은 포기를 거부함으로써 "끝까지 버티라"는 진부한 경구에
유머와 희망이라는 새로운 의미를 담아냈다.

차례

서문 · 9

저자서문 · 13

이 책으로 은혜를 거두는 방법 · 17

예수님을 체험하다

1. 하나님과 자신에 대한 생각을 바로잡음 · 23
2. 예수님을 만난 날 · 45
3. 말씀 안의 자유 · 57
4. 가난하지만 풍요로운 자 · 79

부활절의 예수님

5. 성령 안에서 모두 내려놓음 · 103
6. 투명한 제자 · 127
7. 중심에서 비껴난 삶 · 151
8. 거침없는 신뢰 · 175
9. 사자와 어린양, 예수의 무자비한 온유하심 · 189

크리스마스의 예수님

10. 위대한 희망의 절기 · 209
11. 크리스마스의 위기 · 215
12. 크리스마스의 묵상가 · 231
13. 크리스마스는 자유다 · 249
14. 마구간에 난파한 자 · 261

스터디 가이드 · 279
주 · 291
지은이 소개 · 294

서문

브레넌과의 두 번의 개인적인 만남이 내 삶에 깊은 영향을 주었다.

내가 영성 지도를 청한 뒤에 우리는 처음 만났다. 당시 내 마음에는 영적인 고통이 깊이 자리 잡고 있었고, 나는 그 고통에서 벗어날 길이 없었다. 내가 그 추한 내용을 상세히 이야기하자 브레넌은 눈물을 흘렸다. 나는 생각했다. '흠, 굉장하군! 내 이야기가 브레넌 속에 막혀 있던 어떤 것을 건드렸나 보군. 이제 내가 그를 도와야겠다.'

이렇게 나 자신의 영적 고통에 교만과 고상한 자기연민의 감정을 덧칠하고 있을 때, 브레넌이 조용히 말했다. "래리, 당신과 함께 있을 때마다 나는 예수께로 강하게 이끌려 갑니다."

나는 너무 깜짝 놀라서 물었다. "왜지요?"

"당신은 당신과 아바 사이를 가로막는 모든 것을 미워하기 때문입니다."

차를 몰고 집으로 돌아오는 길에 나는 목청껏 노래를 불렀다. 누군가가 나를 구원하는 눈으로, 희망찬 사랑의 눈으로 봐 준 것이다. '그래, 이런 것이 바로 복음이지!'라고 생각했던 기억이 난다.

그를 두 번째로 만난 곳은 9층의 어느 호텔방 발코니였다. 브레넌과 나는 어느 목회자 컨퍼런스에서 막 강연을 마친 뒤였다. 우리는 공항으로 출발하기 전에 잠시 조용한 시간을 즐기고 있었다.

내가 별 뜻 없이 물었다. "다음은 어디로 가시는지요?"

그가 대답했다. "내일부터 7일간 침묵 피정을 시작합니다. 지도를 하는 것은 아니고 제가 피정을 합니다."

"그런 일에 정통하신 것으로 아는데, 제게 조언을 좀 해주세요. 세상을 벗어나서 주님과 단둘이 한 주일을 지내고 나면 무엇이 달라지나요?"

내 생각에 의도적이지는 않았지만 브레넌은 다음과 같은 말로, 나의 미국식 실용주의에 점잖게 선을 그었다. "피정으로 무엇을 얻게 되는지는 모릅니다. 길게 생각해 본 적도 전혀 없고요. 단지 내 모습을 보여드리면 기뻐하시는 하나님의 모습을 그려 볼 뿐이지요."

브레넌과 헤어지고 나오면서, 나는 나를 향하신 하나님 아버지의 애정을 더 체험하고 싶은 큰 갈망을 느꼈다.

「사자와 어린양」을 읽은 것이 브레넌과의 세 번째 만남이었다. 하지만 앞에서 이야기한 두 번의 만남이 그랬던 것처럼, 브레넌과의 만남이라기보다 하나님과의 만남이었다.

"신비가는 갈증에 지배받는 삶을 사는 사람이다." 이 책 12장에 나오는 말이다.

나는 이 책을 몇 시간 전에 읽기 시작해서 방금 끝마쳤다. 마침 적절한 때에 주어진 기회였다. 나는 이번 주를 일종의 개인 피정을 위해 비워 두었다. 최근 나의 영적 여정은 사막에 다다랐다. 날씨는 너무 뜨겁고 목이 엄청 마르다. 그러나 눈에 보이는 것은 지평선까지 끝없이 이어지는 불타는 모래사막뿐이다. 물은 보이지 않고 갈증은 극에 달해서 거의 포기에 다다른 상태였다. 나는 이 포기를 신뢰라는 이름으로 불러왔다.

예전에도 이 사막에 온 적이 있었다. 이곳에는 어떤 법칙이 존재한다. 내가 삽을 내려놓을 때, 물을 찾기 위해서 해야 할 일이 무엇인지 궁리하기를 포기할 때, 비로소 샘이 터진다.

이번에는 성령께서 브레넌의 책을 사용하셨다. 포기가 새로운 갈증과 희망을 낳는 것이 느껴진다. 솔직하고, 은혜로 가득 차 있고, 겸손하게도 우상 파괴적이고, 분명 꾸밈은 없지만 조금은 부드러운 어투로 쓰인 이 책을 읽으면서, 나는 친숙한 물 곧 생명에 목마른 사람들만이 누릴 수 있는 생명수를 맛볼 수 있었다.

근원적인 기독교. 진실한 것들. 모든 것을 변하게 하는 예수님과의 충격적인 만남. 그분 사랑의 체험. 사자께서 모든 거짓된 희망을 찢어 흩어 버리시도록 맡김. 어린양의 등에 업혀 집으로 돌아옴. 이것이 이 책의 전부다. 당신도 이 책을 읽고 다시금 희망을 갖게 되기를 바란다!

래리 크랩 박사

저자 서문

돌아가시기 전날 밤 예수님은 아버지께 기도하셨다. "아버지께서 저를 사랑하셨듯이 저들을 사랑하시[오니]……저를 향한 아버지의 사랑이 저들 안에도 살아 있게 하소서"(요 17:23, 26, NAB). 이 구절을 메시지 성경은 이렇게 옮겼다. "아버지께서 나를 보내셨다는 것을, 아버지께서 나를 사랑하신 것같이 그들도 사랑하셨다는 것을……나를 사랑하신 아버지의 사랑이, 내가 그들 안에 있는 것과 똑같이 그들 안에도 있게 될 것입니다."

이렇게 연결시켜 읽는 이 대목은 우리의 생각을 굴복시키고, 마음을 아득하게 하며, 말문이 막히게 한다. 이것이 성인들로 하여금 기쁨에 넘쳐 고백하게 했으며, 신비가들로 하여금 그들의 영적인 독을 해독할 수 있게 한 원천이었다. 그리고 성육신 사건과 더불어, 이것은 기독교 신앙에 제시된 가장 특별한 요구였다.

"하나님은 당신의 아들 예수 그리스도를 사랑하신 그만큼 여러분을 사랑하신다."

성경은 이처럼 있는 그대로 그리고 단호하게 전한다. 물론 편향된 생각으로 무장한 급진 좌파나 극우파들은 소리 높여 반대할 것이다. 그들 가운데 어느 쪽도 성경적인 명료함을 가지고 살지 못하기 때문이다. 오른편 사람들은 건조한 어투에 겁을 먹을 것이다. 왼편 사람들에게는 꼬치꼬치 따지기 위한 복잡한 어조가 필요하다. 양 진영의 미디어 전문가들은 반신불수 환자들이다. 왼편 사람들은 근본주의에 대한 고발을 쏟아 내고, 오른편 사람들은 광적인 자유주의를 성토한다.

그 어느 진영도, 하나님께서 예수 그리스도를 통해서, 그분 안에서 보여 주신 것에는 무지하다. 인간과 하나님 사이의 거리가 이보다 더 극명하게 벌어진 곳이 없다. 당신은 배우자를 90퍼센트, 직장 동료를 50퍼센트, 당신의 변호사를 20퍼센트씩 나누어 사랑할 수 있을 것이다. 하나님께서 예수에게 100퍼센트, 마더 테레사에게 70퍼센트, 그리고 당신에게 2퍼센트, 이런 방식으로 사랑을 나누어 주신다고 생각한다면, 그것은 당신의 생각일 뿐이다. 피터 반 브리멘(Peter van Breeman)이 말했듯이, "우리는 사랑을 가지고 있지만, 하나님은 사랑 그 자체이시다." 사랑은 하나님께서 꾀하시는 많은 행위들 가운데 하나가 아니다. 하나님의 존재 전체가 사랑이시다.

시편 기자는 이렇게 노래한다. "잠시 멈추라. 그리고 내가 하나님인 것을 알라"(시 46:10, JB). 나는 예루살렘 성경(JB)의 이 번역을 좋아한다. 정지 상태에 이르기 위해서, 내적인 고요함에 들어가기 위해서는 시간이 필요하기 때문이다. 내면의 고요함은 단순한 침묵 이상의 것이며 고독을 넘어서는 것이다. 내면의 고요함은 너무도 깊은 것이어서 말로는 표현할 수 없다. 자의식의 방해를 벗어난 우리의 주의력은 온전히 하나님과 그분의 사랑에만 집중하게 된다. 이 거룩한 '현재' 속에서 우리는 하나님께서 당신의 사랑의 양을 저울에 달아서 예수에게는 100퍼센트를 주시고 우리에게는 아주 작은 조각을 주실 수가 없음을 즉시 깨닫게 된다. 시에나의 카타리나(Catherine of Siena)는 열정적인 행동 속의 묵상가였다. 그에게 자신이 체험한 하나님의 모습을 설명해 달라고 하자, "그분은 사랑의 바보, 사랑에 취한 분"이라고 외쳤다. 인간의 모든 언어가 그렇듯이 이 말은 여전히 부족하고 부정확하다. 인간의 말은 하나님의 신비를 오염시키게 마련이기 때문이다.

닛사의 그레고리(Gregory of Nissa)는 말했다. "개념이 우상을 만든다. 경이로움만이 모든 것을 이해한다." 1985년에 작고한 뛰어난 독일 신학자 칼 라너(Karl Rahner)는 이렇게 말했다. "어떤 것들은, 우리가 그것을 파악함으로써 이해하는 것이 아니라, 우리 자신이 파악되도록 스스로 허락함으로써 이해하게 된다." 당신이 이 글들을 읽는 동안에, 나는 당신이 이해받도록 자신을 내어놓기를, 그리고 "잠시 멈추고", 당신의 부서진 그 상태 안에서 사랑받도록 자신을 내어놓기를 기도한다.

이 책으로 은혜를 거두는 방법
기도 모임을 위한 내적 길잡이

책을 읽는 데는 두 가지 방법이 있으며, 나는 이 두 방법을 모두 사용해 왔다. 하나는 책을 외적으로 읽는 방법이다. 이러한 독서는 정보를 얻기 위한 것이다. 정보는 설교문을 쓰거나 토론을 인도하고, 쓰고 있는 책에 인용하고, 토론에서 내 주장을 뒷받침하며, 어떤 책이 영적 추구나 영적 전투 중인 친구에게 도움이 될지를 정하기 위해서 필요하다.

두 번째 방법은 내적인 독서법인데, 이것은 내용을 체험하고, 그 책이 설명하는 하나님을 내면화하기 위한 방법이다. 그러기 위해서는 천천히 읽어야 하며, 방금 읽은 대목을 묵상하기 위해 자주 멈추기도 하고, 경우에 따라서는 책 전체를 다시 읽기도 한다. 나는 정보보다는 변화를 추구하며, 그 시간이 바로 기도 안에 침잠하는 시간이다.

나는 개인적인 경험을 통해서, 기도 모임에서 영감과 성찰을 서로 나누는 것이 큰 도움이 된다는 것을 알았다. 형편상 이러한 모임이 힘들다고 해도, 그 방법을 모색하는 당신을 성령께서 고아처럼 내버려 두시지 않을 것이다. (어쨌든 우리에게 독백은 불가능하다. 신학자 태드 던(Tad Dunne)의 말처럼 "영적 성장이란 자신이 온전히 혼자 있을 수 있다는 착각을 포기하는 것"이다.)

내가 에브라임에게는 사자 같고 유다 족속에게는 젊은 사자 같으니
바로 내가 움켜 갈지라. 내가 탈취하여 갈지라도 건져 낼 자가 없으리라.
그들이 그 죄를 뉘우치고 내 얼굴을 구하기까지 내가 내 곳으로 돌아가리라.

호세아 5:14-15

죽임을 당하신 어린양은
능력과 부와 지혜와 힘과 존귀와 영광과 찬송을 받으시기에 합당하도다.

요한계시록 5:12

예수님을
체험하다

1
하나님과 자신에 대한 생각을 바로잡음

지난 15년 동안의 내 사역은 무엇보다도 하나님에 대한 우리의 생각을 바로잡는 일과 다를 것이 없었다. 아바, 아버지이신 하나님의 조건 없는 사랑에 대해 가르쳤던 것은, 사람들이 그릇된 환상과 신화를 버리고 예수 그리스도의 하나님을 체험하도록 돕기 위해서였다. 나는 바로 이것이 종교의 주된 임무라고 믿는다. 종교란 하나님에 대해 생각하는 방법을 배우는 것이 아니라 실제로 하나님을 만나는 일이다.

환상을 버리는 것은 괴로운 과정이다. 우리는 환상에 의지해서 살아가기 때문이다. 하나님의 성령은 환상의 가면을 벗기고 성상(icon)과 우상을 부수시는 위대한 분이시다. 성령은 우리가 얼마만큼 헛된 형상(images)에 매달려 있든 그것에 안주하는 것을 허락하지 않으신다. 그런 거짓을 벗었을 때 우리가 얼마나 적나라하게 벌거벗게 되는지도 개의치 않으신다. 벌거벗은 채로 진리 안에 사는 것이, 옷을 입고 환상 속에 사는 것보다 낫기 때문이다.

하나님을 인간 차원의 왜소한 하나님으로 만들고, 우리가 마음대로 주무를 수 있는 개념으로 표현하고 싶은 끈질긴 유혹은 여전하다. 인간의 이성은 모든 것을 이해하여 자신의 용어로 환원하려고 한다. 그러나 하나님은 하나님이시다. 하나님은 단순히 우리보다 더 예리한 지적 능력과 더 큰 사랑의 능력을 지닌 어떤 초인이 아니시다. 하나님은 유일하시고, 스스로 존재하시며, 무한하시고, 우리에게 절대타자(Totally Other)이시다. 하나님은 사람의 모든 개념과 사고와 기대를 초월하시는 분이다. 그분은 우리가 머리로 생각하거나 그릴 수 있는 모든 것 너머에 계신다. 바로 그 때문에 하나님은 모든 사람들에게 걸림돌이 되신다. 인간의 짧은 생각으로는 그분을 파악할 도리가 없기 때문이다.

 예수님은 우리의 생각과 마음을 한껏 펼치고 정의니, 자비니, 사랑이니, 올바름이니, 공정한 경쟁이니 하는 인간의 기준을 내려놓으라고 하신다. 예수님의 제자에게 영적 성장이란 차츰 하나님에 대한 거짓 형상을 버려 가는 과정이며, 참되고 살아 계신 하나님을 향해 점점 자신을 열어 가는 과정이다. 나 자신의 삶이 바로 그러하다. "나는……네 하나님 여호와니라. 너는 나 외에는 다른 신들을 네게 두지 말라" 하신 첫 번째 계명을 지킨다는 것은, 내 젊은 시절 설교자와 교사와 교회의 높은 사람들이 내게 전해 준 두려움과 분노의 하나님을 떨쳐 버린다는 뜻이었다. 내게 그것은 괴상한 하나님을 떨쳐 버리는 것을 의미했다. 이 괴상한 하나님은 기독교인이 아닌 다른 모든 사람은 쓸모가 없다고 여긴다. 그리고 이교도들은 모조리 지옥으로 보내 버린다. 어느 한 종파에게만 구원의 독점권을 보장해 주고, 너무 재미있고 즐거워 두 손을 비벼 가며 1949년 4월 27일 금요일(가톨릭 교회에서 고기를 먹지 않는 성주간 금요일—옮긴이)에 핫도그를 먹었다는 죄로 한 가톨릭 신자를 지옥으로 보내 버린다. 이런 하나님을 떨쳐 버린다는 것은 어떤 다른 교회에 임재하여 은총 베풀기를 꺼리는, 피임을 한다는 이유로 사방에서 공격당하는 부부를 멸시하는, 이혼한 사람이 성찬에 참여하는 것을 금하는 괴상한 하나님을 떨쳐 버린다는 뜻이었다. 인종이나 신조나 그 밖의 다른 이유들로 인해 어떤 사람들이 일자리나 집을 얻을 평등한 기회를 누리지 못하는 것을 당연하다고 인정하는, 결혼한 가톨릭 사제들에게 파문을 선고하고 어린 소녀들이 제단에서 봉사하지 못하게 하는, 미국에서는 부통령도 될 수 있는 여성에게 교회에서는 가만히 입 다물고 앉아서 순종하라고 하는, 그런 괴상한 하나님을 떨쳐 버린다는 뜻이었다.

하나님에 대한 거짓 형상을 떨쳐 버리는 이런 영적 과정을 히브리 선지자들의 글 속에서, 그리고 예수께서 첫 제자들을 영적으로 양육하는 사역에서도 찾아볼 수 있다. 제자들은 그들 나름대로 메시아의 모습을 상상하고 있었다. 그래서 그분에게 언제 당신의 권능을 이스라엘 앞에 떨쳐 보이겠느냐고 보채면서도, 정작 그들 자신은 참된 메시아가 수행해야 할 사명은 받아들이지 않았다. 그들은 자신들이 만들어 낸, 있지도 않은 메시아를 고대하다가 하나님께서 보내신 참된 메시아를 만났던 것이다. 그러나 자신들의 모든 환상과 기대를 버린 뒤에야 그분을 알아볼 수 있었다. 기대란 교묘하게 하나님을 조종하고 신비를 조작하려는 시도다. 우리는 이러한 기대에 철저하게 둘러싸여 있다. 따라서 예수께서 새롭고 놀라운 방법으로 우리 삶으로 파고들어 오실 때 그분을 알아보지도, 그 가르침을 알아듣지도 못하게 된다.

예수께서 하나님에 대해 가르친 것이 무엇이었는가? 참으로 예수님이 설교하신 것은 무엇이었는가? 그분이 참으로 드러내 보이신 것은 무엇이었는가? 현대 성경학자들은 예수께서 설교하신 본래의 가르침을 가장 확실하게 만나려면, 그분의 비유로 돌아가야 한다고 말한다. 비유는 그분 가르침의 근본적인 요점을 분명하게 드러내는 간결하고 단호한 이야기다. 지금 우리에게는 다음의 두 가지 비유만으로 충분할 것이다.

첫째는 마태복음 20장에 나오는 이상한 농부의 비유다. 때는 추수철이었고, 농장 주인은 그 당시 인력시장이기도 했던 장터로 여러 번 나가서 밭에서 일할 일꾼들을 모았다. 절기로 보나 그 시기의 일거리로 보나 11시 무렵에 잡담이나 하면서 하루를 보내는 사람이라면 분명 게으르고 일할 마음도 없는 무리였을 것이다. 하지만 농부는 일꾼이 필요했고 그런 무리일지라도 밭으로 불러들였다.

우리는 그들이 일터까지 가는 데 시간을 잡아먹고, 이리저리 눈을 피해 빈둥거리며, 어쩔 수 없이 해야 할 만큼의 일만 했으리라는 것을 쉽게 알 수 있다. 그런데 놀라운 일이 일어난다. 그들은 하루 종일 일한 만큼의 품삯을 받았다! 예수 시대의 다른 랍비들은 이 익숙한 비유를 말하면서, 11시에 도착한 사람이 하루치 품삯을 받은 것은 그들이 더 열심히 일했기 때문이라고 설명했다. 그러나 예수께서 보시기에 이 이야기가 강조하는 점은 일꾼들이 얼마나 성실하게 일했는지가 아니라 거저 베푸는 농부의 관대함이다. (아마도 그 게으름뱅이들의 가족은 그 품삯이 있어야 저녁을 굶지 않았으리라.) 농부의 행동은 미친 짓이고 제정신이 아닌, 분에 넘치게 관대한 행동이었다. 어느 농부나 장사꾼도 그런 식으로 행동하면 오래도록 사업을 유지할 수 없을 것이다. 오늘날에도 이처럼 게으름뱅이와 비렁뱅이들에게 지나치게 많이 지불하는 행동은 우리의 기분을 상하게 한다. 다른 일꾼들도 분명 그랬을 것이다. 그들은 이렇게 불평했다. "가장 늦게 온 저 사람들은 한 시간밖에 일하지 않았습니다. 그런데 하루 종일 뙤약볕 아래에서 열심히 일한 우리를 저들과 같이 대접할 수 있는 겁니까?" 농부는 대답했다. "벗들이여, 내가 여러분을 부당하게 대우한 것은 아니오. 여러분의 품삯에 대해서는 이미 합의를 보지 않았소? 여러분의 몫을 가지고 돌아가시오. 맨 나중에 온 사람에게 여러분만큼 품삯을 주기로 한들, 내가 내 것을 마음대로 할 권리도 없다는 말이오?"

2천 년이 지난 오늘날의 기독교 공동체도 여전히 하나님의 관대하심이라는 걸림돌에 걸려 넘어지고 있다. 장 아누이(Jean Anouilh)는 한 연극에서 그가 상상하는 최후의 심판을 그려 보인다. 의로운 자들이 천국 문 앞에 빽빽하게 뒤엉켜 있다. 그들은 자신들이 차지할 자리가 있으리라고 확신하며 그 안으로 밀고 들어가려고 야단법석이다. 그런데 갑자기 어떤 소문이 퍼지기 시작한다. 그들은 도저히 믿을 수 없다는 표정으로 서로를 바라본다. "저것 봐라, 그분께서 다른 사람들도 모두 용서하려고 하신다." 그들은 기가 막혀 내뱉듯 말한다. "나는 그 모든 고난을 다 겪었단 말이야. 도저히 믿을 수 없군." 몹시 화가 난 그들은 스스로 분노의 감정을 갖고는 급기야 하나님을 저주하기 시작한다. 그리고 바로 그 순간 그들은 심판을 받는다. 바로 이것이 최후의 심판이 아니겠는가. 그들은 스스로를 판단했고 자신을 파문했다. 사랑이 나타났으나 그들은 인정하기를 거부했다. "우리는 어중이떠중이, 누구나 들어갈 수 있는 그

따위 천국은 인정할 수 없다. 모든 사람을 다 받아들이는 이런 하나님은 거절한다. 이렇게 어리석은 사랑의 하나님은 우리가 사랑할 수 없다."

누가복음 15장의 비유도 그 요점은 동일하다. 탕자는 아버지에게 할 참회의 말을 읊조리며 길을 따라 걷고 있다. 아버지는 현관 앞의 흔들의자에 앉아 있다가 아들이 오는 것을 보고 달려나가 맞아들인다. 아버지는 아들이 준비한 말을 첫마디도 떼기 전에 아들을 얼싸안고 새 옷을 입히고 잔치를 열라고 명한다. 그것은 도저히 잘못을 저지른 아들을 대하는 적절한 방법이라고는 할 수 없을 것이다. 애당초 버릇없는 아들을 아버지가 다시 망쳐 놓는다면, 그 아들이 어떻게 배울 수 있겠는가?

당신 자신이 다음과 같이 투덜거리는 그의 형과 같다고 생각해 본 적은 없는가? "잘하는군! 내가 땀을 흘리며 소를 먹이는 동안 아버지는 저런 놈을 위해 잔치를 벌이다니, 아버지는 정말로 미쳤어!"

프랑스의 부활절 예식에는 다음과 같은 기도문이 들어 있다. "하나님의 사랑은 어리석은 사랑이다"(*L'amour de Dieu est folie*). 즐거움을 불러일으킬 수 있는 것은 바로 이 어리석음이라고 예수님은 말한다. 농부는 자신의 관대함을 높이 사려고 하지 않는, 하루 종일 일한 일꾼들을 나무란다. 아버지는 큰아들이 작은아들이 돌아온 것을 기뻐하는 즐거운 잔치에 함께하지 않으려고 하자 깜짝 놀란다. 예수님은 이렇게 말씀하신다. "하나님의 넘쳐나는 사랑은 우리의 기쁨에 찬 응답을 요구한다."

위의 두 비유는 모두 참 하나님에 대한 예수님의 계시다. 하지만 예수님이 보여 주시는 하나님의 모습은 정의와 페어플레이라는 우리의 기준을 허문다. 우리의 신앙이 뿌리째 흔들리는 것이다. 타락하고 쓸모없는 탕자가 열심히 일하는 그의 형보다 더 귀하단 말인가? 잔치가 아니라 벌을 주어야지! 모든 순서를 뒤엎고 꼴찌를 첫째가 되게 하다니, 대체 이게 무슨 뒤죽박죽이란 말인가? 결국은 모든 사람이 똑같은 상을 받게 된다니?

예수님의 비유가 보여 주는 하나님은 용서와 은혜가 끊임없이 넘쳐나는 하나님이시다. 예수님이 그리는 하나님은 빚을 탕감해 주는 너그러운 채권자, 길 잃은 양을 찾아 헤매는 목자, 세리의 기도를 들어주는 재판관이시다. 예수님이 들려주시는 이야기에서 하나님의 용서는 우리의 회개나 원수를 용서하는 능력이나 영웅적이고 훌륭한 행위와는 무관하다. 하나님의 용서는 오직 사랑, 그분이 인류를 지으신 바로 그 사랑에만 의존한다.

유대교의 하나님은 가던 길을 바꾸고, 속죄행위를 하며, 더 올바르게 살아가고 있음을 입증해 보이는 사람들을 용서한다. 하지만 옛 언약 아래에서 죄 안에 머물러 있는 사람에게 용서란 없다. 죄인은 심판을 받을 뿐이다. 그러나 예수의 하나님은 우리를 심판하지 않으신다. 하나님은 악한 사람까지도 사랑하시기 때문이다. 한마디로 예수의 아버지는 죄인들을 사랑하신다. 사람들이 들어 본 중에서 이처럼 행동하는 분은 바로 이 하나님뿐이시다. 사람들이 지어낸 거짓 신들은 죄인을 멸시한다. 그러나 예수의 아버지는 사람들이 어떤 일을 하든 상관없이 모두를 사랑하신다. 물론 우리는 이 사실이 너무도 믿기지 않아서 받아들이기가 몹시 어렵다.

하나님은 저주하지 않고 용서하신다. 죄인이 뉘우치기도 전에 받아들이신다. 죄인에게는 용서가 주어진다. 그가 할 일이라고는 그 선물을 받아들이는 것뿐이다. 이것이 진정한 죄사함, 곧 거저 주어지는 사면(amnesty)이다. 예수 그리스도의 복음은 우리를 향한 하나님의 사랑 이야기다. 복음은 조건 없는 용서로 시작된다. 유일한 조건이라면 그분을 신뢰하는 믿음뿐이다. 예수의 하나님을 앎으로써 생겨나는 흔들림 없는 신뢰와 담대한 확신을 사람들이 체험할 때 기독교가 태어난다. 이런 하나님에 대해 걱정하고 조심하고 주의하거나 두려워할 이유가 없다. 사도 요한은 첫 번째 편지에 다음과 같이 기록한다. "사랑 안에 두려움이 없고 온전한 사랑이 두려움을 내쫓나니 두려움에는 형벌이 있음이라. 두려워하는 자는 사랑 안에서 온전히 이루지 못하였느니라"(요일 4:18).

하나님의 사랑은 조건 없는 사랑이다. 그래서 우리는 안심할 수 있다. 만일 그 사랑이 우리가 행하는 그 무엇 때문에 주어지는 사랑이라면, 그리고 그 무엇이 무너져 버릴 수 있는 것이라면, 하나님의 사랑도 함께 무너질 수 있다. 그러나 예수의 하나님께는 그런 일이 일어날 수가 없다. 이 사실을 깨닫는 사람은 마음껏 충만하게 살 수 있다. 이 세상을 떠받치고 있는 그리스 신화 속의 아틀라스(Atlas)를 기억하는가? 우리 가운데는 하나님의 사랑에 합당한 사람이 되려고 헛되이 무거운 짐을 진 기독교인 아틀라스들이 있다. 그렇게 사는 사람을 보기만 해도 우울해진다. 나라면 그 아틀라스에게 이렇게 말하리라. "지구를 내려놓고 그 위에 올라가 춤을 추어라. 하나님께서는 그렇게 하라고 지구를 만드셨다." 그리고 지쳐 버린 기독교인 아틀라스들에게는 이렇게 말하리라. "그대의 무거운 짐을 내려놓고 하나님의 사랑 위에 그대의 삶을 세우라." 우리는 이 사랑에 대해 배울 필요가 없다. 그 사랑을 떠받칠 필요도 없다. 그것은 거저 주시는 선물이다. 예수께서 이렇게 부르신다. "너희 지치고 삶의 무거운 짐을 진 아틀라스들아, 다 내게로 오라. 내가 너희에게 새 힘을 주리라."

앨라배마 주 모빌에 있는 장 바니에(Jean Vanier)의 라르쉬(L'Arche) 같은 지적장애인 공동체를 방문한다면, 생산적인 우리 사회에서는 전혀 존재 가치가 없는 사람들을 만나게 될 것이다. 그들은 아무 일도 하지 않는다. 그저 그곳에 있을 뿐이다. 하지만 당신은 하나님께서 그 사람들을 사랑하신다는 것을 믿어 의심치 않을 것이다. 그들은 우리가 지닌 장애를 깨닫게 해준다. 우리가 하나님과 사람 앞에서 지위를 얻을 수 있다고 느끼게 하는 역할과 우리가 쓰고 있는 가면을 벗겨 준다. 그들은 우리가 가진 것—문자 그대로 우리의 모든 삶—을 내려놓고 우리가 지닌 거룩하신 분의 표징을 찾아내라고, 우리 안에 계신 하나님의 은혜의 신비 앞에 자신을 열라고 도전한다.

거저 얻는 하나님의 사랑은 우리를 불안하게 할 수 있다. 수고하지 않고 받는 상급이라는 생각이, 복음에 대한 우리의 헌신에 제동을 걸 수도 있다. 이를테면 하나님께서 그처럼 앞뒤 가리지 않고 어리석게 사랑하신다면 굳이 선한 일을 하려고 애쓸 까닭이 무엇이냐는 것이다. 얼핏 보기에 일리가 있고 그럴듯한 질문 같다.

그러나 예수의 하나님을 참으로 아는 사람이라면 다른 사람은 하루 종일 서서 빈둥거리는데, 나는 왜 하나님 나라를 위해 애써 일해야 하느냐고 묻지 않을 것이다. 그들은 생명을 갈망했고, 바로 하나님 안에서 생명의 충만함을 찾아냈다.…… 하나님이 그렇게 너그러우시다면 우리가 굳이 올바르게 살려고 애쓸 까닭이 무엇이냐고 물을 사람들이 있겠지만, 그들은 예수의 하나님을 만나지 못한 사람들이다. 하나님의 사랑 때문에 겁먹고 있는 자신의 모습을 보게 된다면, 그것은 우리 내면의 시야가 원한이나 분노, 짜증, 질투 같은 것들로 가려져 있기 때문이다. 십자가 위에서 "아버지여 저들을 사하여 주옵소서. 자기들이 하는 것을 알지 못함이니이다" 하신 예수님의 마지막 기도는, 진정으로 하나님이 어떤 분이신지를 알았던 이의 증언이다.[1]

예수님 안에 체현된 하나님의 사랑은 인간의 본성에 따른 사랑의 방법과는 근본적으로 다르다. 인간인 나는 매력 있는 사물과 사람에게 사랑의 마음을 품게 된다. 나는 석양이 지는 동부의 저지 해안과 클리어워터 해변을 사랑한다. 헨델의 메시아를 사랑하고, 퍼지를 얹은 아이스크림을 좋아하며, 내 아내 로슬린을 사랑한다. 이 모든 것 안에는 어떤 공통분모가 있다. 더 정확히 말하면, 공통된 힘이 들어 있다. 나는 내 입맛에 맞는 어떤 특성에 이끌린다. 사람인 내가 사랑할 때에는 다른 사람 안에서 감지한 좋은 것에 이끌린다. 다른 사람 안에서 발견한 그 무엇 때문에 그 사람을 사랑하는 것이다.

그런데 우리와는 달리 예수의 아버지는 사람들 안에서 발견되는 그 무엇 때문이 아니라 그분 안에 있는 그 무엇 때문에 사람들을 사랑하신다.

그분은 사람들이 착하기 때문에 사랑하시는 것도 아니고, 착한 사람들만 사랑하시는 것도 아니다. 그분은 말할 수 없이 선하셔서 착한 사람이든 나쁜 사람이든……모두 사랑하신다. 그분은 사랑이 없는 사람, 사랑스럽지 않은 사람, 사랑할 수 없는 사람도 사랑하신다. 그분은 입맛에 맞는 것, 눈길을 끄는 것, 매력이 있는 것을 찾아내어 당신 취향에 따라 응답하는 분이 아니시다. 응답이라는 것 자체를 아예 하지 않는 분이시다. 예수의 아버지는 근원이시다. 그분은 스스로 행동하는 분이지 반응하는 분이 아니시다. 그분은 먼저 사랑하신다. 그분은 까닭 없는 사랑이시다.[2]

내면에 사랑이 죽어 버린 사람들을 위해서 사시고, 그분을 죽이는 사람들을 살리려고 죽으신 예수님은 진노하지 않으시는 아버지를 드러내 보이신다. 아버지를 화나게 하는 것은 불가능하다. 또 그분은 사람의 어떤 행위 때문에 즐거워하는 분도 아니시다. 이는 무관심과는 전혀 다르다. 주님은 우리에게 그럴 만한 자격이 있기 때문에 우리를 아끼시는 것이 아니다. 만일 그렇다면 우리는 참으로 비참할 것이다. 주님은 그래야만 하고, 그럴 수밖에 없는 분이기에 우리를 사랑하신다. 주님은 사랑이시다. 우리로서는 믿기 어려운 일이다. 우리는 이런 방식으로 사랑을 주고받지 않기 때문이다. 그럼에도 우리가 그 사랑을 믿는 이유는, 아브라함과 이삭과 야곱이 꿈꾼 것보다 훨씬 더 우리를 사랑하시고 용서하시고 아끼시는 하나님의 아들인 목수 메시아의 삶과 죽음과 부활 때문이다.

이 사실은 우리 주 예수 그리스도의 아버지 하나님은 은혜로운 분이시라는 것을 증거한다. 그분의 사랑은 우리의 상상을 훨씬 뛰어넘는 까닭 없는 사랑이시다.

그런 이유로 우리는 신학적인 확신을 가지고 말씀의 권능을 다음과 같이 선포할 수 있다. **하나님은 당신의 조건에 합당한 나를 사랑하시는 것이 아니라 지금 있는 그대로의 나를 사랑하신다!** 당신은 이 사실을 믿는가? 당신이 가치 있고 없음을 떠나서, 충성하고 불충성함을 떠나서, 당신을 지금 있는 모습 그대로 사랑하신다는 것을. 맑은 아침이나 비가 오는 저녁이나 한결같이 당신을 사랑하신다는 것을. 아무런 경계심도, 후회도, 끝도 한계도 없이, 멈추는 때도 없이 당신을 사랑하신다는 것을 믿는가?

지금 당신이 사랑을 믿는가를 묻는 것이 **아니다**. 그것은 추상적인 관념일 뿐이다. 그것은 회의론자나 무신론자가 할 수 있는 말이다. 내가 묻는 것은 사도 요한이 첫 번째 편지에서 말하는 다음과 같은 사실을 확신하여 말할 수 있느냐는 것이다. "**하나님이 우리를 사랑하시는 사랑을 우리가 알고 믿었노니**"(요일 4:16). 우리를 향하신 하나님의 사랑이라는 이 말은 추상적인 문장을 인격적인 관계로 바꾸어 놓는다. 이 사랑이 우리 신앙의 내용이다. 이것이야말로 우리가 믿는 모든 것에 대한 탁월한 요점이다. "하나님이 우리를 사랑하시는 사랑"이라는 이 말은 궁극적인 의미를 가지며, 이 세상이 줄 수 없는 평화와 기쁨을 준다.

믿는다는 것은 단순히 머리로만 이해하는 데에 머물지 않는다. 그것은 또한 하나님은 창조적이고 친밀하시며, 유일하시고 의지할 수 있으며, **온유한** 방식으로 **나를** 사랑하신다는 것을 가슴으로도 깨달음을 뜻한다. **창조적인 사랑**. 나는 그분의 사랑에서 나왔다. 그분의 사랑을 통해 나는 지금의 나일 수 있다. **친밀한 사랑.** 그분의 사랑은 나의 가장 깊은 곳에까지 미친다. **유일한 사랑.** 그분의 사랑은 다른 사람이 생각하는 나도 아니고, 나 스스로 그래야 한다고 생각하는 모습의 나도 아닌, 있는 그대로의 나를 끌어안으신다. **의지할 수 있는 사랑.** 그분의 사랑은 절대 나를 주저앉게 하지 않으신다. **온유한 사랑**······.

온유함이란, 누군가가 깊이 그리고 진심으로 당신을 좋아한다는 사실을 알게 될 때 생겨나는 것이다. 당신이 단순히 그리스도 안의 형제로서 사랑하는 것이 아니라 정말로 나를 좋아한다고 말한다면, 당신은 내게 나 자신을 존중하고 높이 평가하고 건전하게 사랑할 수 있는 가능성을 열어 주는 것이다. 당신이 나를 받아들이면 나의 두려움은 사라져 버린다. 빈정거리고, 냉담하고, 유명한 사람의 이름을 들먹이고, 자기만 옳다고 생각하고, 겉으로는 아무 문제가 없는 듯 냉정한 모습을 보이는 따위의 자기방어 장치들이 무너지기 시작한다. 나는 가면을 벗고 목소리 꾸미던 것을 그치게 된다. 당신은 내게 자신감을 불어넣어 주고, 내 약점과 어리석음 앞에서 미소 짓게 해준다. 당신의 눈을 들여다봄으로써 나는 내면 속으로 여행할 수 있게 되며, 전에는 결코 평화를 발견할 수 없었던 나 자신에 대해서도 평화로울 수 있게 된다. 나는 더욱 개방적이고, 진지하며, 예민하고, 따뜻한 사람이 된다. 그리고 온유한 사람으로 자라나게 된다.

디트로이트의 에드워드 패럴 신부는 두 주간의 여름 휴가 동안 아일랜드의 친척들을 방문했다. 유일하게 살아 있던 그의 삼촌이 여든 번째 생일을 맞았다. 그 의미 있는 날, 에드워드와 그의 삼촌은 아침 일찍 일어났다. 아직 해가 뜨기 전이었다. 두 사람은 킬라니 호숫가를 따라 걷다가 멈추어 서서 해가 뜨는 광경을 바라보았다. 두 사람은 꼬박 20분을 나란히 서 있다가 다시 걷기 시작했다. 에드워드가 보니 삼촌은 얼굴 가득 웃음을 머금고 있었다. 에드워드가 물었다. "셰이머스 삼촌, 무척 행복해 보이시네요." "그래." 에드워드가 다시 물었다. "그 행복의 비결이 무엇인가요?" 그러자 삼촌이 대답했다. "예수의 아버지께서 나를 무척 좋아하신단다."

누군가가 "정말로 하나님이 당신을 **좋아하신**다고 믿습니까?" 하고 묻는다면—신학적으로 볼 때 하나님은 그래야만 하는 분이기 때문에 당신을 사랑하시는 것이 아니라—어떻게 대답하겠는가? 하나님은 본성상 필연적으로 사랑하실 수밖에 없는 분이시다. 그분 안에 영원한 사랑이 샘솟지 않는다면, 하나님이시기를 멈추게 될 것이다. 하지만 당신이 "아버지께서 나를 무척 좋아하신다"고 대답할 수 있다면 편안함과 고요함과 자신을 가엾게 여기는 태도가 생겨날 것이다. 이러한 태도는 하나님의 온유하심을 반영하는 것이다. 이사야 49:15에서 하나님은 말씀하신다. "여인이 어찌 그 젖 먹는 자식을 잊겠으며 자기 태에서 난 아들을 긍휼히 여기지 않겠느냐. 그들은 혹시 잊을지라도 나는 너를 잊지 아니할 것이라."

어떤 영성작가는 인간은 삶과 희망이라는 두 가지 병을 지니고 태어난다고 말했다. 삶, 거기에서 우리는 죽는다. 그리고 첫 번째 병이 끝이 아니라고 말하는 희망. 희망이라는 이 두 번째 병은 우리 인격의 뼈대 속에, 무의식 깊은 곳에 파고들어 가서 죽음을 맞는 순간에 발병한다. 중요한 질문은, 희망이 자기기만이며 잔인하고 교활한 우주가 지닌 궁극적인 술책인가 아니면 현실의 반영인가 하는 것이다.

예수님의 비유는 이 질문에 답한다. 실제로 예수님은 이렇게 말씀하셨다. "네가 가질 수 있는 마음껏 희망을 가지고, 꿈꿀 수 있는 가장 간절한 꿈을 꾸며, 가장 멋진 환상을 상상해 보라. 네 희망과 꿈과 상상이 끝까지 가서 멈추는 그곳에서 비로소 하늘에 계신 내 아버지의 사랑이 시작된다." 그 이유는 이렇다. "하나님이 자기를 사랑하는 자들을 위하여 예비하신 모든 것은 눈으로 보지 못하고 귀로 듣지 못하고 사람의 마음으로 생각하지 못하였다"(고전 2:9).

나는 사제 서품을 받고 나서 곧바로 피츠버그의 듀케인(Duquesne) 대학교 대학원에 등록했다. 그 학교에는 나이 많은 네덜란드 교수가 있었는데, 그분은 다음과 같은 이야기를 들려주었다. "우리 형제는 열셋이었습니다. 하루는 네덜란드 고향집 동네 길거리에서 놀다가 목이 말라 물을 마시려고 우리집 주방 다용도실로 들어갔지요. 정오 무렵이었는데 아버지가 점심을 드시려고 일터에서 돌아와 계셨습니다. 아버지는 주방 식탁에 앉아 이웃 사람과 맥주를 마시고 계셨지요. 주방과 다용도실 사이에는 문이 달려 있어서 아버지는 내가 거기에 있는 것을 모르셨습니다. 이웃 사람이 아버지에게 이렇게 말했습니다. '이보게 조, 오래전부터 자네에게 물어 보고 싶은 게 있었는데, 너무 개인적인 문제라고 생각한다면 그냥 잊어버리게.' '묻고 싶은 게 뭔데 그러나?' '자네는 자식이 열셋인데, 그중에 다른 자식들보다 유독 사랑스러운 자식이 있는가?'"

교수님의 이야기는 계속되었다. "나는 아버지의 가장 사랑하는 자식이 바로 나이기를 바라면서 문에 귀를 바짝 대고 들었습니다. 아버지는 대답하셨지요. '그건 쉬운 질문이지. 물론 다른 아이들보다 더 사랑하는 아이가 있네. 열두 살 먹은 메어리라네. 요새 그 녀석 치아 교정을 위해 보철을 했는데 너무 부끄러워 집 밖으로 나가질 않으려고 한다네. 아참, 내가 누구를 가장 사랑하느냐고 물었지. 그렇다면 스물세 살 먹은 피터지. 결혼하기로 했던 여자가 얼마 전에 약혼을 깨는 바람에 요즘 아주 풀이 죽어 있다네. 하지만 내가 정말로 사랑하는 녀석은 꼬맹이 마이클이야. 그 놈은 이것저것 운동을 해보려고 하는데 영 뒤죽박죽이고 제 뜻대로 안되는 모양이야. 길거리에서 노는 다른 아이들이 그 놈을 놀려대지. 하지만 눈에 넣어도 아프지 않을 녀석은 수전이지. 스물네 살 난 그 녀석, 혼자 아파트를 얻어 사는데 술 마시는 버릇 때문에 고생을 하고 있다네. 수전을 생각하면 눈물이 나네. 하지만 내 생각에는 말이야, 아이들 모두…….' 그렇게 계속되는 아버지의 이야기 속에, 아버지는 당신의 열세 아이들 이름을 하나도 빠뜨리지 않으셨습니다."

교수님은 이렇게 당신의 이야기를 마쳤다. "그때 내가 알게 된 것은, 아버지가 가장 사랑하는 자식은 바로 그 순간에 아버지를 가장 필요로 하는 자식이라는 사실입니다. 예수의 아버지가 바로 그런 분이십니다. 하나님은 당신을 가장 필요로 하는 사람, 그분께 기대고 의지하며 모든 일에 그분을 신뢰하는 사람을 가장 사랑하십니다. 그분은 당신이 성 요한처럼 순결하든 막달라 마리아처럼 죄에 물들었든 상관하지 않으십니다. 오직 문제가 되는 것이 있다면, 그것은 신뢰입니다. 내 생각에 그리스도인의 삶은 하나님을 어떻게 신뢰하는지를 배우는 일에 달려 있습니다. 하나님은 우리를 사랑하시기 위해, 우리가 도덕적으로 올바른 삶을 살 때까지 기다리지 않으십니다."

그러나 다시금 그 쓸데없는 질문들은 계속될 것이다. "우리가 어떤 사람이든 상관없이 하나님이 우리를 사랑하신다는 것을 알게 되면, 영적으로 게을러지고 도덕적으로 해이해지지 않겠는가?" 이론적으로는 일리가 있는 걱정이지만 사실은 그 반대다. 나는 아내 로슬린이 지금 이대로의 나를 사랑할 뿐이지, 자신이 바라는 모습의 나를 사랑하는 것이 아님을 안다. 이런 사실이 아내에게 불성실하고 무관심하고 '아무래도 좋다'는 태도를 갖게 만들까? 결코 그렇지 않다. 사랑은 사랑을 불러일으킨다. 온전히 자유롭게 내가 할 바를 한다는 것은 곧 아내의 사랑에 책임을 지는 일이다. 우리가 하나님의 사랑에 더 깊이 뿌리를 내릴수록 더욱 헌신적인 신앙의 삶을 살며 그 신앙을 실천하게 된다.

바로 이런 사랑이 어떤 변명이나 의문의 여지 없이 우리 자신을 사랑할 수 있게 해준다. 우리는 하나님의 사랑을 신앙으로 확신하게 되었기에, 지금 이대로의 우리 자신을 사랑한다. 우리는 더 이상 자신의 영적 성장에 대해 걱정하지 않는다. (이런 걱정은 또 다른 형태의 우상화일 뿐이다.) 이처럼 사랑받으며 살게 됨으로써, 자신이 스스로 지워 놓은 무거운 요구사항들에서 벗어나게 된다. 장차 내가 어떠해야 하며, 지금 어떠해야 하고, 과거에 어떠해야 했다고 말하는 내 자아의 관념적인 주장을 벗어나게 된다. 내 친구인 메어리 마이클 오셔네시 수녀는 자기 방에 다음과 같은 표어를 붙여 놓았다. "오늘도 나 자신에게 **어떠해야 한다**고 강요하지 않겠다." 마더 테레사(Mother Teresa)든 성 프란체스코(Saint Francis)든 빌리 그레이엄(Billy Graham)이든, 나는 나 아닌 다른 누군가가 될 필요가 없다. 내 영적 지도자인 래리 헤인(Larry Hein)은 이렇게 말한다. "그저 당신 자신으로 머무십시오. 만일 당신이 다른 누군가가 된다면, 그것은 이미 당신이 아니기 때문입니다."

우리가 하나님의 모습을 스스로 만든다는 것은 어느 정도 맞는 말이다. 그러나 하나님의 모습이 우리를 만든다는 것이 훨씬 더 맞는 말이다. 결국 우리는 자신이 그리는 하나님을 닮아 간다. 예수의 하나님을 알게 됨으로써 얻는 가장 아름다운 열매는 자신을 긍휼히 여기는 태도다. 예수의 하나님에 대한 믿음은 자유롭고 확신에 찬 백성을 기른다. 사랑의 하나님은 사랑이 넘치는 백성을 키운다. 하나님에 대한 예수의 체험이 바로 그러한 인격의 예수님을 만들었다. 그 체험이 예수님을 모든 자기 관심에서 해방시켰으며, 따뜻함과 편안함, 넘치는 연민과 자유를 주는 사랑으로 백성들을 만날 수 있게 해주었다.

이런 이유 때문에 성경은 하나님을 아는 것을 그토록 강조한다. 우리가 가진 하나님의 모습을 바로잡으면 우리 자신의 모습이 바로잡힌다. 여호와는 예언자 호세아의 입을 통해 이렇게 탄식하신다. "나는 인애를 원하고 제사를 원하지 아니하며 번제보다 하나님을 아는 것을 원하노라"(호 6:6).

그리고 요한은 이렇게 선언한다. "영생은 곧 유일하신 참 하나님과 그가 보내신 자 예수 그리스도를 아는 것이니이다"(요 17:3). 하나님의 사랑은 예수의 인격 안에서 살과 피가 된다. 그분 안에서 하나님의 사랑은 손과 발과 얼굴과 목소리를 받아들인다. 성육신의 목적은 우리로 하여금 변치 않는 하나님의 사랑을 확신하게 하려는 것이다. "내가 태어난 것은, 내가 이 세상에 온 것은, 진리를 증언하기 위함이다." 성경이 담고 있는 진리란 "하나님의 사랑은 믿을 수 있다"는 것이다. 요한은 그의 복음서 서문에서 예수님 생애의 핵심을 제시한다. "말씀이 육신이 되어 우리 가운데 거하시매 우리가 그의 영광을 보니 아버지의 독생자의 영광이요 은혜와 진리가 충만하더라"(요 1:14).

예수님과 함께 지냈던 그 누구보다도 그분의 생각과 마음을 잘 이해한 바울은 에베소서 3:16-19에서 이렇게 기도한다. "그의 영광의 풍성함을 따라 그의 성령으로 말미암아 너희 속사람을 능력으로 강건하게 하시오며 믿음으로 말미암아 그리스도께서 너희 마음에 계시게 하시옵고 너희가 사랑 가운데서 뿌리가 박히고 터가 굳어져서 능히 모든 성도와 함께 지식에 넘치는 그리스도의 사랑을 알고 그 너비와 길이와 높이와 깊이가 어떠함을 깨달아 하나님의 모든 충만하신 것으로 너희에게 충만하게 하시기를 구하노라."

형제자매들이여, 바로 이것이 주님의 가르침이다. 어떤 사람들은 사소한 문제들을 가지고 트집을 잡겠지만, 내 생각에 현대 성경학자들 가운데 이것이 예수 그리스도께서 전하신 복음의 핵심이라는 사실에 반론을 제기할 사람은 그리 많지 않을 것이다. 예수님은 우리가 생각하는 하나님의 모습을 바로잡아서 아버지에 대한 두려움과 우리 자신을 싫어하는 마음에서 벗어나게 해주신다.

예수 안에서, 복수하고 심술궂고 질투하는 옛 종교의 하나님 모습은 사라지고, 모든 백성을 마음에 품고 그들 안에 거하시는 신앙의 하나님이 자리잡게 되었다. 예수는 요구하지 않고 주기를 기뻐하시는, 억누르지 않고 일으켜 세우시는, 상처를 주지 않고 치료하시는 하나님을 보여 주셨다. 정죄하지 않고 용서하시는 하나님, 벌하지 않고 자유케 하시는 하나님을 보여 주셨다. 그러므로 그분의 이름으로 요구하고 억누르고 상처를 주고 심판하고 벌주는 자들은 참으로 비참한 자들이다. 그들에 대해 할 수 있는 말은 그들이 그분을 참으로 모른다는 사실뿐이다.[3]

우리는 그분을 아는가? 예수 그리스도의 하나님을 아는가? 그리스도인이 가는 길에는 하나님을 아는 것보다 더 중요한 일들—예컨대 하나님을 사랑하는 일, 찬양하는 일, 감사하는 일, 계명을 지키는 일, 착하게 사는 일 같은 것들—이 있다고 생각할 수 있다. 참된 그리스도인의 삶을 이루는 많은 요소들이 있지만, 그 모든 것의 뿌리는 하나님을 참으로 아는 것이다.

우리는 그리스도인이며 성경을 읽음으로써 하나님에 **대해** 많은 것을 알게 되고, 따라서 하나님을 안다고 생각할 것이다. 진리에 더 이상 보탤 것이 없다고 생각할 것이다. 그러나 성경구절을 외우고 그 내용을 훤히 안다고 해도, 그 내용이 말하는 것과 일치하는 행동을 한 적이 없고 삶에서 하나님을 **체험으로 알지 못한다면** 아무 소용이 없다.

하나님을 체험으로 알지 못하는 이유는 우리가 너무 적게, 너무 드물게, 너무 엉성하게 기도하기 때문일 것이다. 다른 여러 가지 것들을 할 여가시간은 넉넉하다. 친지방문, 사교모임, 영화감상, 운동경기, 음악회, 친구들과 보내는 저녁시간, 거절할 수 없는 초대 등. 친구들과 어울린다는 것은 옳고 자연스러운 것이므로 모두 좋은 것들이다. 그러나 죄렌 키에르케고르(Sören Kierkegard)가 말하듯이, 우리 삶의 대부분은 다른 일들로 "너무 바쁘기" 때문에 우리 안에 계시는 예수의 하나님의 음성을 듣기 위해 참고 기다릴 시간이 없다. 이발사나 미용사와의 약속은 어길 수 없지만 하나님께서 시간을 내달라고 하시면 머뭇거린다.

기도 속에서 이루어지는 가장 중요한 일은 우리 자신이 하나님의 사랑을 받도록 그냥 놓아두는 일이다. "너희는 가만히 있어 내가 하나님됨을 알지어다"(시 46:10). 그것은 마치 뜨거운 물이 담긴 욕조에 들어가 하나님의 사랑이 우리를 감싸고 씻어 내리도록 몸을 내맡기는 것과 같다. 기도는 일광욕과 같은 것이다. 당신이 햇볕 속에서 긴 시간을 지낸다면 사람들은 그 사실을 알아채게 된다. 그들은 "해변에 갔었군요" 하고 말할 것이다. 당신의 피부가 검게 그을렸기 때문에 햇볕 속에 있었음을 알 수 있다. 기도―또는 하나님의 아들 안에서 하는 목욕(성자 목욕이라고 할 수 있을까?)―는 당신을 달리 보이게 만든다. 자신이 사랑받고 있음을 깨닫는 것은 밝고 환한 분위기를 띠게 만들며, 때로는 아무런 이유도 없이 당신의 입가에 미소를 머금게 한다. 당신은 기도를 통해 하나님의 사랑을 알게 될 뿐 아니라, 그 사랑을 깨닫고 그 사랑과 교류하고 있음을 자각하게 된다.

2
예수님을 만난 날

모든 것이 어느 날 밤의 꿈에서 시작되었다. 1955년 나는 미주리 주립대학교 언론학부 2학년생이었다. 그해 10월 초 「쇼우 미」(*Show Me*)라는 교내 잡지가 실시한 단편소설 공모에서 나는 1등을 차지했다는 통지를 받았다. 미주리 대학교의 언론학부는 스스로 그 지역 4대 명문 중 하나라고 자부하는 터였으므로, 그 상은 정말 자랑거리였다. 당시 상금으로 받은 백 달러는 꽤 큰돈이었다. 이 돈에다가 제대군인 학자금으로 매월 받는 110달러를 합치니 돈 걱정은 하지 않아도 되었다. 게다가 나는 저 유명한 문예지 「뉴요커」(*The New Yorker*)에서 졸업 뒤의 일자리를 약속하며 앞으로 내 문학작업을 지켜보겠다는 소식도 들었다. 가장 비싼 보석에 어울리는 보석상이 티파니이듯, 「뉴요커」는 초특급의 세련된 무대라고 할 수 있다. 당시 나는 바바라라는 아름다운 아가씨와 약혼한 상태였고 이듬해에 결혼할 계획이었다.

보통의 스물한 살짜리 청년들은 갈피를 못잡고 앞으로 어떻게 살아야 할지 불확실한 상태였겠지만 나는 달랐다. 나는 해병대를 거친 노련

한 베테랑이었다. 출세와 은은한 사랑의 노래가 나를 감싸고 흘렀다. 나는 분별력이 있었고 내가 어디로 가고 있는지 알기에 부드럽게 노를 저어 갔다. 내가 다른 동료들보다 한 수 위이며 그들과는 근본부터 다르다고 생각했다. 아직 철없고 어린 내 또래들, 무거운 옷가방을 이리저리 바꿔 들며 옮겨 다니는 그들과 나는 공통점이 거의 없었다.

그러던 터에 그 꿈이 찾아와서는 잘 나가던 내 배를 육지로 밀어 올려놓고 말았다. 그 꿈속에서 나는 캐딜락을 몰고 높은 언덕을 올라가고 있었다. 꿈속의 장면은 현실보다도 생생했다. 언덕 꼭대기에는 방 열네 칸짜리 대목장 스타일의 저택이 아래의 계곡 전체 경치를 굽어보고 있었다. 우편함에는 내 이름이 적혀 있었다. 진입로에는 링컨과 포르쉐가 주차되어 있었다. 집 안에서는 바바라가 빵을 굽고 있었고, 여덟 살부터 열여덟 살까지 네 명의 아이들이 내게 인사하는 소리가 시끌벅적하게 들려왔다. 나는 자동차 운전석 거울을 들여다보며 흰머리를 좀 다듬어야겠다고 생각했다. 내 나이는 마흔다섯에서 쉰 살가량 되어 보였다. 현관문을 열자 벽에 걸려 있는 특이한 액자가 눈에 들어왔다. 내가 받은 노벨문학상이었다.

나는 식은땀을 흘리며 꿈에서 깨어나 외쳤다. "오, 하나님. 그것말고 무언가 더 있어야 하지 않겠습니까!" 앞으로 25년 동안이나 내 인생을 쏟아부어 명성과 성공과 돈과 행복한 가정을 위해 씨름한 결과가 고작 이것이 전부란 말인가? 그 깨달음 앞에 엄청난 불안이 덮쳐 왔고 깊은 실망이 찾아왔다. 그때 왜 나는 정상적인 사람들의 평범한 기쁨에 만족하지 못한 것일까? 무엇인지 잘 알지도 못하는 그 '무엇인가 더'에 왜 그토록 갈급하고 절박해 했을까? 그러나 되돌아가는 길은 없었다. 불안정하고 혼란한 상태로 나는 하나님을 찾아 나섰다.

바바라와의 파혼은 세심하게 짜여진 계획에 따른 불행한 사건이었다. 집을 떠나 학교에서 지내는 넉 달 동안 그녀를 만날 수는 없었지만, 일요일 밤마다 전화를 걸었고 장문의 연애편지를 썼다. 그중 어떤 것은 무려 쉰다섯 장이나 되는 것도 있었다. 나는 그 편지글들이 장차 위대한 책들을 모아 놓은 도서관 서가의 한 자리를 차지하리라는 상상을 한 적도 있다.

바바라에게 내가 신앙을 갖게 되었고, 더 이상 연애할 시간이 없으며, 수도원에 들어가기로 했다는 소식을 알리려는 내 계획은 스스로 생각하기에도 간단하고 기발했다. 브루클린으로 돌아간 그날 밤 부모님 댁에서 바바라에게 전화를 걸어, 한 시간 후에 그녀의 집으로 가서 중요한 사실을 알리려고 하니 그녀의 부모님을 집에 머물도록 해달라고 말했다. (우리의 결혼을 밀어붙여 성탄절 휴가중에 식을 올리겠다는 말을 하려는 것으로 바바라가 오해할지 모른다는 생각은 꿈에도 하지 못했다.) 내가 성직으로 부르심을 받았다는 사실을 바바라가 조금이라도 눈치챌 수 있도록 검정색 양복을 입고 아버지의 검정색 넥타이를 빌려 매고 갔다.

나는 불안하고 초조한 가운데, 초인종을 누르고 바바라와 그 부모님을 응접실로 모시고 가서 엄숙하게 내가 소명을 받았음을 선언할 계획이었다. 그러면 바바라의 부모님은 놀란 나머지 존경스러운 마음에 할 말을 잊고 바바라는 잠시 흐느끼겠지만, 곧 기꺼이 나를 하나님께 바쳐드릴 것이다. 나는 누구도 내 손에 입맞추지 않기를 바란다. 겸손하면서도 당당하게 그 집에서 물러나올 것이고, 그러고는 내 인생의 새로운 장이 열릴 것이다.

그러나 현실은 내 상상과는 전혀 다르게 전개되었다. 마침 바바라의 부모님은 외출중이라 우리 둘만 있을 수 있었다. 문까지 조금 열려 있어서, 초인종을 울려 색다른 분위기를 만들어 보려던 계획도 수포로 돌아갔다. 바바라는 소파에 누워서 긴 머리카락을 쓰다듬으며 손장난을 치고 있었다. 그녀가 그처럼 육감적으로 보인 적은 없었다. 그녀를 만나지 못한 넉 달간의 긴 공백이 갑자기 억누를 수 없는 충동을 불러일으켰다. 나는 그녀의 소파로 뛰어들었고 우리는 한 시간도 넘게 서로 끌어안고 입맞추며 애무했다. 마침내 우리가 서로 소파 반대편에 떨어져 앉았을 때 나는 담배를 피워 물고 바바라를 바라보며 (그때 일을 생각하면 나는 지금도 얼굴이 붉어진다) 말했다. "아, 그런데 말이지……."

바바라는 배꼽을 잡고 웃었고 (그녀의 웃음은 묘한 전염성이 있었다) 곧 나도 따라 웃었다. 마침내 내가 장난을 하고 있는 게 아니라고 진지하게 말하자, 그녀는 내가 자기를 속였다고 몹시 화를 냈다. 어정쩡하게 양다리를 걸치고는 양쪽을 다 가지려 했다는 것이다. 이기적으로 수도원에 들어갈 때까지만 여자친구와의 관계를 즐기려고 하지 않았냐는 것이다. 그녀가 어째서 그렇게 생각하는지는 이해할 수 있었다. 그것은 나 자신도 믿을 수 없는 일이었으니 말이다. 우리는 막다른 골목에 다다랐다. 나는 상처입고 뒤죽박죽이 된 마음으로, 전문가의 도움을 받아야 하지 않을까 생각하며 그 집을 구르듯 뛰쳐나왔다. 상처가 가라앉은 몇 년 후, 바바라가 행복하게 결혼해서 자녀들을 두고 잘살고 있다는 소식을 전해

듣던 일은 참으로 가슴 아픈 기억으로 남아 있다.

  2월에 펜실베이니아의 로레토에 있는 프란체스코 수도원 신학교에 들어가겠다는 내 계획을, 크리스마스 때 가족에게 알렸다. 가족들은 술렁거리고 어리둥절해 했다. 그도 그럴 것이 나는 전혀 신앙이 깊은 사람이 아니었다. 나는 주일미사에 참석했고 진정한 걸림돌인 여섯 번째 계명을 성실히 지켰지만, 하나님은 전혀 알 수 없는 분이었고 나와는 멀리 떨어진 무서운 존재였다. 나는 하나님보다 월터 크롱카이트(전 CBS 방송국의 유명한 뉴스 진행자—옮긴이)를 더 좋아했다. 나는 일생에 단 한 번도 예수의 이름을 내 입으로 소리내어 불러 본 일이 없었다. 다른 사람이 그 이름을 사용할 때에는 머리를 숙였을 뿐이다. 심지어 누군가 성경을 해석할 때도 머리를 숙였다. 하늘의 위대한 사형집행자가 당신의 머리 위를 맴돌고 있다면 한껏 조심해야 하지 않겠는가.

  형 롭은 내 말을 믿으려고 하지 않았다. 형은 들고 있던 맥주잔을 내려놓으며 말했다. "네가 수도원에서 일주일 안에 나온다는 쪽에 50달러 걸겠다." 우리는 내기에 합의하는 뜻으로 악수를 하고 각자 맥주잔을 들었다.

  수도원은 내가 상상한 최악의 경우보다 더 끔찍했다. 2월의 알레게니 산맥은 뼛속까지 파고드는 바람이 살을 에는 것처럼 몰아치는 추운 곳이었다. 내가 도착하자 사람들은 나를 리처드 형제라고 부르며 환영해 주었다. 나는 그 호칭이 싫었다. '형제'라는 말은 개신교 신자나 쓰는 말인데다가, 나는 개신교 신자를 무척 불신하는 분위기에서 자랐기 때문이다. 8학년 때 종교를 가르친 선생님은 가톨릭 신자들만 베드로의 돛단배에 타고 다른 사람들은 모두 물에 빠져 지옥으로 가게 된다고 가르쳤다. 셋째 날은 프란체스코 수도원에서 착복식이 있었다. 나는 발목까지 내려오는 수도복을 입고 흰 끈을 허리에 둘러 가치 없는 몸뚱이를 모두 가렸다. 한 계단을 올라서는 나의 첫 순례과정은 참으로 굴욕적이었다. 해병대 사나이가 수도복이나 입고 어슬렁거리다니. 나는 스스로 무력하고 변덕스럽고 연약한 여자가 된 기분이었다. 게다가 이제부터 여자를 원수처럼 대해야 한다는 가르침까지 들었다.

새벽 5시 "*Benidicamus Domino*"(주님을 찬양하세)라는 힘찬 외침을 들으며 잠이 깼다. 아무도 내게 8시 무렵의 아침식사 시간까지 '대침묵'을 지켜야 한다는 사실을 말해 주지 않았다. 수사들은 반드시 "*Deo Gratias*"(하나님, 감사합니다) 하고 응답한 뒤에 엄격한 침묵 가운데 움직여야 했다. 나는 창밖을 내다보고는 이렇게 소리치고 말았다. "아이고 하나님, 아직 깜깜한 밤이잖아요. 도대체 왜 이 시간에 일어나야 하는 거예요?" 복도에 서 있던 어거스틴 신부가 규칙위반자 명단에 내 이름을 적어 넣었다.

그리고 우리는 성당으로 가서 기도서를 펼치고 라틴어로 시편을 영창했다. '하나님 맙소사, 라틴어라니. 이제 막 한국전쟁이 끝나고 내 머릿속에는 아직도 중사 계급장이 아로새겨져 있는데, 내가 라틴어로 노래를 부르다니.' 나는 다른 사람들을 살펴보았다. 환희에 넘치는 모습들이었다. 하지만 나는 그 단어들을 발음조차 할 수 없었다. 시편을 노래하고 있는 그 여자 같은 무리에게 내가 내린 평결은 **사기꾼**이었다.

그날 저녁식사 때 어거스틴 신부가 내게 완두콩 그릇을 건넸다. "감사합니다. 그런데 저는 완두콩을 좋아하지 않습니다." 그는 거룩한 순종이라는 명목으로 내게 완두콩 한 그릇을 다 먹게 했다. 신학교에 대한 분명한 사실 한 가지, 나는 그곳에서 증오하는 법을 배워 가고 있었다.

형제들은 각자 가사일을 나누어 맡았다. 내 임무는 응접실의 먼지를 터는 일이었다. 내 생각에 그것은 모든 허드렛일 중에서도 가장 체면을 구기는 일이었다. 나는 먼지를 터는 둥 마는 둥 하며 슬슬 시간을 때우다가 벽난로 선반 위쪽에 눈길이 멎었다. 그 꼭대기에는 큰 사발모양의 유리뚜껑이 달린 스위스 시계가 달려 있었다. 그 시계를 쳐다보고 있는데 어거스틴 신부가 들어왔다. "리처드 형제, 지금 무엇을 하고 있나요?" 나는 그의 삐딱한 개신교식 태도에 속으로 다시 한번 몸서리치며, 혹시 그가 공산주의자가 아닐까 생각했다. "저 시계 유리뚜껑에 맥주를 얼마나 담을 수 있을까 생각중이었습니다." 그는 다시 자기 수첩에 내 이름을 적어 넣었다. 일주일 후 나는 보따리를 싸기로 했다. 결국은 그들이 나를 내쫓게 되고 말 것이었다. 일주일은 버텼으니까 형한테 50달러는 받을 수가 있었다. 나는 바바라가 여전히 눈물을 흘리고 있으리라 믿었다. 그녀의 인내심과 변함없는 사랑을 칭찬한 뒤에 우리는 화해하고 6월에는 결혼식을 올리리라고 생각했다. 그야말로 하마터면 죽을 뻔한 장난에서 가까스로 탈출하게 된 것이다.

나는 옷가방을 꾸린 뒤에, 떠나겠다고 말하려고 어거스틴 신부의 사무실로 갔다. 그는 사무실에 없었다. 나는 성당에 들러 하나님께 작별인사를 하기로 했다. "하나님, (저 리치입니다) 신부가 되는 것이 제 소명이 아니라는 것을 깨닫게 해주셔서 감사합니다. 브루클린으로 돌아가면 바바라가 저를 기다리고 있게 해주세요. 굳게 결심했다는 표시로, 앞으로 일 년 동안 주일 말고 평일에도 한 번 더 미사에 참석하겠습니다. (그러면 하나님이 나를 고귀한 영혼을 가진 자라 생각하고 감동을 받으실 줄 알았다) 그럼, 안녕히 계세요. 브루클린에서 다시 뵙겠습니다."

그리고 다시 그 막강한 권력자의 자리로 갔는데, 어거스틴 신부는 아직도 돌아오지 않고 있었다. 어느 누구도 이 영웅을 피할 수는 없으리라. 나는 다시 성당으로 가서 하나님을 위해 위대한 일을 좀 더 해야겠다고 마음먹었다. 그래서 의무는 아니었지만 '십자가의 길' 14처(가톨릭에서는 예수님의 수난과정을 묵상하고 기도하는 방법으로 열네 장소를 거쳐가면서 기도함—옮긴이)를 모두 돌며 기도하리라고 생각했다. 기도서를 손에 들고 순서대로 따라하기 시작했다. 제1처 "예수, 사형선고를 받으심을 묵상합시다"에서 기도문을 읽고는 마치 건물 안의 연기냄새라도 맡은 듯이 서둘러 무릎을 꿇었다. 그러고는 얼른 제2처로 갔다. 나는 속으로 생각했다. '내가 「뉴요커」에서 일하게 되면 이 고리타분한 기도문을 현대적인 용어로 다시 써야지. 그러면 교회에 공로를 세우는 일이 되겠지. 아마 교황이 내게 성 그레고리라든지 혹은 무슨 다른 작위를 내릴지도 모를 거야.'

11분에 걸쳐 기도하고 무릎 꿇기를 반복한 뒤 제12처 앞에 이르렀다. "예수, 십자가에 죽으심을 묵상합시다." 기도서에는 붉은 글씨로 이렇게 써 있었다. "무릎을 꿇는다." 내가 무릎을 꿇자 멀리 5킬로미터나 떨어진 곳의 카르멜회 수도원에서 치는 삼종 소리가 들려왔다. 정오였다. 내가 그 자리에서 일어선 것은 3시 5분이었고, 일어나서는 성경을 찾으러 갔다. 나는 전에 한 번도 성경을 읽은 적이 없었지만, 그때 복음서를 읽어야 한다는 것을 알았다. 수도원에서는 성경을 찾을 수가 없었다. 그 당시에는 성경을 개신교의 책으로 여기고 있었다.

　무릎을 꿇고 있던 세 시간 동안, 나는 마치 바닷가에 무릎을 꿇고 있는 어린아이처럼 느껴졌다. 잔물결들이 내 무릎에 찰싹거리며 밀려와 씻어 주었다. 물결은 조금씩 커지고 강해지더니 허리까지 잠기게 되었다. 그러다 갑자기 엄청난 파도가 밀려와 나를 뒤로 넘어뜨리더니 해변에서 공중으로 빙빙 돌리며 실어 올려, 우주공간으로 무지개처럼 뻗어 나가게 했다. 분명하지는 않지만 전에 한 번도 가본 적이 없는 어떤 곳, 바로 예수 그리스도의 마음속으로 실려 가고 있음을 알았다. 그분이 내 이름을 불렀는데, 그것은 "리치"도 아니고 "브레넌"도 아니었다. 그것은 나 스스로는 밝힐 수 없는, 무한한 사랑으로 부르시는 다른 어떤 단어, 내가 들을 수 있는 모든 소리들 중 가장 감미로운 소리였다. 예수님은 바로 그 이름을 통해 나를 아셨다. 동산에서 예수님이 "마리아야" 하고 짧게 부르셨을 때 막달라 마리아에게서 일어난 반응이 바로 이런 것이었으리라. 내 경우 다른 것은, 예수님이 브레넌이라는 이름으로 나를 부르지 않으셨다는 사실이다.

　생전 처음 아무런 조건 없이 사랑을 받은 그 체험 속에서, 나는 은은한 환희와 조용한 전율 사이를 이리저리 옮겨 다녔다. 그것은 몇 해 후에 조지 맬러니가 "빛나는 어둠"이라고 묘사한 그런 감미로운 분위기였다. 그러고는 나를 압도하는 어떤 강한 힘이 있었다. 시간이 멈춘 '현재'에 끊임없이 잠겨 있던 그 순간, 갑자기 아무 예고도 없이 어떤 손이 내 심장을 움켜쥐었다. 숨을 쉴 수가 없었다. 그것은 갑자기 일어난 놀라운 일이었다. 사랑을 받고 있다는 깨달음은 더 이상 온화하고 부드럽고 안락하기만 한 것이 아니었다. 십자가에 못박히신 하나님의 아들 예수 그리스도의 나를 향하신 사랑은, 봄날 갑자기 몰아치는 돌풍의 황폐함과 열정과 분노의 모습을 띠고 있었다. 마치 둑이 무너지듯이 저 깊은 곳에서 울컥 울음이 터져 나왔다. 바로 나를 위해 그분이 십자가에서 돌아가셨다! 전에도 그 사실은 알았지만, 그 앎이란 것은 뉴먼(Newman) 추기경이 말한 '관념적인 앎'이었다. 그런 앎은 추상적이고도 동떨어진, 삶의 근본적인 문제와는 대체로 무관한, 그야말로 교리적인 믿음의 전당포에서 먼지를 뒤집어쓰고 있는 잡동사니 같은 것이었다. 그러나 구원의 진리로 인해 눈앞이 캄캄해지던 그 순간의 앎이란, 생각과 마음을 모두 바치는 인격적 헌신을 요구하는 **참된** 앎이었다. 기독교는 이제 내게 단순한 도덕적 규범이 아니라 사랑에 대한 일이었다. 예수 그리스도께 사랑을 받고 그분과 사랑에 빠지는 가슴 떨리고 흥분되며 믿기지 않는, 열정적인 즐거움이 넘치는 그런 일이었다.

마침내 나는 형언할 수 없는 겸손한 마음이 되었다. 어느새 모든 힘이 빠지고 탈진하여 지치고 멍한 상태로 바닷가로 돌아와 무릎을 꿇고 있었다. 고요하고 깊은 경배 가운데 내 생각과 마음이 깊이 잠겼고 조용하고 잔잔한 사랑의 물결이 나를 감싸며 흘렀다.

3시 5분. 나는 휘청거리며 일어서서 시계를 보고는 내 눈을 의심했다. 경외와 놀라움에 떨며 내 방으로 돌아가서 짐을 풀어 성경을 찾으면서 인생에서 가장 가슴 떨리는 모험이 막 시작되었음을 알았다. 바울이 골로새서 3:11에서 "오직 그리스도께서 홀로 계신다. 그분이 전부이시다"(JB)라고 설명한 새로운 존재방식으로 나아가는 모험이었다.

이제 30년이 지난 오늘, 내가 붉은색과 녹색의 격자가 그려진 노트에 여러 해 동안 적어 놓은 글 가운데 몇 개를 골라 함께 나누고 싶다. 나는 그 노트를 '여정일기'라고 부른다. 다음은 어느 트라피스트 수도회 수사의 글에서 옮겨 적어 놓은 글이다.

> 우리를 향하신 예수 그리스도의 사랑이 얼마나 온전한 사랑인지를 체험하는 그날, 비로소 그분께 대한 우리의 응답이 온전해진다. 스스로 선한 사람이 되려는 의도적인 노력을 그만두고, 하나님의 사랑에 자신을 내맡기는 평안한 여유를 허락해야 한다. 그리고 우리를 향하신 그분의 사랑은 대부분 친구들의 사랑을 통해 표현된다. 그분이 다른 어떤 방법으로 그 사랑을 확실히 드러내 보이실 수 있겠는가? "너희는 내가 명하는 대로 행하면 곧 나의 친구라.……내가 이것을 너희에게 명함은 너희로 서로 사랑하게 하려 함이라"(요 15:14, 17).

상상해 보라. 지금 이 순간 예수님이 문으로 걸어 들어와 당신에게 다가오신다. 그리고 당신 눈을 똑바로 바라보시며 한 단어로 당신을 부르신다. 무엇이라고 부르시는가? 하나님께서 그것으로 당신을 알고, 당신에 대한 하나님의 모든 지식과 하나님과 당신의 관계에 대한 모든 것이 담겨 있는 그 이름은 과연 무엇인가? 그것은 당신의 존재 전체를 밝혀 줄 것이다. 그것은 심판하고 판결을 내리는 이름인가, 아니면 칭찬과 애정이 담긴 이름인가? "이기는 그에게는……흰돌을 줄 터인데 그 돌 위에 새 이름을 기록한 것이 있나니 받는 자밖에는 그 이름을 알 사람이 없느니라"(계 2:17).

이번에는 이 세상에서 그 누구보다 당신을 사랑하고 당신을 잘 아는 한 사람이 같은 행동을 한다고 상상해 보라. 당신은 그와 계속되는 관계를 통해 그 사람을 안다. 관계가 끈끈하든 그렇지 못하든, 그 관계가 얼마나 충실한지는 자주 시험받겠지만 그 사람은 당신에게 충실하다. 이제 그 사람이 당신을 아는 그 이름을 말한다. 그 이름은 무엇인가? 예수님이 당신을 아시는 것과 같은 이름인가?

다른 사람이 나를 부르는 그 이름을 듣기 전까지, 우리는 참으로 우리 자신일 수 없고 온전히 우리 자신일 수 없다고 생각한다. 우리는 대부분 귀머거리이고 자신에 대한 선입견에 사로잡혀서, 거듭거듭 불러 주어야만 마침내 그 이름을 듣게 된다. 우리를 속속들이 아는 누군가가 그것을 말한다는 확신이 있을 때에만 그 이름이 우리 안으로 뚫고 들어올 수 있다.…… 그것은 하나님까지도 행복하게 한다. 누군가가 [우리를 향하신 하나님의 사랑을] 듣고 그것을 받아들였기 때문이다.…… 그 이름은 우리가 이 세상에서 들을 수 있는 그 어떤 소리보다 감미롭다.

이와는 반대로, 하나님께서 그분의 이름을 우리에게 알려 주셔서 우리도 그분을 알게 하셨다. 예수님은 하나님의 이름이 아바, 곧 아들을 믿는 모든 사람을 사랑하시는 자애로운 아버지라고 알려 주셨다.[1]

3
말씀 안의 자유

인생을 바라보는 데는 두 가지 관점이 있을 수 있다. 두 유형의 사람들이 있다는 말이다. 첫 번째 사람들은 인생을 조심스럽게 간수해야 할 무슨 재산처럼 여긴다. 그들의 이름은 **안주자**(settlers)다. 두 번째 사람들은 인생을 거칠고 환상에 찬, 폭탄과 같은 선물로 여긴다. 그들의 이름은 **개척자**(pioneers)다.

이 두 유형에서 안주자 신학과 개척자 신학이라는 두 종류의 신학이 생겨난다. 베스 젤링거(Wes Seelinger)의 책 「서부의 신학」(*Western Theology*)에 보면, 안주자 신학은 모든 의문에 답하려는 시도다. 이는 어떤 초월적인 존재를 규명해 그 안으로 파고들어 가려 하며, 황금판 위에 총천연색으로 있는 그대로의 현실을 세운다. 반면에, 개척자 신학은 삶이라는 이 특이한 선물을 받았다는 사실이 무슨 의미인지를 말하고자 한다. 두 신학 모두 그 무대는 거친 서부다.

안주자 신학에서 **교회**는 법원건물이다. 그것은 그 마을생활의 중심이다. 오래된 석조건물이 마을광장에 우뚝 서 있다. 그 창문은 너무 작아서 안에 있는 것들이 어둡게 보인다. 법원건물 벽 안쪽에 기록이 보관되며, 그 안에서 세금을 징수하고 못된 인간들을 재판한다. 법원은 안주자들의 법과 질서와 무엇보다도 중요한 안전의 상징이다. 시장의 사무실은 그 건물 꼭대기에 있다. 그는 독수리처럼 번득이는 눈으로 마을생활의 아주 사소한 것들까지 샅샅이 살피고 있다.

개척자 신학에서 **교회**는 포장마차다. 그것은 바퀴 달린 집이며, 늘 옮겨 다닌다. 개척자들은 포장마차 안에서 먹고 자고 싸우고 사랑하고 죽는다. 포장마차에는 삶과 이동의 흔적이 새겨져 있다. 삐걱거리고, 화살자국이 남아 있으며, 얼기설기 밧줄로 묶여 있다. 포장마차에는 늘 활발한 움직임이 있다. 포장마차는 줄곧 미래를 향해 나아갈 뿐, 자신이 걸어온 길을 영광스럽게 꾸미는 헛수고는 하지 않는다. 낡은 포장마차는 불편하지만 개척자는 신경 쓰지 않는다. 그들은 안락함보다는 모험에 몰두하는 사람들이다.

안주자 신학에서 **하나님**은 시장이다. 그는 감시하는 눈초리다. 동부 한복판에서 온 사람처럼 차려입고 법원에 있는 자기 사무실의 푹신한 안락의자에 비스듬히 앉아 있다. 그의 창문 가리개는 언제나 내려져 있다. 아무도 그를 보거나 직접 알지는 못하지만, 마을에 엄연히 질서가 있는데 누가 감히 그가 그곳에 있음을 부인할 수 있겠는가? 시장이 언제 어디서 무슨 일을 할지 예측이 가능하다. 그는 항상 시간표대로 움직인다. 안주자들은 시장을 두려워하지만, 그가 급료를 지불하고 모든 것을 잘 돌아가게 유지시켜 주기를 바란다. 시장의 중요한 관심은 평화와 고요함이다. 그래서 그는 보안관을 보내 혹시 개척자들이 마차를 타고 마을로 들어오지 않는지 순찰하게 한다.

개척자 신앙에서 **하나님**은 포장마차 무리의 대장이다. 그는 거칠고 무뚝뚝하지만 활기가 넘친다. 그는 담배를 씹고 독한 위스키를 그대로 들이킨다. 무리의 대장은 살고 먹고 잠자며 자기 패거리와 다투기도 한다. 대장의 관심사는 자기 무리의 행복이다. 대장이 없으면 포장마차는 움직이지 않는다. 자유인으로 살아가는 것도 불가능할 것이다. 마차는 종종 길에 처박혀 꼼짝하지 않는데, 그럴 때면 대장은 진흙탕에 내려서 개척자들과 함께 마차 미는 일을 돕는다. 개척자들의 마음이 약해져 돌아가고 싶어질 때 대장은 그들을 격려한다. 그의 움켜쥔 주먹은 관심의 표현이다.

안주자 신학에서 **예수**는 보안관이다. 그는 사람들이 규칙을 잘 지키게 하려고 시장이 보낸 친구다. 그는 흰색 모자를 쓰고 우유를 마시며 악당들보다 더 빨리 권총을 뽑는다. 보안관은 누구를 감옥에 넣을지 결정한다. 마을 사람들 사이에 떠도는 말이 있다. 시장이 보안관을 보냈다는 사실을 믿고 그 규칙을 따르는 사람들은, 그들의 때가 왔을 때 공동묘지에 그대로 버려져 있지 않으리라는 믿음이 그것이다.

개척자 신학에서 **예수**는 정찰병이다. 그는 말을 타고 앞으로 나아가 개척자들이 어느 길로 가야 할지 살핀다. 그는 마차 대열의 모든 어려움을 겪으며 함께 살아간다. 정찰병은 온갖 어려움을 겪으며 인디언의 공격도 받는다. 그는 자신의 말과 행동으로 대장의 참뜻이 무엇인지를 드러내 보인다. 대열에 속한 사람들은 정찰병을 보면서 개척자가 된다는 것이 어떤 의미인지를 배운다.

안주자 신학에서 **성령**은 술집여자다. 그 여자의 일은 안주자들을 위로하는 것이다. 안주자들은 외로움을 느끼거나 삶이 지루하거나 위험에 처했을 때 이 여자를 찾아온다. 이 여자는 그들의 턱밑을 살살 긁어 주며 만사를 다시 그럭저럭 괜찮게 해준다. 술집여자는 누군가가 평화를 깨려고 하면 얼른 보안관에게 일러바친다.

개척자 신학에서 **성령**은 버팔로 사냥꾼이다. 그는 말을 타고 포장마차를 따라가면서 개척자들에게 신선한 고기를 대 준다. 그 고기가 아니면 그들은 죽고 말 것이다. 버팔로 사냥꾼은 독특한, 곧 예측불허의 사람이다. 개척자들은 그가 다음에 무슨 일을 할지 전혀 짐작할 수가 없다. 그는 안주자들을 몹시 놀라게 한다. 그는 마치 대포처럼 발사되는 크고 검은 총을 지녔다. 그는 주일날 말을 타고 마을로 들어가 안주자들을 휘저어 놓는다. 당신도 알듯이 안주자들은 주일마다 법원에서 간단한 아이스크림 파티를 열고 있지 않은가. 손에 총을 든 버팔로 사냥꾼은 창문으로 숨어 들어가 법원 전체가 흔들릴 만큼 우렁찬 소리가 나는 총을 쏘아 댄다. 남자들은 깜짝 놀라 펄쩍 뛰고, 여자들은 비명을 지르며, 개들은 짖어 댄다. 버팔로 사냥꾼은 낄낄대며 마을을 향해 총을 쏘아 대고는 다시 말을 타고 마차 대열로 돌아온다.

안주자 신학에서 **그리스도인**은 안주자다. 그는 열려 있는 미지의 경계선을 두려워한다. 그의 관심사는 시장과 좋은 관계를 유지하고 보안관에게 걸리지 않는 것이다. '안전제일'이 그의 좌우명이다. 그에게 법원은 안전과 평화와 질서와 행복의 상징이다. 그는 자기 돈을 은행에 맡겨 둔다. 은행가는 그의 가장 친한 친구다. 안주자는 아이스크림 파티에 결코 빠지는 일이 없다.

개척자 신학에서 **그리스도인**은 개척자다. 그는 과감하며 새로운 삶에 굶주린 사람이다. 그는 힘들게 나아가며, 필요할 때는 총을 쏠 줄도 안다. 개척자는 안주자들을 가엾게 여기며, 그들에게 마차 대열의 즐거움과 충만한 삶에 대해 말해 주려고 한다. 그는 장화를 신은 채로 죽음을 맞는다.

안주자 신학에서 **성직자**는 은행가다. 마을의 값나가는 것들은 그의 지하금고 속에 들어 있다. 그는 매우 존경받는 사람이다. 그는 총을 가지고 있지만 책상서랍에 감추어 둔다. 그는 자신과 보안관 사이에 많은 공통점이 있다고 느낀다. 어쨌든 그 둘은 모두 은행을 보호한다.

개척자 신학에서 **성직자**는 요리사다. 그는 고기를 공급해 주지 않는다. 그저 버팔로 사냥꾼이 공급하는 고기를 접시에 올려 내줄 뿐이다. 이렇게 함으로써 포장마차가 앞으로 나아가는 것을 돕는다. 그는 자신의 일과 대장이나 정찰병이나 혹은 버팔로 사냥꾼의 일을 절대로 혼동하는 법이 없다. 그는 자신이 요리법을 배웠을 뿐 다른 사람과 똑같은 한 사람의 개척자라고 생각한다. 요리사가 할 일은 개척자들이 나아가는 것을 돕는 일이다.

안주자 신학에서 **믿음**이란 마을의 안전을 신뢰하고 법에 순종하며 점잖게 행동하고 시장이 법원건물 안에 있음을 믿는 것이다.

개척자 신학에서 **믿음**은 모험정신이다. 언제라도 떠날 수 있는 준비성이다. 마차 안에 실린 모든 것을 걸고 나아가는 것이다. 믿음은 쉬지 않고 외쳐 대는 대장의 목소리에 순종하는 것이다.

안주자 신학에서 **죄**란 마을의 법령 가운데 어떤 한 가지라도 어기는 것이다.

개척자 신학에서 **죄**는 되돌아가고 싶어 하는 마음이다.

안주자 신학에서 **구원**은 집 가까이 살면서 법원 근처를 떠나지 않는 것이다.

개척자 신학에서 **구원**은 마차 대열 속에서 죽는 것보다 불모의 도시 생활을 더 두려워하는 것이다. 구원이란 미지의 세계를 헤치고 나아갈 또 다른 하루를 생각하며 즐거워하는 것이다. 그것은 대열의 대장을 신뢰하는 것이고, 버팔로 사냥꾼이 주는 고기를 먹고살면서 정찰병을 따라가는 것이다.

카우보이 영화의 어법에 따르면, 안주자와 개척자들은 각각 '법(the law)의 백성'과 '성령(the Spirit)의 백성'으로 묘사된다. 예수님 당시에는 종교적 틀을 수호하려던 사람들, 서기관과 바리새인, 사두개인들은 법원건물에 안주해 스스로 법의 노예가 되었다. 이 일은 그들의 특권을 강화했을 뿐 아니라 안전감을 주기도 했다. 인간이란 본래 자유 상태에 따르는 의무를 두려워하게 마련이다. 대개의 경우 다른 사람에게 결정을 내리도록 맡기거나 율법의 문자에 의지하는 것이 더 쉽다. 어떤 사람들은 스스로 노예가 되기를 **원한다**.

그런 사람들은 일단 스스로 율법에 적힌 문자의 노예가 되고 나면 언제나 다른 사람들의 자유를 부인한다. 그들은 자신이 짊어진 무거운 짐을 다른 사람들에게도 똑같이 지워 놓기 전까지는 절대로 멈추지 않는다. 예수님은 그들을 두고 이렇게 말씀하셨다. "무거운 짐을 묶어 사람의 어깨에 지우되 자기는 이것을 한 손가락으로도 움직이려 하지 아니하며"(마 23:4).

예수님은 자기 백성들을 율법―모든 율법―에서 풀어 주려고 하셨다. 그분의 말씀 안에서 우리는 자유롭게 되고 성령의 백성이 된다. 또한 신약성경에 나오는 것처럼, 온갖 신학적 견해 차이를 넘어서서 자유로운 백성들의 동료애가 자라나게 된다.

바울은 갈라디아서 5:1에서 이렇게 말한다. "그리스도께서 우리를 자유롭게 하려고 자유를 주셨으니 그러므로 굳건하게 서서 다시는 종의 멍에를 메지 말라." 바울이 로마서 8:21에서 말하는 "하나님의 자녀들의 영광의 자유"를 우리가 체험하지 못한다면, 아직 그분 말씀의 주권이 우리를 장악하지 못했을 뿐만 아니라 우리가 온전히 하나님 영의 손안에 있지 않음을 인정해야 한다.

언젠가 나는 어느 가톨릭계 대학교의 졸업반 학생들에게 이렇게 물은 적이 있다. "지금 이 순간, 여러분이 그리스도인이라는 사실이 무엇을 의미합니까?" 그들의 대답은 너무도 비슷해서 다음과 같은 한 단락으로 요약할 수 있었다. "그리스도인이라는 것은 곧 주일미사에 참석해야 하고, 재의 수요일(사순절이 시작되는 수요일―옮긴이)과 성금요일에 고기를 먹을 수 없으며, 피임이나 이혼을 할 수 없고, 낙태에 찬성해서도 안 되며, 성인 영화를 보아서도 안 된다."

교회에 다니는 많은 사람들에게 기독교는 기쁜 소식(Good News)이 아니다. 그리스도 예수께서 선포한 복음이 자유와 구원의 기쁜 소식이 아니라, 해야 할 것과 해서는 안 될 것들에 대한 엄격한 법조항이자 지루한 도덕적 훈계이며, 지옥의 고통을 피하기 위해 최소한 필요한 것을 적어 놓은 목록 정도다.

요한복음에는 한 가지 유일한 주제가 다양하게 변화하며 등장한다. "우리가 예수를 아는가, 그분을 아는 것이 곧 생명이다"가 그것이다. 그 밖의 모든 것은 석양과 어둠 속으로 사라진다. 독일 성경학자 에른스트 케제만(Ernst Kasemann)은 이렇게 지적한다.

시대를 막론하고 기독교인들을 가장 괴롭혀 온 문제는 율법주의도, 신앙의 결핍도, 신학적 대립도 아닌 바로 예수 그 자신이다. 그분은 너무도 아낌없이 자유를 허락하신다. 더욱이 아주 위험한 것은 그 자유를 어떻게 사용할지 모르는 사람들에게 허락하신다는 사실이다. 교회는 그리스도께서 등장하실 때마다 그분이 불러일으키는 어지러운 혼란에 대해 늘 지독한 두려움을 느낀다. 결국 교회는 자신에게 맡겨진 영혼들을 보호하기 위해 그리스도의 자유를 자기 손아귀에 쥐고 마음대로 관리한다. 또한 필요한 경우 마치 동독(同毒)요법을 쓰듯 약간의 자유도 베푼다. 교회는 스스로 이 세상에서 그리스도를 대리한다고 주장하지만 실은 그분의 자리를 차지하는 경우가 허다하다. 그리스도 앞에서는 온몸의 뼈마디가 모두 부들부들 떨려야 마땅하다. 교회의 전통과 율법은 예수를 자기 식으로 길들여 놓았다. 오늘날 모든 교회는 그러한 노력이 성공을 거둔 덕분에 살아가고 있다.

케제만의 이 말은 우리의 근원으로 돌아가자는, 기업의 창시자가 누구인지 기억하자는 예언자의 외침이다. 그는 묻는다. "예수가 교회의 기준인가, 아니면 교회가 예수의 기준인가?"

당신의 미래와 영원한 운명이 당신 지역의 주교와의 관계에 전적으로 달려 있다고 가정해 보라. 지금보다 훨씬 더 많은 시간을 그 주교와 함께 보내기 위해 이런저런 궁리를 하지 않겠는가? 그 주교가 싫어한다고 생각되는 당신 성격의 흠이나 인격적인 특성을 그 주교의 도움을 받아 모두 뜯어고치려고 노력하지 않겠는가? 직업상 성스러운 사람들과 학자들의 도시 뉴욕의 브루클린에 가야 하는 일이 생겼다면, 당신은 그곳에서 주교에게 짧은 편지를 자주 써 보내고 "사슴이 시냇물을 찾기에 갈급함같이" 그에게로 돌아가고 싶어 안절부절못하지 않겠는가? 그 주교가 가장 깊은 내면의 속삭임이라고 할 수 있는 자신의 회고록을 일기로 기록하고 있다고 고백한다면, 당신은 그것을 읽고 싶어 안달할 뿐 아니라 스스로 그 내용을 깊이 파고들어 가서 그를 더 잘 알고 더 사랑하고 싶어 전전긍긍하지 않겠는가?

제자라면 누구나 예외 없이, 한 점 거짓없이 답해야 할 절실한 질문들이 있다. 당신은 예수 그리스도에 굶주렸는가? 당신은 기도 안에서 오직 그분과만 시간을 보내기를 절실히 갈망하는가? 그분은 당신 인생에서 가장 중요한 분이신가? 그분은 마치 환희의 찬양처럼 당신의 영혼을 채우시는가? 그분은 찬양의 외침으로 당신의 입술에 머무시는가? 당신은 그분을 더 알아 가는 일에 갈급하여 그분의 삶 속으로, 그분의 인격적인 언약으로, 그분의 복음으로 돌아가기를 열망하는가? 당신은 예수 그리스도와의 우정을 가로막거나 축소시키거나 위험하게 할지도 모르는 그 모든 것에 대해 죽고자 애쓰는가?

당신이 **진정** 주님과 동행하는지 알고 싶다면, 최근에 당신이 슬퍼한 일이 무엇이었는지 기억해 보라. 당신이 예수님을 간절하게 사랑하지 않는다는 것을 깨달은 일인가? 아니면 기도중에 열심을 다해 그분의 얼굴을 찾지 않고 있음을 깨달은 일인가? 솔직히 말해, 당신의 삶에 일어난 일 가운데 가장 엄청난 사건은 예수께서 당신에게 오셨고 그분의 목소리를 듣게 된 일이었다고 말할 수 없음을 깨달은 일인가? 예수님을 발견하는 일을 최고의 행복으로 여기고 있지 않음을 깨달은 일인가? 아니면 예수님의 백성을 사랑하지 않음으로써 그분의 마지막 계명을 거부하고 있음을 깨달은 일인가? 그것이 아니라면, 힘 있는 사람이 당신을 인간적으로 존중해 주지 않고 비판한 일이나 재정문제, 혹은 친구가 없거나 늘어나는 허리 둘레 때문에 슬퍼하고 의기소침했는가?

그렇다면 반대로 최근에 당신이 **기뻐**한 일은 무엇인가? 하나님께서 당신을 기독교 공동체의 일원으로 택하신 사실을 묵상한 일인가? "아바, 제가 아버지께 속하여 있나이다" 하고 기쁨에 넘쳐 기도하던 일인가? 오직 복음서만을 벗 삼고 홀로 조용히 번잡한 곳을 벗어나던 어느 오후인가? 하나님께서 아무 조건 없이 당신의 지금 있는 모습 그대로 사랑하심을 깨달은 그 가슴 떨리는 체험인가? 아니면 새로 산 자동차나 유명상표의 양복, 영화나 피자, 파리나 피오리아로 떠났던 여행 같은 것이 당신 기쁨의 원천인가? 당신은 우상을 섬기고 있는가?

촘촘하게 짜여진 율법이 아니라 우리 안에 타오르는 성령의 불길이 삶을 다스릴 때, 우리는 오직 죽음을 통해서만 생명에 이르게 된다는 진리에, 오직 어둠을 통해서만 빛에 이르게 된다는 진리에, 밀알 하나가 땅에 떨어져 반드시 죽어야 한다는 진리에, 요나가 고래 뱃속으로 삼켜져야만 한다는 진리에, 다른 사람들에게 그리스도의 달콤한 향기를 맡게 하려면 '자아'라는 석고 단지가 깨어져야 한다는 진리에 순종할 때, 그리고 "아이스크림 파티에 오라"가 아니라 "**나에게 오라**"고 부르시는 예수님의 부르심에 응답할 때, 그때에야 비로소 성령의 무한한 권능이 놀라운 힘으로 솟구쳐 나오게 될 것이다.

히브리서 2:10에서 선지자이며 교사인 기자가 예수님을 "우리 구원의 개척자"(the pioneer of our salvation, RSV)라고 설명하는 것은 우연이 아니다. 기자는 다시 12:2에서도 예수님을 "우리 믿음의 개척자이며 완성자"(the pioneer and perfecter of our faith, RSV)라고 설명한다. 우리는 예수님을 바라봄으로써, 풍성한 생명을 향해 나아가는 대열에 선다는 것이 대체 무엇을 말하는지 알게 된다.

예수님은 제자들을 율법의 억압에서 풀어 주셨다. 율법을 폐기하거나 바꾸어서 그렇게 하신 것이 아니라, 율법을 그 높은 자리에서 끌어내리고 그 절대적 권위를 상호적인 것으로 만드시며, 사랑과 자비 아래 있는 성령의 법으로 만드심으로써 그렇게 하셨다.

바울은 로마서 7:1-6에서, 그리스도 안에 있는 우리는 더 이상 율법의 제약 아래 있지 않다고 확신 있게 말한다. 남편이 죽으면 아내는 더 이상 혼인의 율법에 매이지 않는 것처럼, 부활하신 그리스도로 인해 성령 안에 사는 그리스도인은 더 이상 겉으로 드러나는 문자에 매이지 않는다. 바울은 사람들이 율법을 지켜 구원을 얻는다는 주장에 분연히 맞서 싸운다. 바울은 그렇지 않다고 분명히 말한다. 부활하신 그리스도와 하나된 그리스도인은 율법에 대해 죽었고, 율법에서 풀려났으며, 단번에 영원히 자유롭게 되었다. 그리스도인의 소명은 자유를 향한 소명이다. 자유는 기독교의 모퉁잇돌이다.

그렇다면 그리스도인은 자신이 하고 싶은 대로 하고 멋대로 죄를 지을 자유가 있다는 말인가? 다시 한번 바울은 **그렇지 않다**고 말한다. "자유로 육체의 기회를 삼지 말[라]"(갈 5:13).

그렇다면 그리스도인이 행동의 안내자로 삼고 도덕적 행위의 본으로 삼아야 할 규범이나 기준은 무엇인가? 바울은 이렇게 대답한다. "……생명의 성령의 법이 죄와 사망의 법에서 너를 해방하였음이라"(롬 8:2).

성령의 법이 무엇인가? 바울은 이 성령의 법을 생명력 넘치는, 활기찬 내면의 힘으로 본다. 더 정확하게 말하면 성령의 법이란 거룩하신 영, 곧 아버지와 아들 사이의 사랑이다. 예수께서 말씀하셨다. "사람이 나를 사랑하면 내 말을 지키리니 내 아버지께서 저를 사랑하실 것이요 우리가 그에게 가서 거처를 그와 함께하리라"(요 14:23). 예수님은 은혜로운 삶을 우리 마음 안에 거하시는 성령과 연관해서 말씀하셨다. 성령님은 예수를 재촉하신 것처럼 우리를 재촉하여 하나님의 자녀로 살게 하신다. 새 율법은 그리스도 예수 안에서 우리에게 생명을 주시는 우리 안의 성령이시다. 그런 까닭에 바울은 다음과 같은 힘찬 승리의 외침으로 로마서 8장을 시작한다. "그러므로 이제 그리스도 예수 안에 있는 자에게는 결코 정죄함이 없나니……생명의 성령의 법이 죄와 사망의 법에서 너를 해방하였음이라"(1-2절).

그러나 정작 예수님을 시야에서 놓치게 될 때, 교회라는 모임에서 들려오는 소리를 예수님이 듣지 못하시게 될 때, 법과 도덕과 철학의 이름으로 그분을 무시할 때, 그리하여 우리가 알지 못하는 신을 위해 새로운 신전을 세울 때, 우리의 자유는 끝이 난다.

그럼에도 불구하고 하나님의 말씀은 변함이 없으시다. "아들이 너희를 자유롭게 하면 너희가 참으로 자유로우리라"(요 8:36). 바울은 우리에게 주어진 자유는 정욕을 따라도 좋다는 면허증이 아님을 다시 한 번 강조한다. "형제들아, 너희가 자유를 위하여 부르심을 입었으나 그러나 그 자유로 육체의 기회를 삼지 말고 오직 사랑으로 서로 종노릇하라"(갈 5:13). 이는 좋은 나무가 좋은 열매를 맺는다고 하신 그리스도의 가르침에 대한 바울의 화답이다. 그리스도인이라는 **존재**에서 그리스도인의 **행동**이 나온다. 우리는 삶 속에서 우리의 존재를 실현해야 한다. 그리스도인이란 변화된 사람이라는 뜻이다. 우리는 성령을 통해 그리스도 예수 안에서 산다. 삶은 초자연적으로 다가오는 것을 행하는 과정이다. "고귀한 신분에는 그만한 의무가 따른다"(*Noblesse Oblige*)는 말이다. 왕의 자녀가 노예처럼 살아서는 안 된다.

그러므로 그리스도인에게 성령 외에 다른 법은 없다. 법이 필요하지 않다. 아이에게 자기 아버지를 사랑하라고 명령할 필요는 없다. 성 어거스틴(St. Augustine)은 이런 사실을 참으로 적절하게 표현했다. "사랑하라, 그리고 네가 기뻐하는 것을 하라." 율법**으로부터**의 자유는 곧 남을 **위**한 자유를 뜻한다.

마치 똑똑한 법률가가 법률서적을 훤하게 꿰고 있는 것처럼, 그리스도의 제자라면 십계명과 교회의 전통적인 여섯 가지 교훈과 도덕적 행실을 다스리는 법과 규칙의 전체적인 짜임새를 잘 알 것이다. 그러나 그 법에 따라 살지는 않는다. 그는 자기 주인의 생명으로 살아간다. 기독교는 윤리에 관한 법전이 아니다. 그것은 사랑하는 일이며 성령으로 충만한 삶의 방식이다. 그 삶의 목표는 우리를 하나님과 다른 사람들을 사랑하는 전문가로 만드는 것이다. 계속해서 하나님을 율법이나 의무, 마을의 질서와 관련해서만 바라본다면 기독교 이전의 사고방식으로 되돌아가게 된다. 그뿐 아니라 예수 그리스도를 배척하며 그분의 온전하고도 충분한 구원역사를 받아들이지 않게 된다.

흔히 교회 역사에서 증명되듯이, 법원건물만을 계속 강조하다 보면 기독교의 자유는 길들여진 자유가 되고, 예수님은 '교회화'(churchified) 될 뿐 아니라 복음은 따분하고 단조롭게 되고 만다. 또한 하나님 자녀의 자유와 영광에 대한 신기루가 생겨나고, 자유로 오라는 부르심은 종교 파티에 참석하라는 부르심이 되어 버린다.

율법을 지나치게 강조하다 보니 교회는 속 좁고 이기적인 자들의 안식처가 되었다. 교회는 무미건조한 세상 속에 매일매일 임재하시는, 사랑에 넘치는 그분의 성품보다 교리의 정통성과 규율에 따르는 예배를 지나치게 강조해 왔다. 그렇게 함으로써 바리새적인 사고방식이 판치게 되었다. 앨라배마 주의 어느 작은 마을 시장은 열아홉 살짜리 아가씨가 주일에 짧은 반바지를 입고 교회에 들어갔다고 펄펄 뛰었다. 그는 인종간의 평등문제에 대해서는 7년 동안 입을 꾹 다물고 있던 사람이다. 재의 수요일, 클리블랜드의 어느 식당에서 한 가톨릭 여신도가 자기 수프에 작은 고기조각이라도 들어가지 않았나 꼼꼼히 뒤지고 있었다. 하지만 식당 종업원에게는 몹시 무례하고 거만하고 딱딱하게 굴었다.

율법의 산사태 아래 깔려서 창조적인 그리스도인의 행동은 질식해 버렸다. 그리스도인의 삶으로 들어가는 문턱에 불과한 십계명을 넘어서려는 열망은 싹이 말라 버렸다. 율법은 최소한의 것만을 꼼꼼하게 지키는 사람들을 만들어 냈다. 언젠가 나는 서른 살 된 신학생에게 편지를 받았는데, 그는 신학교에 들어가기 전 9년 동안 바텐더로 일했다. 보통의 기준으로 보면 그 편지는 좀 모자란 듯하고 어리석기도 한, 두서가 없는 편지였다. 그러나 그 행간 속에서 그는 "제발 답장을 해주세요. 저는 이야기할 누군가가 꼭 필요합니다" 하고 외치고 있었다. 나는 그런 편지에 답장을 해주지 않는 것이 바로 죄라고 믿는다.

윤리신학의 선구적인 학자 버나드 해링(Bernard Haring)은 크로노스(kronos)와 카이로스(kairos)를 구별한다. 이 구별은 중요하다. 크로노스는 잴 수 있는 시간, 곧 시계로 표시되는 시간이며, 카이로스는 유일한 시간, 곧 실존적 구원이 이루어지는 **현재**다. 지금 바로 이 순간, 이 상황 속에서 예수의 영(the Spirit)은 내게 무엇을 요구하시는가? 겉으로 드러나는 율법은 나와 하나님 사이의 충만한 관계를 표현하지 못한다. 율법은 모든 사람을 향해 만들어진 것이기 때문이다. 율법은 각 사람의 차이를 고려할 수 없다. 율법은 달란트의 비유가 지닌 뜻을 알 수 없고, 사람들이 지닌 다양한 능력들을 알아볼 수 없기 때문이다. 캔자스시티의 미식축구팀 선수인 조 델라니가 물에 빠진 어린아이를 구하려고 목숨 걸고 호수에 뛰어든 것은 겉으로 드러나는 율법 때문이 아니었다. 우주 비행사 존 글렌이 병석에 누운 아내를 정성껏 간호하기 위해, 영광스럽게도 린든 존슨 대통령이 자기 집을 방문해 초인종을 누르는 데도 대답하지 않은 것은 겉으로 드러나는 율법 때문이 아니었다. 율법이 요구하지 않는다는 이유로 제사장과 레위인이 피 흘리는 형제를 지나쳐 버릴 때, 선한 사마리아인이 가던 길을 멈추고 형제의 곤경을 돌보아 준 것은 겉으로 드러나는 율법 때문이 아니었다. 코네티컷 주의 컨트리클럽에 있던 스무 살의 매력적이고 지성적인 아가씨가 수녀가 되어 엘살바도르에서 순교한 것도 율법 때문이 아니었다. 카이로스라는 시간 속에서 발언권을 가진 것은 오직 예수의 영, 사랑과 자비의 성령뿐이다.

안주자 영성의 쌍둥이인 율법주의와 도덕주의가 기독교의 공동체적 차원을 갉아먹어 버렸다. 이 두 가지가 나를 속여서 하나님과 나의 관계를 철저하게 개인적인 것으로 믿게 만들었다. 예배 중에 평화의 인사를 나누는 행위는 성가실 뿐 아니라 개인적 영역을 침범하는 일이기도 하다. 다른 사람들의 문제가 나 때문에 생긴 것도 아니고 그 사람들에게 책임질 것도 없다. 종교란 마치 공중전화 부스 안에서 일어나는 일―다른 형제자매들과는 전혀 상관없이 오직 나와 하나님 사이에서 일대일로 주고받는 이야기다―과 똑같은 것이다. 나는 교회에 다닌다. 그리고 세상은 지옥에 떨어지리라. 남자가 강도에게 목을 졸리고 여자가 성폭행을 당하는 것을 목격한다 해도 나는 끼어들지 않는다. 나라 법에는 그런 일에 나도 책임이 있다고 정해져 있지 않기 때문이다.

내가 법원건물 근처를 어슬렁거리는 동안 법원은 내게 약을 먹여 마취시킨다. 그리하여 내 형제들의 고통스러운 외침을 더 이상 듣지 못하게 된다. 그렇다면 칼 마르크스의 말이 옳다. 종교는 대중의 아편이다.

시카고 출신의 존 쉐아(John Shea) 신부는 자신이 처음으로 성령을 체험한 일을 이렇게 회고한다. 그는 열세 살 소년이었고 본당의 미사 때 시중드는 복사였다. 그와 다른 한 소년은 예수님의 몸을 모시는 성만찬의 여러 절차에 대해 성당에서 30분 동안 묵상하라는 지시를 받았다. 존은 성당에 가서 앉았지만 눈은 가만히 있지 못하고 이리저리 성당 안을 둘러보았다. 그리고 몇 번이나 손목시계를 쳐다보았다. 그러다가 제단에 있는 성체 보관함 속의 성체로 눈길이 갔다. 그 성체가 소리 없이 이렇게 말했다. 나는 그냥 단순한 빵조각이 아니란다, 알겠니? 존은 즉시 다른 복사 소년에게로 눈길을 돌렸다. 그 소년은 뚱뚱하고 귀가 큰 아이였다. 그는 매일 학교에서 그 아이를 놀려 댔다. 그런데 그 아이가 소리 없이 이렇게 말했다. 나는 그냥 당나귀 귀를 가진 뚱뚱한 아이가 아니란다, 알겠니?

30분이 지나고 존은 성당을 나왔다. 밖은 어두운 밤이었다. 존은 길모퉁이에서 지팡이를 짚고 서서 길을 건너려고 기다리는 할머니를 보았다. 그 할머니가 존을 쳐다보더니 소리 없이 이렇게 말했다. 나는 그냥 주름살 패인 늙은 과부가 아니란다, 알겠니? 존은 하늘을 쳐다보았다. 하늘은 이렇게 우레를 쳤다. 나는 그냥 하늘이 아니란다, 알겠니?

존 쉐아는 예수의 영에 대한 이러한 체험을 통해, 겉모습과 크기와 모양과 피부색과 인종적인 배경과 교파의 계보를 넘어서서 바라보는 눈을 얻었다. 이 체험은 사람들은 내가 생각하는 그대로일 뿐, 그 이상의 다른 무엇이 없다고 판단하던 자아 중심에서 예수의 눈으로 다른 사람들을 바라보는 성령 중심으로 옮겨 놓았다. 그것은 사람들이 비록 결점투성이일지라도 그들은 선하며, 그들의 행위 때문이 아니라 그들의 존재 자체—하나님의 자녀이며 인간가족 안의 한 형제자매―로 인해 사랑스럽다는 깨달음이었다. 존은 성령에 의해 자신을 새롭게 이해하게 되었으며 "내가 주께 감사하옴은 나를 지으심이 심히 기묘하심이라"는 시편 139편의 말씀을 기도로 고백할 수 있었다.

율법에 지나친 관심을 기울이는 안주자들의 성령은, 제도적인 교회를 대체로 시대에 부적절하게 만들었다. 이 세상에 교회가 존재함으로써 나타나는 효과는 무엇인가? 지성적·정치적·문화적으로 그리고 경제적으로 우리는 세속사회를 살아가고 있다. 교회는 2천 년의 나이를 먹었지만 겨우 세계인구의 17퍼센트만이 기독교인일 뿐이다.

눈에 보이는 교회에는 안주자들이 넘쳐난다. 그들은 구원에 필요한 모든 요소들을 알고 있다. 그러나 그들이 예수를 아는가? **우리는** 그분을 아는가? 여태껏 설교와 예배를 통해 예수 그리스도를 알 수 없었다는 그 사실이, 바로 오늘날 교회가 처한 진짜 곤경이 아닐까? 법원건물의 벽을 허물어서, 우리 자신을 그분께로 되돌리고 다른 사람들이 그분을 알 수 있도록 해야 하지 않을까? 빈정거리고 의심하며 패배주의에 빠진 사람들이 그분을 볼 수 있는 기회만 얻는다면, 가슴 떨리고 화나게 하며 자유롭게 하시는 예수님을 발견할 수 있지 않을까? 말씀 안에서 자유로 부르시는 그분의 부르심이 울려 퍼지기만 한다면, 그날이 바로 온 세상에 성령이 충만한 새 오순절이 되지 않을까?

G. K. 체스터튼(Chesterton)은 이렇게 말했다. "기독교는 시도된 적도 없고 부족함이 드러난 적도 없다. 다만 어렵다고 여겨져 시도되지 않았을 뿐이다." 마하트마 간디(Mahatma Gandhi)는 이렇게 말했다. "나는

당신의 그리스도를 좋아합니다. 하지만 당신의 기독교인들은 좋아하지 않습니다." 그는 이유를 이렇게 설명했다. "그들은 당신의 그리스도와 전혀 닮지 않았습니다." 자유로의 부르심에 응답하여 성령의 내적 충동에 따라 사는 개척자들과 그리스도를 향해 사랑의 불길을 태우는 인간 횃불들이 없다면, 그런 사람들이 생겨날 때까지 법원건물 속의 기독교는 중세부터 내려오는 먼지를 뒤집어쓴 채 골동품으로 남아 있을 것이다.

어째서 율법은 이리도 기이한 기독교 갈래를 끌어들였는가? 그리고 그 갈래는 어쩌면 예수 그리스도의 기쁜 소식과는 이토록 닮은 구석이 없는가!

예수께서 세우신 공동체는 하나님의 말씀으로 능력을 얻는 공동체였다. 거기에는 훗날의 전통적인 교회가 지닌 그 어떤 족쇄도 없었다. 그곳은 사랑의 어법으로 말하고 용감한 욕구에만 전념하는 자유의 학교다. 우리의 기독교적 헌신을 삐걱거리게, 덜컹거리게, 당황하게 하는 자유로운 사람들의 고향이다. 성령은 인간의 범주를 벗어나 계신다. 성 어거스틴은 십계명이란 다만 새 율법의 근본적 요구를 걸어 놓는 옷걸이라고 말했다.

성령의 법을 가장 잘 드러내는 표현은 어떤 것일까? 우리는 예수께서 성목요일에 다락방에서 제자들에게 주신 작별의 말씀에서 그 실마리를 찾을 수 있다. 예수님은 사랑이 가장 중요함을 이렇게 말씀하셨다. "새 계명을 너희에게 주노니 서로 사랑하라. 내가 너희를 사랑한 것같이 너희도 서로 사랑하라"(요 13:34).

이제 이 사랑의 요구를 좀 더 구체적으로 점검해 보자.

1. "화평하게 하는 자는 복이 있다"고 하신 복 있는 사람에 관한 가르침을 놓치지는 않았는가? 내가 사는 지역의 사회정의를 위해, 전쟁의 악몽을 종식시키기 위해 적극적으로 나서지 못하고 있지는 않은가?

2. 교육을 많이 받지 못한 사람들, 다른 민족이나 종족, 다른 경제권의 사람들, 다른 종교단체 사람들에 대해 습관적으로 불평하지는 않았는가?

3. 노인들을 그저 고루한 사람이라고 제쳐 놓지는 않았는가? 그들이 인격체로서 자신의 가치를 느낄 수 있도록, 그들을 위해 노력한 적이 전혀 없지는 않았는가?

4. 다른 사람의 인격적 발달을 어떤 방식으로든 억누르지는 않았는가? 17년 전에 나는 예수의 작은 형제회 수사들과 함께 지내기 위해 배를 타고 유럽으로 가게 되었다. 떠나기 전에 배 위에서 가족과 친구들이 간소한 작별파티를 열어 주었다. 35명 정도의 손님이 참석했고, 그중 한 수녀가 콧노래로 유행가를 부르기 시작했다. 국제 여객선이었던 그 배에는 밴드가 있었는데, 밴드 지휘자가 그 콧노래를 듣고 반주에 맞추어 노래를 해보라고 청했다. 수녀는 몹시 수줍어했지만 나는 그녀가 대단히 훌륭한 재능을 가졌다고 말하며 용기를 북돋아 주었다. 그 수녀는 'The Impossible Dream' 'I Believe' 'Climb Every Mountain' 등 세 곡을 불렀다. 수녀가 노래를 마치자 밴드 지휘자는 일주일에 2천 달러를 줄테니 그 배에서 노래하지 않겠냐고 제의했다. 그는 메트로폴리탄 오페라 말고는

그런 아름다운 목소리를 들어 본 적이 없다고 했다. 27년 동안 수녀원에서 살면서 그 수녀는 공동체에서 단 한 번도, 기도 중에 부르는 성례식 노래조차 불러 보라는 권유를 받아 본 적이 없다는 사실이 믿겨지는가? 형제자매여, 때로는 말이 곧 행동일 수도 있다.

5. 남을 존중하지 않으면서 자신은 존중받고자 하지는 않았는가?
6. 자주 남을 기다리게 하지는 않았는가?
7. 무심하게 약속을 잊거나 어기지는 않았는가?
8. 너무 바쁜 나머지 다른 사람들이 다가오기 어렵게 처신하지는 않았는가? 다른 사람들이 마음 편하게 부탁하도록 자신을 내주었는가?
9. 내게 무엇인가를 말하는 사람에게 무관심하지는 않는가?
10. 말해야 할 때 침묵하지는 않았는가? 샤를 드 푸코(Charles de Foucauld)는 말했다. "우리에게는 침묵하는 파수꾼이 될 권리가 없다. 악행을 보았을 때는 외쳐야 한다."
11. 우정을 유지하면 이익이 될 것 같은 사람한테만 응대하지 않았는가?
12. 어떤 사람에게 좋지 않은 평을 함으로써 그 사람의 성품을 깎아내린 적은 없었는가?
13. 신뢰를 배반하거나 믿음을 어긴 일은 없었는가? 신중하지 못한 말과 행동으로 다른 사람들의 일을 간섭하지는 않았는가?
14. 이 양심의 성찰과정에 적절한 응답을 하지 못한 것에 대해 (주님께서 그러하시듯) 자신을 부드럽게 대할 수 있는가? 주님의 말씀이

절대적인 주권으로 내 삶을 차지하지 못한 것을 겸손하게 인정하며, 더 회개가 필요함을 받아들이며, 자신의 나약함에 대해 미소를 지을 수 있는가?

말에 탄 정찰병이 갑자기 말을 멈춘다. 그리고 뒤돌아 서서 안장에 높이 앉아 마차 대열을 향해 힘차게 외친다. "내가 너희를 자유케 했으며 너희가 늘 자유롭기를 원하노라. 돌아서지 말라!"

4
가난하지만 풍요로운 자

얼마 전 나는 뉴올리언스의 우리 집 근처 폰차트레인 호숫가의 피정집에서 개인지도 5일 피정에 참여했다.

여섯시쯤 배정된 방에 들어가 가방을 내려놓으며 나는 생각했다. '왜 내가 여기 왔는가?' 내 마음대로 쓸 수 있는 5일간의 넉넉한 휴가, 재미와 즐거움이 넘치는 그 모든 매력적인 휴양지들―프렌치쿼터, 미시시피만 해변, 남북전쟁 전의 오래된 도시인 빅스버그와 나체즈의 매력―을 다 포기하고 무엇 때문에 라디오도 텔레비전도 신문도 없는 뚝 떨어진 호숫가 작은 마을에 오기로 마음먹었단 말인가?

꼭 와야 했던 것은 아니었다. 그런데도 스스로 원하고 선택해서 다른 매력적인 것들이 주는 잠시의 즐거움이 아닌, 예수와 함께하는 기쁨을 택했다. 왜일까? 왜 나는 많은 사람들이 만족하는 것에 만족하지 못하는 것일까?

그때 문득 마음에 떠오르는 것이 '덤'이라는 단어였다. 이는 케이즌(Cajun, 루이지애나 주에 사는 프랑스 혈통의 주민들―옮긴이) 풍습으로 '무언가 더 얹어 주는 것'을 뜻하는 말이다. 덤은 돈으로 사거나 애써 벌거나 상으로 받거나 당연히 받는 것이 아니다. 그것은 거저 주어지는 것이다. 예를 들면, 식당에서 식사가 끝난 뒤에 종업원이 다가와 "저희 식당에서 드리는 감사의 선물입니다" 하면서 와인이나 호두 프랄린을 얹은 아이스크림을 준다면 바로 그것이 덤이다.

그 옛날 성 어거스틴은, 그리스도는 길일 뿐 아니라 우리로 하여금 그 길을 따라 걷도록 해주는 추진력이기도 하다고 가르쳤다. 침묵과 고독에 대한 열망, 오로지 예수님과 함께 있고자 하는 갈급함이 바로 이러한 덤, 곧 은혜로운 하나님께서 거저 주시는 선물이다.

나의 피정을 지도하는 분은 오랜 싸움의 상처를 간직한 지혜로운 노사제였다. 다음날 그분은 두려움과 경이로움에 빠져 자신을 잊는 어린 아이 이야기로 시작되는 마태복음 18장을 묵상자료로 주었다. 비누방울을 부는 막대 하나와 비눗물 한 병, 크레용 한 상자도 함께 주었다.

애초에 나는 이 피정을 위해 거창한 계획을 세웠다. 순서를 잘 짜서 적어도 하루에 다섯 시간 기도한다, 성경 본문으로 길게 묵상한다, 예수님의 인격에 대한 깊은 통찰을 얻는다, 하나님을 가깝게 **느낀다** 등 이런 고상한 기대를 걸었었다. 그러나 첫날부터 하나님에 대한 두 가지의 생각을 서로 연결시킬 수 없었고 안정도 찾을 수 없었다. 기도가 지나치게 인위적이라는 생각이 들어 일단 포기하고 비누방울을 불고 크레용으로 낙서를 하면서 시간을 보냈다.

어린아이가 된다는 것은, 모든 것이 선물이며 자기 영혼의 키를 단 1센티미터도 스스로 키울 수 없을뿐더러 그럴 힘도 없음을 깨닫는 일이다. 자신이 온전히 하나님을 의존하는 존재임을 스스로 깨닫지도 못하고, 자아 외부에 존재하는 어떤 강렬한 움직임이 우리 가운데서 역사하고 있음을 인격적으로 알지 못하면서, 과연 영적인 삶의 참된 진보를 이룰 사람이 있을지 의심스럽다.

따라서 피정의 첫 과정은 인간이 처한 기본적인 진리, 곧 인간이란 가난한 자라는 사실을 직시하는 것이었다. 그것은 무력한 상태란 과연 어떤 것인지를 맛보는 일이었다. 사랑에 넘치는 하나님의 임재와 자비로운 돌보심을 체험하기 위해, 그분을 통제하고 조종하고 다루려는 시도를 포기하고 고독과 어둠 속에 버려져 있는 것은 정말 괴로운 일이다.

고독으로 들어가는 첫걸음은, 올바른 피정에 대한 선입관을 벗어 버리는 것이었다. 우리의 비현실적인 기대는 신경증을 살찌우기에 딱 좋은 먹잇감이다. "내가 무엇을 잘못하고 있는 것일까? 왜 하나님을 발견할 수 없을까?" 우리와 이러저러한 관계를 맺어야 한다고 하나님께 충고할 내용을 정하기에 바쁜 나머지, 지금 하나님이 보내시는 메시지에서 그분의 음성을 듣지 못하게 된다. 그렇다면 기도란 그저 우리의 환상을 표현하는 것에 불과하다.

어린아이가 된다는 것은, 현실을 있는 그대로 기뻐하며 자신을 있는 그대로 놓아두는 것이다. 나는 어렸을 때 브루클린 거리에서 막대기로 야구놀이를 하곤 했다. 놀이를 하는 동안에는 어머니가 창문으로 부르는 소리를 듣지 못했다. 놀이를 하는 현재에 완전히 빠져 있었기 때문이다. 아이들은 현실을 조종하지 않고 있는 그대로 끌어안는다. 우리 아이들이 장차 어떻게 자라야 한다거나, 노년은 어떠해야 한다거나, 다른 이들이 우리를 어떻게 대해 주어야 한다거나, 피정을 어떤 방향으로 진행해야 한다거나 하는 우리의 모든 기대는 늘 어긋나게 마련이다. 이 모든 것들은 현실을 조종하고 신비를 마음대로 조작하려는 시도다. 우리에게 가장 이익이 되는 것을 **우리** 자신이 안다고 착각한다.

과연 우리는 자신이 얼마나 가난한 자인지 알고 있을까?

당신은 한밤중에 깨어나 그 캄캄한 방의 공허함에 놀라면서, 어느 날 밤 당신 삶의 마지막 순간이 찾아오리라는 생각으로 두려움에 떨어 본 적이 있는가? 이미 세상을 떠난 사람들의 얼굴과, 오랫동안 만나지 못한 사람들의 얼굴과, 가깝고 친하게 지내는 사람들의 얼굴이 마음속으로 스쳐 지나가는 경험을 한 적이 있는가? 지금 당신이 그토록 애지중지하는 사람들 역시 모든 인간을 삼키는 '누이인 죽음'(Sister Death, 성 프란체스코의 시 '태양의 노래'에 나오는 시어. 육체의 죽음조차 하나님이 주신 사랑스러운 누이라고 노래함―옮긴이)에게 자기 몫을 치러야 한다는 생각에 몸서리친 적이 있는가? 어떤 공포영화도 그처럼 확실하고 끔찍한 결말로 끝나는 일이 없다. 죽음은 공포를 동반하여 한밤중에 가장 무섭게 공격해 온다.

우리는 공포를 가라앉히려고 불을 켜거나 라디오를 켜거나 날이 밝을 때까지 숫자를 센다. 기도를 하고 싶을 수도 있지만 혼자라는 사실 때문에 너욱 깊어지는 두려움은 우리의 기도를 산산이 흩어 버린다. 그저 할 수 있는 기도라는 것이 하나님께 도와달라고 외치는 울부짖음에 불과한 경우가 대부분이다.[1]

그렇다면 과연 그분은 듣고 계신 것일까? 누가 그분을 눈으로 보았으며 손으로 만져 보았는가? 하나님의 음성은 우리가 분명하게 알아들을 수 있는 음성인가? 기도에 응답을 받고 감사의 말이 우리의 입술에서 형태를 갖추자마자 마음은 의문에 휩싸인다. 무엇보다도 '그곳에' 누군가가 있기는 한 것일까? 알코올 중독자나 마약 중독자가 중독에서 벗어나 깊은 감사의 마음과 순수한 영혼을 지닌, 상처입기 쉬운 열린 마음의 사람으로 활짝 피어난다. 그때 그 어느 신의 눈길이 이 인간 영혼의 위대한 성취를 봐 주기는 하는 것일까? 내가 이 기도원에 있다는 것을 그 누군가가 알고 있기는 한 것일까?

프랑스 신학자 앙리 드 뤼박(Henri de Lubac)은 이렇게 말했다.

어째서 하나님을 발견한 뒤에도, 마음에는 여전히 그분을 발견하지 못했다는 느낌이 남거나 다시 그 느낌으로 끊임없이 되돌아가는 것일까? 어째서 그토록 가깝게 느껴지는 그분의 임재 속에서조차 그분의 부재 상태가 우리를 무겁게 짓누르는 것일까? 모든 것을 꿰뚫고 계시는 그분을 얼굴을 맞대고 만나는 일이 어째서 극복할 수 없는 장애나 건널 수 없는 간격이 되는 것일까? 어째서 그것은 늘 장벽이나 입을 벌린 절벽인 것일까? 어째서 만물은 그분을 우리에게 보여 주자마자 곧 등을 돌리고는 그분을 다시 감추는 것일까?

어떤 이들은 이러한 성찰을 믿음의 부족이라 여길 것이다. 신앙이 그 확신과 힘을 보여야 할 순간에, 이러한 성찰은 불확실과 두려움을 드러낸다.

나는 이런 질문들이 인간 영혼이 처한 절박하고 빈곤한 상태를 드러낸다고 믿는다. 우리에게는 우리 자신에 대해, 우리가 어디에서 왔으며 어디로 가고 있는지에 대해, 우리의 깊은 내적 동기들에 대해, 그리고 기도의 순전함과 진실함에 대해 도저히 이해할 수 없는 것들이 너무도 많다.[2]

캘리포니아의 산 이시드로의 한 간이음식점에서 피살된 스물한 명의 가족과 하나가 되어 몸부림칠 때, 전쟁에서 행방불명된 이들의 가족과 함께 괴로워할 때, 일이 없어 놀고 있는 손과 먹을거리가 없어 굶주린 배와 인권을 빼앗긴 사람들과 함께 고통을 느낄 때, 그때야 비로소 우리는 어째서 가난한 사람들이 하나님을 믿고 의지하는지 알게 된다. 그들에게는 오로지 하나님밖에 없기 때문이다.

우리의 천부적인 가난, 곧 우리가 진흙과 하나님의 입맞춤으로 창조되었음과 먼지에서 와서 먼지로 돌아감을 깨달을 때, 남들의 주목과 존경을 받기 위해 쓰고 있는 명예나 지식, 사회적 지위나 권력 따위의 모든 가면을 벗어 버리게 된다. (나 자신이 얼마나 자주 이런 목적으로 성직자 옷을 입었으며, 있는 그대로의 내가 아니라 입고 있는 옷을 통해 복종을 강요했는지를 생각하면 몸서리가 쳐진다.) 영혼의 가난은 거짓과 허위를 부수며 얄팍한 영적 우월감과 유력한 사람들과 잘 지내야 할 필요성에서 헤어나게 해준다.

가난은 하나님의 지극히 높으심과 자신의 절대적인 부족함을 깨닫게 한다. 우리 스스로는 결코 아무것도 할 수 없다. 우리의 하찮은 노력으로는 영적인 삶의 그 어떤 성장이나 진보도 추구할 수 없다. 모든 것이 은혜의 역사하심에서 비롯된다. 심지어 성령께서 주시는 선물을 통하지 않고는 예수님이 주님이신 것조차 받아들일 수 없다. 생명은 거저 주시는 덤이다. 우리는 참된 겸손에 다다를 수 있는 가능성에 마주 서 있다. 우리 내면 저 깊은 곳의 영적인 공허함을 체험하지 않고서는 살아 계신 하나님을 만날 수 없음을 나는 확신한다.

피정 첫날 미사에서 봉독한 첫 번째 성경본문은 미가 6:6-8 말씀이었다. 이것은 우연이 아니었다.

> 내가 무엇을 가지고 여호와 앞에 나아가며 높으신 하나님께 경배할까. 내가 번제물로 일 년 된 송아지를 가지고 그 앞에 나아갈까. 여호와께서 천천의 숫양이나 만만의 강물 같은 기름을 기뻐하실까. 내 허물을 위하여 내 맏아들을, 내 영혼의 죄로 말미암아 내 몸의 열매를 드릴까. 사람아, 주께서 선한 것이 무엇임을 네게 보이셨나니 여호와께서 네게 구하시는 것은 오직 정의를 행하며 인자를 사랑하며 겸손하게 네 하나님과 함께 행하는 것이 아니냐.

산상설교를 전하는 예수님의 입에서 진리의 강물처럼 도도하게 흘러나온 첫 말씀은 "심령이 가난한 자는 복이 있나니 천국이 그들의 것임이요"(마 5:3)라는 말씀이었다. 이는 가난하지만 풍요로운 자라는 참으로 기가 막힌 역설이 아닌가!

예수님은 가난한 사람을 높이 인정하심으로써, 인간이 보기에 위대한 것들에 대한 과거의 모든 생각을 뒤엎으신다. 그리고 인간의 소명에 대한 전혀 새로운 생각을 내놓으신다. 실로 예수님은 이렇게 말씀하신 것이다. 어린아이처럼 너 자신을 보잘것없는 자로 여겨라. 너 자신을 남들이 알아주지 않는, 아무것도 아닌 자로 여긴다면 복이 있으리라. 모든 것이 좋고 나쁜 것이 없으니 명예보다 멸시를, 칭찬보다 비웃음을, 영광보다 모욕을 더 반긴다면 복이 있으리라.

영혼의 가난을 실천하려면 비판에 대해 자신을 방어하거나 과민해서는 안 된다. 우리의 삶에 남아 있는 대부분의 아픔, 최근에 받은 상처가 우리의 다친 자아를 끝없이 건드리는 것, 분노의 감정이나 원한, 적개심, 쓰라림 등은 자기권리에 집착하며 남에게 존경받으려는 욕망에 매여 있어 자신이 참으로 가난한 자임을 인정하지 않음에서 비롯한다. 내가 예수님의 충고에 따라 맨 끝자리에 가서 앉는다면, 다른 누군가가 나를 그 자리에 앉힐 때에도 충격을 받지 않을 것이다.

"누구든지 자기를 높이는 자는 낮아지고 누구든지 자기를 낮추는 자는 높아지리라"(마 23:12).

누가는 이렇게 말한다. "그때에 예수께서 성령으로 기뻐하시며 이르시되 천지의 주재이신 아버지여, 이것을 지혜롭고 슬기 있는 자들에게는 숨기시고 어린아이들에게는 나타내심을 감사하나이다"(눅 10:21).

베드로는 그의 첫 번째 편지에서 이렇게 말한다. "다 서로 겸손으로 허리를 동이라. 하나님은 교만한 자를 대적하시되 겸손한 자들에게는 은혜를 주시느니라. 그러므로 하나님의 능하신 손 아래에서 겸손하라. 때가 되면 너희를 높이시리라"(벧전 5:5-6).

이 말씀들은 한편으로 놀랍고 또 다른 한편으로는 위로가 된다. 하나님은 교만을 반대하고 거부하고 물리치신다. 하지만 하나님은 당신 자신을 내어 주신다. 가난하고 힘이 없는 자에게 온전히 내어 주신다. 하나님은 그들을 내치지 않으실 뿐 아니라 아무것도 거절하지 못하신다. 마태복음 15:21-28에 나오는 가나 여인의 이야기가 그 분명한 증거다. 예수께서 당신의 사명은 이스라엘에만 해당되는 것이라고 말씀하시자 그 여자는 이렇게 말한다. "주여, 옳소이다마는 개들도 제 주인의 상에서 떨어지는 부스러기를 먹나이다." 그 여인은 자신을 낮추었고 예수님은 그 여인을 높이셨다. "여자여, 네 믿음이 크도다. 네 소원대로 되리라."

예수님은 이 이방여인과 자기 오른편 십자가에 달린 선한 강도와 막달라 마리아의 겸손을 모른 체하실 수 없었다.

우리는 불안과 자기비하와 자신에 대한 부정적 이미지에 사로잡힌 나머지 은근히 자신의 업적을 자랑한다. 또한 자기 결혼생활의 비할 데 없는 아름다움과 부부의 깊은 일치 혹은 자녀의 성공을 침이 마르게 자랑하기도 하며, 성령의 권능에 대해 온갖 입에 발린 말을 늘어놓음으로써, 자신의 폭넓은 지식과 깊은 기도생활로 남을 감동시키려고 하기도 한다. 그러나 이런 행동은 모두 남의 관심을 자신에게 돌리려는 짓이며, 예수님에게서 그것을 훔쳐 내는 짓이다.

예수께서 말씀하셨다. "나 없이 너희는 아무것도 할 수 없느니라." 그리스도인의 겸손은 누가복음에 나오는 마리아의 찬양 속에 울려 퍼진다. "그 여종의 비천함을 돌보셨음이라.……능하신 이가 큰 일을 내게 행하셨으니"(눅 1:48-49).

피정집에 머무는 내내 예수님은 내게 이렇게 말씀하셨다. "네 하나님과 함께 겸손하게 걸어라." 성령 안의 삶은 덤이다. 아무리 위대하고 헌신적인 일을 한 뒤에라도 "저는 쓸모없는 종입니다" 하고 말할 수 있어야 한다. 무척 좁기는 하지만 누구라도 들어갈 수 있는 문이 바로 겸손의 문이다. 좁은 길, 좁은 문은 다시 어린아이와 같이 되는 자들이 갈 수 있는 길이요, 문이다. "누구든지 이 어린아이와 같이 자기를 낮추는 사람이 천국에서 큰 자니라"(마 18:4).

어린아이에게는 과거라는 것이 없다. 아이들은 지금 이 순간의 현실에 자신을 모두 던진다. 어린아이 같은 사람에게는 자꾸 걸려 넘어지는 것이 전혀 이상하지 않다. 그는 넘어질 때마다 목적지에 이르려는 마음을 더욱 굳게 먹고 실망하지 않고 다시 일어선다.

피정 기간 동안 어린아이와 같이 된다는 것은, 곧 얼굴을 땅에 대고 엎드림을 뜻했다. (어느 날 오후, 호숫가를 달리던 중에 나는 정말 문자 그대로 얼굴을 땅에 박고 엎어졌다. 피정집에서 3킬로미터 정도 떨어진 곳을 달리고 있을 때 갑자기 천국이 열렸다. 길에서 미끄러져 진흙탕에 큰대자로 뻗은 것이다. 흙범벅이 되어 일어난 나는 실컷 울고 다시 달렸다.) 땅에 엎어짐은 산 정상에 올라섬과 같은 체험에 대한 기대를 버리는 것을 뜻한다. 말하자면, 현실에서 일어나는 일에 그대로 자신을 내맡기는 것이다. 그것이 어둠이고 고독이고 무미건조함이고 정말로 기도조차 할 수 없는 상태라고 하더라도, 그 역시 아버지의 손에서 나오는 사랑의 선물이다. 성 어거스틴은 말했다. 주님은 무엇이 내게 가장 좋은지 나보다 무한히 더 잘 아시며, 하나님을 사랑하는 사람들에게는 우리의 죄까지도 포함해 모든 것들이 합력하여 선한 것이 된다고.

구체적으로 말해 자신을 버리는 것은, 자기 앞의 모든 사람, 사건, 상황들 속에서 하나님의 뜻을 발견하는 것이다. 만일 하나님께서 당신의 멋진 계획을 헝클어 버리고 산꼭대기가 아닌 골짜기로 인도하신다면, 그것은 당신의 계획이 아니라 당신과 내가 꿈도 꿀 수 없을 만큼 멋진 그분의 계획을 우리가 발견하기를 원하시기 때문이다. 신뢰의 응답이란 이를 악물고서라도 "예수님, 감사합니다" 하고 아뢰는 것이다.

복음서의 가장 큰 역설 가운데 하나는 포기가 곧 승리라는 것이다. "자기 목숨을 잃는 자는 얻으리라." 포기가 힘든 것은 결국 믿음의 부족과 두려움, 불안, 자신과 남의 삶을 마음대로 주무르고 싶은 마음, 우리가 그처럼 매달리는 보잘것없는 계획들 때문이다.

마태복음 6장에 나오는 중요한 담화에서 예수님은 이렇게 말씀하신다. "목숨을 위하여 무엇을 먹을까 무엇을 마실까 몸을 위하여 무엇을 입을까 염려하지 말라.……먼저 그의 나라와 그의 의를 구하라. 그리하면 이 모든 것을 너희에게 더하시리라"(마 6:25, 33).

대부분 우리는 그렇게 하지 않는다. 우리에게 유리한 것, 가장 이익이 되는 것, 번영하게 하는 것, 그런 모든 것들을 먼저 구한다. 피정집에 찾아간 나는 먼저 하나님 나라를 구하지 않고 내게 가장 좋다고 생각되는 것을 구했고, 예수님은 내게서 물러나 계셨다.

그러나 그분의 물러서심은 내치심이 아니라 내가 원하지 않는 그곳으로 따라오라는 부르심이었다. 그곳은 내게는 낯선 방식으로 죄와 부족함과 무능함을 체험하는 내면의 깊은 밑바닥이었다. 목욕을 하든 호숫가를 달리든 음식을 먹든 성경으로 기도를 하든, 내 마음속에는 과거에 내가 지은 죄에 대한 생생한 기억이 섬광처럼 스치고 지나갔다. 어느 날 오후, 나는 자신으로부터 달아나 덮개 아래로 몸을 숨겼다. 나 자신이 더럽고 피부 곳곳에 흉터가 앉은 도덕적 나병환자처럼 느껴졌다.

그날 밤 나는 니코스 카잔차키스(Nikos Kazantzakis)의 책 「희랍인에게 보낸 편지」(*Letters to Greco*)의 한 대목을 읽었다. 어떤 노인이 누워서 죽음을 맞이하고 있다. 그는 자신이 살아온 죄악된 삶 때문에 슬픔과 후회와 죄의식으로 가득 차 있다. 마침내 숨이 끊어진 그는 벌거벗은 채로 주님 앞에서 두려움에 떨며 심판을 기다린다. 손에 향기름이 담긴 큰 접시를 드신 예수님은 해면에 기름을 적셔 그의 몸에 묻은 때와 부끄러움을 닦아 주신다. 그러고 나서 이렇게 말씀하신다. "이런 것들로 더 이상 나를 성가시게 하지 말고, 가서 마음껏 뛰어놀아라."

갑자기 내 안에 평화가 넘쳤다. 예수님의 긍휼하심으로 인해 내 자신에게 너그러울 수 있었다. 큰 해방감과 안도감이 나를 감쌌다. 나도 모르게 웃고 있었다. 그러고는 참으로 기이한 일이 일어났다. 내가 아는 사람들의 얼굴이 눈앞을 스쳐 갔다. 성가신 사람, 무례한 사람, 자기밖에 모르는 사람, 지독하게 싫은 사람들의 얼굴이. 내 안에 단단히 뿌리박은 그들의 공허함과 역겨운 성품과 성격의 결함에 대해 큰 자비와 연민이 솟아올랐다. 눈물이 넘쳐흘렀다. 내가 그들의 짐을 대신 지고 싶었다.

피정을 마치고 집으로 돌아오는 길에 시내에서 웨스트 뱅크로 가는 여객선을 탔다. 배에서 무척 뚱뚱하고 평범한 모습을 한 이십대 중반의 여자를 보았다. 아마 그 여자는 평생 동안 남자에게 흠모나 관심의 눈길을 받아 본 일이 없었을 성싶었다. 내가 그 여자가 되어 그 비만한 몸으로 걷고 싶었고 거부당하는 느낌을 맛보고 싶었다. 그녀가 전혀 중요한 사람이 아니기 때문에, 그리고 육체의 아름다움에 집착하는 사람들한테 무시당하고 거절당한다는 바로 그 이유 때문에, 예수께서 그녀에게 주시는 따뜻한 사랑의 눈길을 그녀가 볼 수 있기를 나는 바랐다. 그녀가 예수 그리스도의 사랑을 받아들이고 기쁨에 넘쳐, 인간의 모든 무시와 비난이 그녀의 존엄성에 상처가 되지 않기를 바랐다.

주님께서 피정집에서 내게 보여 주신 것은 이런 것이다. 고통받는 형제자매들에게 자비를 보이기 전에 먼저 자신의 삶 속에 그분의 긍휼하심을 받아들이고 변화되어라. 고통과 죄악과 상처와 실패와 곤경에 처할 때 자신을 따뜻하게 돌보고 자비를 보여라. 이것이 주님의 요구다. 다른 사람에게 얼마나 자비를 베풀 수 있는지는, 자신을 얼마나 받아들일 수 있는지에 달려 있다. 자신 때문에 비참해질 때 다른 사람을 날카롭게 비판하게 된다. 자신을 꾸짖고 있을 때 남을 심판하게 된다. 그리스도와 마찬가지로 여러 성인들 역시 그리스도인들을 심판하지 않으리라는 것은 너무도 분명하다. 그들은 죄인들과도 잘 어울린다. 그들은 인간적인 약점이나 육체의 죄악에 물든 사람들을 냉혹하게 대하지 않는다. (그러나 그들 역시 그리스도처럼 신앙적인 위선의 죄악에 물든 사람들에게는 결코 관대하지 않다.)

그리스도의 긍휼하심을 깊이 받아들여 인격화하고 자신의 것으로 만들 때 다른 사람들을 돌아보는 도약이 가능해진다. 하나님의 완전하심이라는 신비 안에서 남들을 자비롭게 돌보는 길은 자기치유로 이어지고, 자신을 자비롭게 돌보는 길은 남들의 치유로 이어진다. 인류의 고통과 하나가 될 때 고통받는 사람을 해방시킨다. 또한 '내가 곧 이웃'이라는 깨달음을 통해 고통을 주는 그 사람도 자유롭게 한다.

호숫가에서 참여한 피정에서든 삶의 여정에서든, 지금 이 순간 하나님과 하나가 되는 데 가장 큰 장애는 우리 자신이 지닌 기대다. 우리 삶의 모든 글줄과 단어와 글자를 쓰시는 분은 예수님이시다. 나는 정말 내게 가장 좋은 것이 무엇인지를 아는가? 내 시야는 짧고 내가 보는 지평선은 너무도 좁다. 포기(surrender)란 우리가 매일 주기도문으로 **뜻이 하늘에서 이루어진 것같이**라고 기도하는 고백을 실제 행동으로 옮기는 것이다. 포기는 우리 삶에서 신뢰가 승리한 것이다.

그 옛날 영성 지도자나 탁월한 성경 주석가들이 없던 시절에는 하나님의 뜻을 향한 충성심이 바로 영성의 전부였다. 예수님의 가르침을 떠받치는 두 개의 중심단어인 아멘(Amen)과 아바(Abba)는 모두 A자로 시작한다. 아멘은 "예"라는 뜻이고, 아바는 "아버지"라는 뜻이다. 하늘에 계신 우리 아버지의 뜻에 예라고 대답하는 것이 예수님의 모든 가르침의 핵심이다. 하나님은 악에서 선—악이 없었을 때보다 더 큰 선—을 이끌어 내실 것이며, 시험은 우리에게 이루 말할 수 없는 유익이 될 것이다.

예언자 예레미야라는 인물은, 포기란 승리를 뜻하는 것이며 생명을 잃는 것이 곧 생명을 얻는 것이라는 성경적 역설의 놀라운 표본이다. (예수 그리스도께서는 어느 예언자보다도 예레미야와 공감하며 그의 말을 가장 자주 인용하셨다.) 예레미야는 주전 625년에 하나님께 예언자로 부름받았다. 그러나 예레미야의 첫 대답은 꽁무니를 빼는 것이었다. "슬프도소이다 주 여호와여. 보소서 나는 아이라 말할 줄을 알지 못하나이다." (그는 당시 열아홉 살이었다.) 예레미야는 아모스나 이사야와는 달리 확신이나 자신감에 찬 성격이 아니었다. 성격이 예민하고 작은 마을의 조용한 삶이 몸에 익은 그는, 기질적으로 공적인 생활이나 전통적으로 '예언자들이 치러야 할 대가'라고 할 수 있는 험한 대우를 감당해 낼 만한 인물이 아니었다.

소심하고 겁 많은 예레미야는 그런 사명에 대한 포부가 없었다. 그는 이스라엘 백성에게 하나님의 말씀을 설교하고 싶은 마음이 전혀 없었다. 권세를 휘두르는 왕의 조언자들이나 제사장 무리에게 무시당하는 이름 없는 사람이 되는 것이 그에게는 가장 마음 편한 일이었다. 그는 자기 마음속의 작은 세상에서 사는 것에 온전히 만족했다. 그래서 하나님께 이렇게 이의를 제기한다. "주 여호와여, 나는 아이에 불과합니다." 우리 모두가 그 말에 공감할 수 있는 것은, 예레미야 역시 우리와 같은 보통사람이었기 때문이다.

우리가 결혼하는 날이나 안수받는 날, 혹은 성령으로 세례를 받는 날에 기쁨의 종소리가 울려 퍼진다. 가슴은 열정으로 부풀어 오른다. 감사의 찬양이 절로 나온다. 분명 이런 것들은 영원히 계속될 것 같다.

그러나 때로는 생활이 찬양을 뒤덮어 버린다. 다른 사람의 나쁜 행실을 핑계로 자신에게는 남보다 행위기준을 훨씬 낮춰 적용하게 된다. 그리스도인의 삶이란 것이 고작 사소한 필요들과 일상의 반복만이 가득한 데로 나아갈 수도 있다. 유혹의 속삭임이 크게 울릴지도 모른다. "어째서 하나님은 나를 이리로 데려오셨는가? 왜 다른 곳이 아닌 이곳이란 말인가?" 결혼은 사소한 일로 가득한 시시한 삶, 아무리 해도 끝이 나지 않는 일을 해야 하는 좌절감으로 바뀔 수도 있다. 하나님께서 내가 행하기를 바라시는 것과 나 자신이 하나님을 위해 하기 원하는 것이 충돌한다.

우리도 예레미야와 같기 때문이다.

하나님의 뜻에 대한 이러한 저항은 여러 방식으로 드러난다. 질투에 휩싸이기도 하고, 열등감으로 자라나기도 하며, 우울증이나 복수심 또는 의기소침함을 통해 자신의 분노를 다른 사람에게 전가하기도 한다. 자신이 실패한 일을 다른 사람이 성공할 때면 마음속에 시기심이 파고든다. 옆집에 사는 가족은 내가 겪는 어려움을 하나도 겪지 않으면서도 하나님의 선물에 감사할 줄 모른다. 그런데 나는 열심히 기도했건만 가족은 계속해서 질병과 우환을 겪고, 쌓이는 것은 진료비 청구서뿐이다. 시기심이라는 씨앗에서 불만의 꽃이 자라난다. "하나님이 만들어 주신 이 모습의 내가 아니라, 다른 사람일 수 있다면 얼마나 좋을까." 불만에서 절망이 자라난다. "나는 이토록 실패만 거듭하는데, 노력한들 무슨 소용이 있겠는가?" 그러나 예레미야에게 그리하셨듯이 하나님은 매일 매 순간 이렇게 말씀하신다. "두려워하지 말라. 내가 너와 함께하여 너를 구원하리라"(렘 1:8). 아버지의 뜻을 사랑으로 받아들이면 우리 안의 질투와 낙심과 절망을 태워 없애는 불꽃이 타오를 것이다.

분노, 우울 혹은 복수 등의 반응은 실은 하나님의 섭리에 저항하는 숨겨진 반항의 표현이다. 어른의 행동을 통제할 수 없는 어린아이처럼 우리는 발을 구르면서 길모퉁이에서 입을 삐죽거리고 있다. 다시 한번 우리의 행동은 말보다 더 큰소리로 하나님께 이렇게 말한다. "하나님, 어째서 일이 이렇게 되게 하셨단 말입니까?" 그러나 30:24에서 예레미야는 다시금 약속을 확인하시는 하나님으로부터 힘을 얻는다. "너희가 끝날에 그것을 깨달으리라."

　하나님의 이 말씀은 모든 믿는 이들에게 충분한 말씀이다. 예레미야는 우렁찬 교향곡의 주제와도 같은 하나님의 말씀을 듣는다. "내가 너와 함께하여 너를 구원하리라." 성인들은 하나님의 계획을 깨달았다. 십자가의 성 요한은 어려움과 곤경에 처할 때마다 모자를 벗고 머리를 조아리며 이렇게 속삭였다. "주님의 뜻이 이루어지소서."[3]

사명이란 그것이 무엇이든 하나님께서 바라시는 것이라는 사실을 예레미야는 우리에게 일깨워 준다. 그것은 하나님께서 만들어 주신 이대로의 나, 지금 이대로의 달란트와 기질과 성격을 지닌 나, 없다면 없는 이대로의 나를 받아들이는 것이다. 하나님은 우리에게 가르치는 달란트 하나와 남을 동정하는 달란트 다섯을 주실 수도 있다. 하나님의 요구가 너무 평범하고 일상적인 것이어서 우리의 감정을 거의 움직이지 못할 수도 있다. 그러나 우리는 오직 하나님의 뜻 안에서만 평화를 찾을 수 있다. 예언자 예레미야는 성공적인 실패의 빛나는 표본이다.

　우리 대부분에게 신뢰란 쉽게 찾아오지 않는다. 철학이나 우주론 속에서 하나님이 계신다는 증거를 찾아낸다고 해서 신뢰가 생기는 것은 아니다. 때때로 내 눈과 당신의 눈이 마주칠 때, 혹은 우리가 무언가를 함께 나눌 때 신뢰가 생겨난다. 내가 당신을 사랑한다면 그 확률이 가장 높다. 결국 우리는 하나님을 사랑하기 때문에 그분을 신뢰한다. 에둘러 갈 수 있는 길은 없다. 신뢰하려고 하지 말고 먼저 사랑하라. 욥은 하나님을 사랑하기 때문에 그분을 신뢰했다.

당신은 하나님을 사랑하는 그만큼만 그분을 신뢰한다. 그분에 대해 공부를 해서 그분을 사랑하는 것이 아니다. 그분의 손길에 대한 응답으로 그분을 만졌기에 그분을 사랑할 것이다. 그렇다고 해도 괴로움은 사라지지 않는다. 당신은 여전히 하나님과 말다툼을 벌일 것이다. 당신은 예수님과 함께 이렇게 외치리라. "나의 하나님, 나의 하나님, 어찌하여 나를 버리시나이까?" 오직 당신이 사랑하기만 한다면, 암흑 속에서 최종적인 비약을 이루어 낼 것이다. "아버지여, 내 영혼을 아버지 손에 부탁하나이다."

바하마에서 온 한 신부가 이런 일화를 들려주었다. 2층짜리 집에 불이 났다. 그 집에는 아버지와 어머니 그리고 아이들 몇이 살았다. 불이 나자 가족들은 집 바깥으로 피신했는데, 막내는 무서워서 그만 2층으로 달아났다. 잠시 후 아이는 연기가 가득한 창가에 나타났다. 바깥에 있던 아버지는 아이에게 소리쳤다. "아가야, 뛰어내려라. 내가 받아 주마!" 아이가 외쳤다. "아빠, 아빠가 안 보여요!" 아버지가 말했다. "안다, 아가야. 하지만 내가 너를 볼 수 있잖니."

호숫가에서의 피정이 끝나갈 무렵, 나는 그 어느 때보다 더 큰 신뢰로 기도했다. "예수님, 제 알코올 중독까지도 포함하여 모든 것에 감사합니다. 제가 마신 한 방울 한 방울의 술과 제가 견뎌야 했던 모든 부끄러움은 오늘 저를 이곳까지 데려오기 위해 필요했습니다. 저는 이것을 바꾸지 않으렵니다. 사제인 제가 결혼을 했다고 해서 일부 사람들이 제게 보여 준 거부와 비난과 등 돌림에 감사합니다. 주님은 그들을 사용하셔서 사람들의 비위를 맞추어야 하는 속박에서 저를 풀어 주셨으며, 모든 사람들의 마음에 들고자 하는 욕심에서 벗어나게 해주셨습니다."

나는 예수께서, 우리 모두가 좋은 사람으로 보이고 싶은 바람을 떨쳐 버리고 좋은 사람의 겉모습을 포기함으로써, 우리 내면의 말씀에 귀 기울여 우리 자신 본래의 그 신비 속으로 들어가도록 부르셨다고 믿는다. 흠 없는 모습을 보이려는 마음, 신자의 모범이 되고 자신의 훌륭한 미덕으로 남을 감화시키고자 하는 마음은, 지나친 자의식과 뻣뻣하고 고압적인 행동과 사람들의 존경에 대한 집착으로 이어진다. 나의 영적 지도자 래리 혜인은 이렇게 말했다. "성인이 되기를 포기하라. 그것이 모두를 위해 훨씬 유익하다."·

그의 방 벽에는 포스터가 한 장 붙어 있다. 그것은 피정중에 어떤 사람과 면담을 하면서 래리가 해준 말인데, 그 사람은 그 말을 아름다운 글씨로 옮겼다. "우리는 삶 전체를 통틀어 문자로 파악한 모든 것들을 버리고 자신의 고유한 상징을 찾아야 한다. 그래야만 우리 안에 계시는 하나님의 신비를 향한 문이 열린다."

최근에 이곳 뉴올리언스에서는 동성애자에게 직업과 주거에 동등한 권리를 부여하는 법률이 무참하게 부결되었다. 로마 가톨릭 교회 성직자들의 완강한 반대가 주된 이유였다. 복음이 동성애자를 차별하고 흑인들을 두들겨 패 주고 라틴계나 동양계, 유대인을 비롯한 하나님의 자녀들에 대한 편견을 정당화하기 위해서 이용된다면, 그런 복음은 버려야 한다. 그래야만 우리가 복음을 체험할 수 있을 것이다. 그리스도의 몸 안에 있는 종파들 간의 편 가르기, 경쟁, 불평, 증오, 그리고 세상의 다른 종교들을 향한 적대감을 정당화하기 위해 하나님의 이름을 불러 댄다면 그런 하나님을 버려야 한다. 그래야만 하나님을 찾을 수 있을 것이다. 14세기의 신비가 마이스터 에크하르트(Meister Eckhart)는 이렇게 말했다. "나는 하나님을 만나기 위해 하나님을 버리게 해달라고 기도한다." 복음과 하나님에 대한 우리 인간의 폐쇄적인 관념이 오히려 복음과 하나님을 체험하지 못하게 방해할 수 있으며, 편견 없이 타인을 사랑할 수 있는 자유의 숨통을 조인다.

한 가지 제안을 하고 싶다. 매일 잠깐씩 짬을 내어 이렇게 기도하라. "예수님, 모든 것에 대해 감사합니다."

이 간결한 기도에는 겸손과 그분의 사랑에 대한 깊은 신뢰와 포기와 감사가 들어 있다. 이 기도는 예수께 영광을 돌리며 하나님 아버지를 기쁘게 해드린다. 이는 자기포기의 외침이다. 실제로 이것은 바울이 에베소서 5:20에서 요구하는 것과 동일한 것이다. "범사에 우리 주 예수 그리스도의 이름으로 항상 아버지 하나님께 감사하〔라〕."

당신이 매일 이렇게 기도한다면 아버지의 이런 말씀을 듣게 되리라 믿는다.

아가야, 부채를 부쳐 나를 향한 네 확신의 불길을 키워라. 나는 네가 행복하기를 바란다. 네가 확신 없이 사는 일이 결코 없도록 언제나 다시 이 신뢰하는 마음으로 돌아오기를 바란다. 신뢰란 사랑의 다른 모습이다. 네가 나를 사랑하고 너를 향한 내 사랑을 믿는다면, 어린아이처럼 내 손에 네 자신을 모두 맡길 것이다. 어린아이는 '어디 가요?' 하고 묻지 않고 신나게 엄마의 손을 잡고 따라나선다. 이런 행복한 확신은 네게 얼마나 많은 축복을 가져다주겠느냐, 아가야.

앞이 보이지 않아도 그냥 계속 가거라. 미래를 알지 못하는 것을 기뻐하여라. 나는 눈먼 사람을 가장 좋은 길로 인도할 줄 안다. 그리고 그 눈먼 자가 스스로 내 아들이요 딸인 것을 안다면, 그 부족함이 내 마음에 큰 힘을 발휘하도록 하니 오히려 기뻐하지 않겠느냐? 이 모든 것 안에서 나의 온유함을 보아라. 그것은 영원히 변치 않을 것이다.

부활절의 예수님

5
성령 안에서 모두 내려놓음

뉴올리언스에서 발행되는 일간신문 「타임스피카윤」(Times-Picayune)은 최근 1면에, 지난 몇 년 동안 신자수 250명으로 시작해 2,500명으로 늘어난 한 교회의 극적인 성장에 대한 기사를 실었다. 내 눈길을 끈 것은 그 교회의 어떤 부자 교인이 한 말이었다. 물을 뿜는 분수들로 둘러싸인, 요란하게 치장한 자기 식당을 배경으로 사진을 찍은 그 사람은, 하나님에 대한 신앙 덕분에 영적으로뿐 아니라 재정적으로도 크게 성공했노라고 말했다. 그는 "신앙이 성공의 보증수표는 아니다"라는 것을 인정하면서도 "만일 당신이 하나님 안에서 성공을 얻지 못한다면 아직 하나님을 만나지 못한 것"이라고 했다. 그는 자신과 다른 교인들의 수입이 두세 배로 늘었으며 그것은 "하나님께서 우리에게 복 주시는 직접적인 결과"라고 주장했다.

당신도 나만큼 이 '성공하는' 기독교라는 새로운 개념 정의에 깊은 당혹감을 느꼈을 줄 믿는다. 당신도 하나님이 이용당하고 있다는 불쾌감을 느끼는가? 자기중심적인 우리 문화가 자기중심적인 종교를 낳는다. 오늘날 복음주의의 가장 통상적인 질문은 "예수님이 나를 위해 무엇을 하실 수 있는가"이다. 예비 개종자들한테는 예수님이 그들을 더 행복하게 만들어 줄 것이며, 세상에 더 잘 적응하고 더 번창하게 해주실 것이라고 말한다. 순식간에 예수님은 마음을 사로잡도록 포장되어 소비자들에게 공격적으로 판매되는 최고의 상품이 된다. 광고판과 버튼과 자동차에 붙이는 스티커들 그 어디를 둘러보아도 거기에는 "예수님을 사랑한다면 목청을 높여라"라고 쓰여 있다. 뉴욕 매디슨 가의 모든 기발한 기법을 동원해 치열한 경쟁시장에서 예수를 광고하고 있다. 심지어 예수는 코카콜라보다도 훨씬 더 '현실적인 상품'이다. 짐 월리스(Jim Wallis)는 자신의 책 「회심」(*The Call to Conversion*)에서 이렇게 말한다.

> 복음의 메시지는 점점 더 자기도취에 빠져 가는 문화에 자신을 맞춘다. 회개를 자기실현으로 가는 길이라고 주장하며……신앙을……우리의 개인적·사회적 성공과 사업 성공의 가능성을 실현하도록 돕는 방법이라고 주장한다. 현대의 회개는 우리를 예수 안으로 데려가기보다는 예수를 우리의 삶 안으로 데려온다. 우리가 이미 하고 있는 일을 더 잘할 수 있도록 도우려고 예수가 지금 여기에 있다고 말한다. 예수는 우리의 삶을 변화시키지 않는다. 다만 그것을 더 낫게 만들 뿐이다.[1]

이 얼마나 비극적인 복음의 왜곡이란 말인가? 이제 기독교는 다른 잡신들을 섬기기에 적합한 꼴을 갖추었다. 그리스도는 부와 권력이라는 목적에 이용된다. 일부 복음주의 설교자들의 설교를 들어 보면, 예수님이 이 세상에 오신 것이 세상을 뒤엎기 위함이었다는 생각을 전혀 찾아볼 수가 없다.

하나님은 인간의 역사 안으로 들어오심으로써, 자신이 어떤 분이시고 사람은 무엇을 위해 창조되었는지에 대한 이전의 생각들을 모두 허무셨다. 신약성경에서 우리는 십자가의 고통당하는 하나님을, 얼굴에 침뱉음을 당하는 절대자를 목격한다. 고난과 죽음을 통해 그분이 몸소 겪으신 것은 바로 나를 위한 것이기도 하다. 그분은 이렇게 초대하신다. "나를 위해 울지 말라! 나와 하나가 되라! 그리스도인들을 위해 내가 계획해 놓은 삶은 내가 살았던 삶과 매우 흡사한, 바로 그리스도인다운 삶이다. 네가 부자로 살라고 내가 가난을 겪은 것이 아니다. 네가 영광을 누리라고 내가 조롱을 당한 것이 아니다. 네가 칭송을 받으라고 내가 비웃음을 당한 것이 아니다. 나는 몸소 남자와 여자들로 이루어진 그리스도인의 모습을 보여 준 것이다. 거기에는 너도 포함된다." 바울은 골로새 교인들에게 이렇게 편지했다. "그리스도의 남은 고난을 그의 몸된 교회를 위하여 내 육체에 채우노라"(골 1:24).

현대 복음주의가 승리자 구주에게 몰두하고 번영의 복음에 매달리는 것은 십자가를 별 의미 없는 암호로 만든다. 위르겐 몰트만(Jürgen Moltmann)의 말처럼, 십자가를 "단순히 구원의 과정을 위해 신학적으로 필요한 것"으로 만든다. 우리는 기독교에서 중시하는 궁극적 사실, 곧 예수께서 옷을 벗기우고 채찍질을 당하고 십자가에 달리신 사실에 너무 익숙해져 버렸다. 그런 나머지 실제로 그분이 어떤 분이었는지는 보지 않는다. 그분은 바로 우리의 세상 걱정, 세상 지혜, 사람의 칭송을 듣고 싶어 하는 모든 바람, 영적인 위안을 포함한 모든 안락에 대한 욕심을 벗어 버리라는 살아 계신 명령이다. 재미없는 의무보다 재미있는 의무를 택하고 싶어 하는 것, 친하게 지내고 싶은 사람들을 위해 더 많은 노력을 기울이는 것까지를 포함해서 모든 세상적인 것들을 버리라는 살아 계신 부르심이다. 십자가에 매달리신 사람의 아들(the crucified Son of Man) 앞에 서게 되면, 우리가 매달리는 마지막 쓰레기―우리가 예수 그리스도와 닮았음을 주장하지 않는 것이 바로 겸손이라고 속삭이는 자기만족―까지도 사라져 버릴 수밖에 없다.

복음을 율법으로 왜곡하면, 예배하는 사람과 삶을 변화시키는 그분과의 만남에 경건의 장막이 드리우게 된다. 이 장막은 하나님의 말씀이 더 이상 우리 영혼의 메마른 대지를 새롭게 적시는 비처럼 활동하지 못하도록 가로막는다. 애지중지 키운 미덕의 안락한 구석에는 하나님 말씀의 거센 폭풍이 몰아치지 않는다. 복음이란 그저 먼 옛날 어느 유대 목수가 말한 경건한 잔소리에 지나지 않게 된다.

적절한 예가 있다. 새로운 모세인 예수께서 첫 설교를 위해 산 위에 올라가셨을 때 이렇게 말씀을 시작하셨다. "심령이 가난한 자는 복이 있나니 천국이 그들의 것임이요." 하나님의 그리스도는 인간의 위대함에 대한 그때까지의 모든 생각들을 뒤엎고 인간의 소명에 대한 전혀 새로운 생각을 제시하신다. 실제로 그분은 이렇게 말씀하셨다. 너희가 무시당하고 하찮은 자로 대접받는 것을 달가워한다면 너희는 복이 있다. 존 파웰(John Powell)이 'Be-attitudes'('팔복'이라는 뜻의 Beatitudes를 Be-attitudes로 나누어 '존재의 태도'라는 의미로 사용한다―옮긴이)라고 부르는 존재의 태도들은, 항구한 기도, 온전히 남을 위하는 마음, 쾌활하고 창조적인 선함, 하나님의 자녀들이 물질적이고 영적인 부요함에 거리낌 없이 몰두하는 것 등 전혀 다른 삶의 모습을 위한 삶의 계획을 하나하나 언급한다.

C. S. 루이스(Lewis)가 팔복에 관한 구절을 읽고 나서 이렇게 말한 것도 놀라운 일이 아니다.

인간에 불과한 사람이 예수께서 말씀하신 것과 같은 주장을 했다면 그는 결코 위대한 도덕적 스승이 될 수 없다. 그는 자신은 삶은 달걀이라고 말하는 사람과 같은 정도의 미치광이거나 지옥에서 온 악마일 것이다. 그렇다면 당신은 선택해야 한다. 그의 발 아래 엎으려, 그를 주님이자 하나님으로 부를 수 있다. 하지만 그가 위대한 인간 스승이라고 떠벌리는 우스운 짓은 하지 말자. 예수님은 우리에게 그런 가능성을 남겨 두지 않으셨고, 그럴 생각도 없으셨다.[2]

가난한 사람들 대부분은 오늘날의 복음주의자들을 친구로 생각하지 않는다. 오히려 많은 복음주의자들을, 앞에서 언급한 식당주인의 경우처럼 재산을 하나님의 축복과 호의의 표시로 보며 오로지 성공과 번영만을 좇는 사람들이라고 여긴다. 그들은 알게 모르게, 병자나 실직자를 비롯해 권력이나 자손이나 장수 등 이른바 하나님의 은혜의 표시를 누리지 못하는 모든 이들 앞에 죄의식의 덫을 놓는다.

역사상 지금보다 더 자주 예수님의 이름을 들먹이면서도, 그분의 삶의 내용과 가르침을 이토록 철저하게 무시한 때는 없었다고 나는 생각한다. 교회 안에서 참된 예언자가 그 목소리를 높인다면 그것은 결코 책망하고 비난하기 위함만이 아니다. 예언자는 하나님의 백성에 대한 사랑 때문에, 그리고 그 백성이 다시 주님의 백성으로 회복되는 것을 보려는 깊은 열망 때문에 자신의 사명을 떠맡는다. 속박을 풀어 주기 위해서는 속박하고 있는 것이 무엇인지 규명해야 한다. 오늘날 우리를 속박하는 것은 '번영의 복음'(prosperity gospel)이다.

아버지는 그분의 아들 예수와 같이 될 것과, 부활하신 아들의 '또 다른 나'(another self)가 되라고 우리를 부르신다. 그렇다. 복음서에 기록된 역사상 예수님의 생애는, 최후의 승리를 거두기 전까지 대부분 실패와 슬픔과 배척과 고독으로 얼룩진 삶이었다. 돌아가시기 전날 밤, 예수님은 제자들조차 회개시키지 못하셨다. 겟세마네 동산에서 무릎 꿇고 계실 때 예수님은 너무나 큰 고통에 사로잡혀 핏방울 같은 땀을 흘리셨다. 예수님은 "내 마음이 심히 고민하여 죽게 되었다"고 말씀하셨다. 베드로와 야고보와 요한에게 "너희가 나와 함께 한 시간도 이렇게 깨어 있을 수 없더냐?" 하고 꾸짖으신 모습은, 그날 밤 예수께서 얼마나 제자들이 당신과 함께하기를 원하셨는지를 보여 준다. 다음날이 되자 그 전 주일에 예수님을 경배하고 찬양하던 외침은 그를 짓밟는 거부의 외침으로 변한다. "그를 십자가에 못박게 하소서!"

바로 이런 모습들이 지상에서의 예수님의 삶이었다. 한창 나이에 꺾여 버렸으며, 사역은 막 뿌리를 내리자마자 무너져 버렸다. 친구들은 흩어지고 명예는 산산조각이 나서 그의 이름은 웃음거리가 되어 버렸다.

복음서는 한 사나이의 이야기를 들려준다. 이사야의 말을 빌리면, 그는 "사람이 아니라 벌레였고, 사람들이 멸시하고 내치는 물건에 불과했으며, 슬픔과 고난으로 찌든" 아무도 생각조차 못한 고통의 밑바닥까지 경험한 사람이었다. 예수님은 생명 그 자체이므로, 그와 같은 죽음을 겪은 사람은 아무도 없다. 그분처럼, 죄 없는 사람이 죄 때문에 벌을 받은 사람은 아무도 없다. 나사렛 예수처럼 악의 텅 빈 공간 속으로 내던져진 사람은 아무도 없다. "나의 아버지시여, 어찌하여 나를 버리셨나이까?" 하신 말씀 뒤에 감춰져 있는 그 지독한 고통을 과연 그 누가 알 수 있겠는가?

이것이 신약성경이 그리는 예수의 모습—섬기며 살다가 치욕스럽게 죽은 한 사람, 고난받는 종—이다. 그분은 업신여김을 당하고 사람들이 피하는 바 되었으며, 나병환자처럼 타고난 패배자로 여겨졌다. 그는 하나님께 매를 맞은 사람, 많은 이들 앞에서 매를 맞고 이른바 의로운 사회로부터 혐오의 채찍을 맞은 사람이다. 그들은 외친다. "예수를 없애라. 입맛에 맞지 않으니 당장 마을 밖으로, 사회 밖으로 끌어내라." 그는 함부로 다루어졌고 이리저리 떠밀렸으며 죽임을 당해 악당들과 함께 묻혔다.

예수님은 '왜' 고난을 받아야 하는지 설명하신 적이 없다. (그분이 활짝 웃으며 우리를 구원해 주셨다고 해도 우리는 그분의 사랑이 얼마나 깊은지 결코 알지 못하리라.) 예수님은 단지 고난을, 제자가 되기 위한 필수조건으로 삼으셨을 뿐이다. 그분은 자신을 따르는 벗들, 합류하고 싶어 하는 이들에게 단 한 번도 그들이 순결하고 정직하고 분별 있는지 혹은 존경할 만한지 물으신 적이 없다. 그분은 단 한 번도 분명하게 행복을 약속함으로써 누군가가 당신을 섬길 마음을 갖게 하신 적이 없다. 오히려 단호하고 정직하게 말씀하셨다. "누구든지 나를 따르려는 자는 매일 자기 십자가를 지고 나를 따라야 한다. 누구든지 매일―일주일에 한 번, 한 달에 한 번이 아니라―자기 십자가를 지고 나를 따르지 않는 자는 내 제자가 될 수 없다."

예수님은 사랑을 간절히 바라셨을 것이 분명하므로, 사랑에 갈급해서 자신을 찾아온 사람들을 적어도 격려해 주시지 않았겠는가 추측할 수 있을 것이다. 하지만 "어디로 가시든지 나는 따르리이다" 하던 젊은 이에게 그리스도는 그 누구도 해본 적 없는 쓸쓸한 말로 이렇게 대답하셨다. "여우도 굴이 있고 공중의 새도 집이 있으되 인자는 머리 둘 곳이 없도다." 벗이여, 그대가 나의 길을 따르고자 한다면 나와 같은 삶을 살 준비를 하라. 나의 삶 대부분은 집도 없이 떠돌아다니는 서러운 삶이다.

예수님을 따르는 사람들에게 그 고난을 함께 나눠야 한다는 그분의 경고 섞인 말씀은 분명 번영의 복음이 아니었다. 단순히 시험해 보기 위한 말씀도 아니었다. 올바른 답을 내놓으면 곧바로 사라지는 옛날 이야기 속의 전통적인 시험도 아니었다. 예수께서 당신의 사랑 안으로 부르신 열두 사람들 가운데 한 사람은 절망하여 스스로 목숨을 끊었고, 요한을 제외한 다른 이들은 모두 죽임을 당했다. 그러나 요한 역시 거의 백 살까지 살면서 더욱 끔찍한 순교를 견뎌 냈다. 예수님을 위해 자신의 목숨을 내놓지도 못하고, 한때 눈으로 본 예수님의 아름다운 얼굴을 다시 보지도 못한 채 긴 고독의 세월을 살아야 하는 순교였다. 한때 그분의 품에 머리를 누이던 그 친밀함을 다시는 누리지 못하는 순교였다.

예수님은 당신의 어머니를 돌아보시며 당신 고난의 잔을 깊이 들이 마셔 달라고 부탁하셨다. 우리가 성금요일이라고 부르는 금요일, 그 고통의 나무형틀 아래에 서서 예수님과 함께 고난을 겪고 하나님의 아들을 다시 하나님께 돌려드린 것은 바로 마리아였다. 자신의 무릎 위에 죽은 아들을 누여서 피 묻은 이마에 입을 맞춘 것도 마리아였다.

사도 바울은 그리스도께서 받은 소명과 그 어머니와 벗들이 받은 소명의 신비 안에서 자기 자신에 대한 중요한 실마리를 찾아냈다. 주께서 아나니아에게 바울에 대해 이렇게 말씀하셨다. "그가 내 이름을 위하여 얼마나 고난을 받아야 할 것을 내가 그에게 보이리라." 배가 난파하고 붙잡혀 매질을 당하면서, 바울은 자신의 삶을 고난으로 채워야 한다는 것을 배웠다.

우리는 세례로 그리스도와 한몸이 되었다. 우리가 받은 그리스도인의 소명은 예수 그리스도의 고난으로 들어오라는 하나님 아버지의 초대이며, 모욕과 오해와 배척과 고독으로 가득 찬 예수의 삶과 필연적인 승리를 함께 나누라는 초대이다. 우리가 성직자든 평신도이든, 가정주부든 남편이든, 석탄을 캐는 광부든 연구하는 물리학자이든, 이 모든 것들은 십자가에 달리신 그리스도를 닮아 가는 삶의 환경에 불과하다. 아버지의 뜻은 우리를 예수의 죽으심의 상태까지 이르게 하는 것이다. 그리고 이런 일은 우연히 일어나지 않는다. 그것은 아버지의 목적 안에 담겨 있는 법칙이다. 그리스도인의 삶에서 고난은 우연이 아니다. 그것은 하나님의 규정에 따라 주어지는 필연이다. 그리스도의 삶과 초대교회의 삶이 보여 주는 증거 앞에서 우리는 분명히 말할 수 있다. 고난은 그리스도인의 삶을 가늠하는 기준이며, 당신의 삶에 십자가가 없다면 그것은 참된 그리스도인의 삶이 아니라고.

모든 육체적 고통과 정신적 고뇌, 긴장, 우리가 부딪치는 모순, 적들의 배반, 친구들에게 버림받음, 타인과 따뜻한 관계를 맺지 못하는 것 등 극적일 때도 있지만 극적이지 않은 경우가 더 많은 삶 속에서 우리는 십자가에 달리신 예수 그리스도를 닮아 가게 된다. 그 안에는 온갖 형태의 좌절이라는 십자가가 있다.

…… 겉으로 보기에는 성공적인 것 같지만 실제로는 의미조차 공허해져 버린 결혼. 남편과 아내가 겉으로는 의무감 때문에 혹은 아이들 때문에 행복한 부부로 행세하지만 실은 둘 사이에 더 이상 참된 교감도 없고, 교감이 이루어질 희망도 없다.

…… 결혼생활을 갈망하지만 결코 이루지 못하는 남자와 여자들. 간절하게 이러저러하게 되고 싶고 이런저런 것을 이루고 싶지만 결국 자신에게 그럴 만한 재능이 없음을 인정할 수밖에 없다.

…… 친구와 동료를 간절히 원하지만 고독의 형벌을 받은 것처럼 보이는 사람들. 손대는 것마다 진정한 성공을 거둘 수 없을 것처럼 보이는 사람들. 도덕적으로 착하게는 살고 싶어 하지만 자기 힘으로는 도저히 이겨 낼 수 없는 악 앞에서 절망적 패배감을 맛보는 사람들. 높은 이상과 온전히 헌신하려는 마음으로 시작한 신앙과 기도와 하나님께 대한 예배가 이제는 무의미해져 무거운 좌절감에 짓눌리는 사람들. 이제 그들에게 신앙은 더 이상 어떤 확신도 위안도 앞으로 나아갈 어떤 힘도 주지 못한다. 기도와 사역은 아무 현실감도 없는 공허하고 반복적인 일에 지나지 않는다.

……인간의 육체가 상처입고 굶주리고 죽어 갈 때, 수많은 난민들의 눈물이 길바닥과 논을 적실 때, 인권이 침해당할 때, 사람들이 불의한 폭력에 희생당할 때, 검은 피부를 아름다움이 아니라 저급한 인종의 표시로 여기는 나라가 여전히 존재할 때, 사람이 사람에게 고문당할 때, 한때 1,200만 러시아인이 강제 노동수용소에 갇혀 있었을 때, 캘커타 길거리의 2만의 노숙자들이 한 움큼의 음식을 마련하기 위해 불을 피우고 길거리에서 용변을 보며 벽에 기대 웅크리고 새우잠을 잘 때, 술과 마약으로 몸과 영혼이 망가질 때, 사람의 피가 남아프리카에서부터 북아일랜드, 그리고 당신의 고향마을 길거리까지 붉게 물들일 때, 에티오피아에서 굶주림으로 부어오른 사람들의 배를 볼 때, 뉴욕의 빈민가와 애팔래치아의 무너져 가는 학교 건물들을 볼 때, 그런 일들로 눈물짓는 사람들의 고통도 있다.

지금 울고 있는 이들에게 번영의 복음은 해줄 말이 아무것도 없다. 그러나 이런 것들이 실제 삶의 현장이다. 우리는 이 안에서 하루하루 십자가에 달리신 그리스도를 더욱 닮아 간다. 이 말은 무슨 뜻인가?

사람은 누구나 어떤 형태로든 삶을 영위하기 위해 일을 해야 하는 소명을 받았다. 그러나 그 너머, 그것보다 더 깊은 차원에서 볼 때 각 사람은 하나의 인격체, 충만하고 깊은 차원의 인간이 되고, 그리스도와 닮은 사람이 될 소명을 받았다. 이 두 번째 소명이 첫 번째보다 중요하다. 탁월한 교사, 정육점 주인, 촛대 제조공이 되는 것보다 먼저 훌륭한 인간이 되는 것이 더 중요하다. 만일 두 번째 소명의 성공이 첫 번째 소명에 대한 실패를 뜻한다면, 하나님 보시기에 그 실패는 풍성한 열매를 맺는 실패다. 실패를 통해서 타인의 실패에 관대할 수 있는 법을 배운다면, 그 야말로 열매를 맺는 실패가 아니겠는가? 성공한 사람들은 자신의 성취에 둘러싸여 다른 이들의 슬픔을 받아 주지 못할 수가 있다. 결코 다른 사람들의 심정을 이해하지 못할 수도 있다. 성공을 자신들의 당연한 몫이라고 생각할 수도 있다. 그러나 어떤 재앙 때문에 자신의 그 작은 세상이 무너지고 나면, 그들 내면에는 아무것도 남지 않을 수 있다.

예수의 아버께서는 바로 이런 실패와 눈물을 통해, 우리를 그 아들의 모습과 닮게 만드신다. 그러나 우리의 신앙이 살아서 힘차게 움직이지 않는다면, 고통이란 어리석고 무의미하다. 사랑하는 사람이 심한 사고를 당했을 때, 어린아이가 잔인하게 살해되거나 암으로 죽어 갈 때, 친밀한 관계가 깨어질 때, 민간항공기가 피격당해 수백 명의 사람들이 무고히 목숨을 잃을 때, 그래서 어떤 실망과 울분이 치솟을 때 우리에게 절망이 자리잡을 수 있다. 주먹을 불끈 쥐고 허공에 휘두르며 우리는 대답 없는 질문을 외쳐 댄다. 왜, 왜, 왜? 대부분 왜 하필 나냐고 묻는다. 내가 무슨 짓을 저질렀길래 이런 일을 당하는가? 내가 하나님이라면 이런 끔찍한 일들이 일어나게 그냥 두지는 않았을 것이다. 세상에 이토록 고통이 넘치는데 사랑의 하나님이 어디 있단 말인가? 우리는 하나님이 잔인하고 불의하고 무정한 분이거나, 하나님이 없다는 결론을 내리고는 완전한 혼돈 속을 헤매게 된다. 이것은 이러지도 저러지도 못하는 상황 속에 꼼짝없이 갇혀 버린 고전적 딜레마다.

어느 해 여름, 나는 기차로 여행을 하다가 85세의 성공회 사제를 만났다. 그분은 남은 생애 동안 초등학교에서 영어를 가르치려고 캐나다에서 한국으로 가는 중이었다. 우리는 오랫동안 많은 대화를 나누었다. 노사제는 이제는 참된 그리스도인들을 거의 찾아보기 어렵다면서, 러시아가 영국이나 미국보다 먼저 회개할 것이라고 말했다. 그러고는 놀랍게도 이렇게 말했다. "젊은 양반, 나는 자주 당신네 가톨릭 교회에 간다오." 무엇 때문이냐고 묻자 그분은 이렇게 말했다. "십자가에 못박히신 그리스도의 모습을 뵙기 위해서요. 나는 그 모습에서 기독교의 핵심을 본다오."

그 노사제가 발견한 것은, 자신이 기독교의 모든 신비들을 설교했지만 사실 아는 것은 오직 한 가지뿐이었다고 외친 바울의 발견 바로 그것이었다. 바울은 고린도교회 교인들에게 이렇게 편지했다. "내가 너희 중에서 예수 그리스도와 그가 십자가에 못박히신 것 외에는 아무것도 알지 아니하기로 작정하였음이라"(고전 2:2). 오늘을 살아가는 그리스도의 제자들이 처한 조건은 당시와 다를 것이 없다. 우리는 그분과 함께 고통을 겪어야 한다.

영어에는 'baptize'(세례를 베풀다)와 같은 의미를 지닌 'christen'이라는 아름다운 동사가 있다. 이는 다른 언어에는 없는 말로써, Christ(그리스도)라는 명사에 '……로 만든다'는 의미를 가진 그리스어 어미 en을 붙여서 된 단어다. 어떤 이름에 en을 붙이면 바로 그 이름이 가리키는 것으로 만든다는 의미다. 하나님께서 어떤 사람을 christen하신다는 것은 그 사람을 그리스도로 만드신다는 뜻이다. 그리스도께서 우리 안에 사시며, 우리가 겪는 고통은 세상 안에 이어지고 있는 그분의 고난이다.

바로 여기서 우리는, 바울이 그리스도인의 고난에 대해 가르치는 핵심에 이르게 된다. 고난에 대한 신학의 뿌리는 우리와 예수님의 일치다. 그리스도의 고난과 각 그리스도인이 삶 속에서 겪는 갈등과 고난은 밀접하게 연결되어 있다. 그리스도인이 매일의 삶 속에서 죽음을 체험하는 것은, 바로 그리스도의 죽음을 연장하는 일이다. 바울은 로마서 6:3에서 이렇게 말한다. "무릇 그리스도 예수와 합하여 세례를 받은 우리는 그의 죽으심과 합하여 세례를 받은 줄을 알지 못하느냐." 세례는 단순한 일시적 죽음이 아니다. 세상과 육체와 죄에 대해 죽는, **죽음의 상태**가 세례로서 시작되는 것이다. 이 죽음은 평생 계속된다. 우리가 매일 이기심과 거짓과 타락한 사랑에 대해 죽는 것은, 그분의 벗으로서 그 고난에 동참하는 일이다. 내 친구 피터 라이언스는 하나님의 말씀에 깊이 몰입하여 사는 사람이다. 그는 몇 해 전에 바울의 편지 열네 편 가운데 빌립보서 3:10이 자신에게는 가장 뜻깊은 구절이라고 말한 적이 있다. "내가 바라는 것은, 그리스도를 알고, 그분의 부활의 능력을 깨닫고, 그분의 고난에 동참하여, 그분의 죽으심을 본받는 것입니다"(새번역).

예수의 고난이 지닌 구속(救贖)의 능력은 고난 그 자체에 있는 것이 아니라 (고난 그 자체가 가치 있는 것이 아니다) 고난에 생명을 불어넣는 사랑에 있다. 그리스도께서, 고난은 죄의 결과라는 것을 십자가 위에서 보여 주신다. 그것은 내가 고난을 당하는 것이 내 죄로 인한 필연적인 벌이라는 의미가 아니다. 그리스도는 자신의 죄 때문에 벌을 받으신 것이 아니다. 우리가 그리스도의 품에 안겨 있기 때문에 그분이 우리 안에서 당신의 고난을 계속 겪고 계신다. 프랑스의 시인 폴 클로델(Paul Claudel)은 이를 다음과 같이 표현했다. "성육신 이후 예수께서 바라시는 것은 오직 한 가지, 당신이 살았던 인간으로서의 삶을 다시 시작하는 것뿐이다. 바로 이 때문에 그분은 더 많은 사람들을, 당신으로 하여금 모든 것을 다시 시작할 수 있게 해줄 사람들을 원하신다." 바로 이를 위해 그분에게는 우리가 필요하다. 바울은 우리가 그리스도의 남은 고난을 채운다고 말한다. 33년이라는 시간은 그분이 해야 할 모든 일을 하시기에 충분한 시간은 아니었다. 클로델이 시적 언어로 표현하듯이 "그분을 동정하라. 그분이 누린 것은 고난을 위한 33년의 세월이 전부였다." 그리스도께서는 가능한 모든 면에서 고난당하고 사랑하는 것이 필요했다. 하지만 사람은 오직 한 번 죽을 수 있을 뿐이다. 그분은 여자로서 사랑할 수 없었고 늙은 남자로 죽을 수도 없었다. 그러므로 우리가 허락하지 않으면 그분이 하고자 하는 많은 일들이 이루어지지 않은 채 지나갈 수밖에 없다.

이러한 가르침은 온전히 바울의 것이다. 이 가르침은 이 땅에서 행하신 그리스도의 구속사역의 온전성을 의심하게 하지 않는다. 이 가르침이 뜻하는 것은, 그분의 몸의 살아 있는 지체로 살아가는 우리에게 **고난은 구원의 의미를 지니고 있다**는 사실이다. 그 고난은 무의미한 고문이 아니다. 우리 각자가 그리스도 예수 안에서 겪는 고난은 그리스도의 전체 몸을 치유한다. 우리의 고난은 다른 이들이 자신들의 구원을 위해 애써야 할 노력을 면제해 준다는 뜻이 아니다. 다만 그들이 시작할 수 있도록 은혜를 얻게 해준다는 것이다! 그리스도인 어머니와 아버지, 수도원에서 관상하는 드러나지 않은 수녀와 수사들, 노인, 이른바 '쓸모없는' 이들. 그리스도의 몸 안에서 고통을 겪고 있는 이러한 사람들 때문에 얼마나 많은 사람들이 임종을 맞이하며 회개하는가.

그분의 십자가의 그림자가 우리의 영역과 안전에 어둡게 드리우면서 잘 정돈된 삶이 멀리 날아가 버릴 때, 결코 반갑지 않은 재앙이 삶에 등장해 자신의 비참함에서 터져 나오는 비명소리 외에는 다른 어떤 소리도 듣지 못할 때, 용기는 창문 너머로 날아가 버리고 갑자기 세상이 무섭고 위협적으로 느껴질 때, 그때가 바로 예수님의 영 안에서 모든 것을 내려놓을 때다.

바로 그런 상태에 있었던 메어리 크레이그(Mary Craig)는 이렇게 말한다.

첫 단계에서 어쩔 수 없이 가장 먼저 나오는 정상적이고 정당한 반응은 자기연민이다. 나는 자기연민과 싸우는 것이 어느 정도까지 가능한지는 관심이 없다. 우리는 자기연민을 헛간에 가두려고 씨름하느라 기운만 소진할 뿐이다. 하지만 시간에는 한계가 있다. 이러한 생활을 뒤집을 수 있는 것은 오직 자기 자신뿐이다. 나는 일종의 임계점, 곧 자기연민이 악성질환으로 바뀌려는 위험한 순간을 파악하는 것이 가능하다고 생각한다. 그리고 바로 그때가 흔들림 없이 꿋꿋하게 버텨야 하는 순간이다. 일단 자기연민이 실질적으로 우리를 지배하게 되면 운명은 정해지고 말기 때문이다.…… 현실을 외면하고 도망쳐 버리고 싶은 유혹이 아무리 크다고 해도, 그런 비현실 속에는 지속적인 안식이 있을 수 없다. 환상은 스스로 자라나 광기가 되며, 약은 약물 중독으로 빠지고, 술은 쉽사리 알코올 중독으로 이어진다. 그런 것들은 맹목적인 샛길이다. 고통을 치료하는 유일한 방법은, 냉정하게 정면으로 맞서 멱살을 잡고 그것을

활용하는 길뿐이다.³

그리스도인들의 모임에서조차 구원에 이르는 고통이라는 개념은 널리 받아들여지지 않는다. 어떤 지도자들은 고통이 악마의 표지나 뉘우치지 않은 죄의 표시라고 가르친다. 구원에 이르는 고통은 말도 안 되며, 종교에 미친 사람들의 쓸데없는 소리라는 것이다. 그렇다면 바울이 말한 것처럼 시간의 흐름 속에서 모든 일이 서로 협력하여 선을 이루는 것이 불가능하다는 말인가?

독일 라벤스부르크의 집단수용소. 인간의 생명과 갈망을 묻어 버린 그 무덤에서 한 무명의 수감자는 찢어진 포장지에 다음과 같은 기도를 적어서 죽은 어린아이 옆에 남겨 놓았다.

> 주님, 선한 마음을 가진 사람들뿐 아니라 악한 마음을 가진 이들도 기억하소서. 그들이 우리에게 안겨 준 고통은 기억하지 마시고 그 고통 때문에 우리가 맺게 된 열매를 기억하소서. 동료애와 충성과 겸손과 용기와 관대함과 이 모든 것에서 자라난 넓은 마음을 기억하소서. 그리고 그들이 심판을 받으러 주님 앞에 나올 때 우리가 맺은 모든 열매를 보시고 그들을 용서하소서.⁴

바퀴에 깔려 짓이겨지게 되었을 때, 술과 마약 혹은 성적인 방종으로 달아나고 싶을 때, 환상이나 자기연민 속으로 도피하고 싶을 때가 바로 자신을 모두 내려놓아야 할 때다. 바로 그때 예수 그리스도의 십자가를 받아들이는 선택과, 우리 자신과 남을 위한 구원과 성장의 가능성이 기다리고 있다. 우리는 캄캄한 순례길에서 하나님께 이렇게 아뢸 수 있다. "값있게 쓰여질 그 일을 위해 여기 이 고통을 바치나이다. 이것을 취하여 쓰소서. 가난한 사람, 집 없는 사람, 외로운 사람, 직업과 아내를 잃고 거리를 방황하는 사람을 위해, 어린 딸이 살해당한 친구를 위해 쓰소서. 제가 깨닫도록, 제가 덜 자기중심적이고 더욱 사랑하는 자가 되도록 돕는 일에 쓰소서."

우리는 예수께서 겟세마네에서 그러하셨듯이 이를 악물어야 한다. 그리고 의심과 두려움을 버릴 수는 없으나 받아들여야 할 것은 온전히 받아들이는 마음으로 이 말씀을 아뢰어야 한다. 예수님의 슬픔과 고독과 아픔을 겪지 않고서 그분에 대한 참된 지식이 가능할까? 내가 브루클린에서 자랄 때 이웃에 나이든 유대인 부부가 살았는데, 그분들은 언제나 나를 따뜻하게 대해 주었다. 어느 날 오후, 그 할아버지는 코니아일랜드 산책길의 벤치에 앉아서 내게 이런 말씀을 들려주었다. "나는 아내를 진심으로 사랑했단다. 하지만 아내의 과거에는 마치 잠겨진 방과 같은 부분이 있지. 아내는 마흔 살 무렵에 아우슈비츠 수용소에 갇혔었는데, 그 일에 대해서는 절대로 말을 하지 않아. 지금까지 이렇게 오래 부부로 살면서도 내가 정말로 아내를 잘 안다고 말할 수가 없단다." 예수 그리스도의 친구로 그분의 고통을 함께 나누지 않고서도 과연 그분을 참으로 아는 것이 가능할까?

형제자매들이여, 예수의 십자가는 고난의 수수께끼를 밝혀 줄 뿐 아니라 인간이 마주칠 수 있는 모든 곤경을 밝혀 줄 강렬한 빛의 근원이기도 하다. 이러한 사실이 오늘날 세상과 교회 안에 존재하는 직접적이고 실제적이며 피부에 와 닿는 문제에 어떻게 적용되는지 한번 살펴보자. 갈보리 산에서의 예수의 죽음은 그분이 악에 대한 무저항 원칙에 따라 사셨음을 무엇보다도 잘 보여 준다. 그분의 방식으로 악을 이길 수 있다는 사실을 이해하는 그리스도인은 많지 않다. 구원은 십자가의 모습으로 우리에게 찾아왔다. 고통을 겪는 사랑이야말로 악을 이기는 하나님의 전략이다. 그분의 유일한 전략이다. 하나님은 고난을 통해 구원하신다. 샤를 드 푸코는 이렇게 말했다. "그분의 말씀도, 역사하심도, 그분이 보이신 기적도 아닌, 바로 십자가로 인한 구원이다." 하나님은 사랑과 순종으로 악 앞에 무릎을 꿇으심으로써 악을 이기셨다.

악의 공격에 대한 그리스도인의 대응은 물론 저항이다. 그러나 그것은 비폭력적인 저항이고 사랑과 기도와 고난을 받아들이는 저항이어야 한다. 그리스도인들이 이와 다른 무언가를 하려고 할 때 예수님과의 동반관계에는 금이 간다. 비폭력은, 앞으로 펼쳐 나가는 사랑의 움직임이 인류 역사의 가장 위대한 힘이라는 믿음을 드러낸다. 비폭력은 예수님만큼이나 현실적인 것이고, 악을 이긴 그리스도의 십자가와 함께하는 것이다. 비폭력 저항이 과연 '효과'가 있겠는가 하는 질문은, 눈앞에 보이는 승리에 관해서라기보다는, 모든 것을 하나로 모으는 사랑의 힘이 일으키는 역사의 내적 변화라는 관점에서 제기되어야 할 질문이다. 간디는 이렇게 말했다. "예수께서 만일 사랑이라는 영원한 법으로 우리 자신의 삶 전체를 다스리라고 가르치시지 않았다면, 그분의 삶과 죽음은 헛된 것이다."

성경학자 마르쿠스 바르트(Marcus Barth)는 「부활로 인한 죄사함」 (*Acquittal by Resurrection*)이라는 저서에서 바로 이 점을 강조했다. 하나님은 당신의 아들을 죽인 모든 사람을 용서하시고, 나아가 그 사건을 계기로 살인자들을 구원하실 만큼 세상을 사랑하신다. 그러므로 인간이 서로에게 저지르는 죄를 어찌 용서하지 못하겠는가? 하나님께서 당신의 아들을 죽인 죄에 대한 형벌의 집행을 거부하셨는데, 인간이 형제에 대한 집행자로서 할 일이 무엇이 있겠는가? 이 죄사함이 이루어진 이후로 이제 지구상에는 남의 목숨을 고의로 빼앗는 행위를 정당화할 수 있는 그 어떤 범죄도, 어떤 형태의 폭력도 더는 존재하지 않는다.

평화주의는 초대교회의 두드러진 특성이었다. 이교도 제후였던 로마의 켈수스(Celsus)는, 만일 모든 사람이 그리스도인이 된다면 로마는 방어할 군대가 없는 제국이 되는 재앙을 맞을 것이라고 경고할 정도였다. 교회 역사가 윌리엄 보쉬(William Bausch)에 따르면, 기독교가 생긴 첫 한 세기 반 동안 그리스도인들이 군대에 복무했다는 확실한 증거는 없다. 군대에 들어갔다고 하더라도 세례를 받은 후에는 군대를 떠났다. 부분적으로는 그리스도인 병사들에게 황제를 경배하라고 강요한 때문이기도 했겠지만, 다른 사람을 피 흘리게 해야 한다는 사실에 대한 두려움이 더 컸다. 초기 기독교 신학자인 터툴리안(Tertullian)은 그리스도인들이 남을 죽이기보다는 차라리 자신이 죽기를 택했다고 기록했다. 키프리안(Cyprian), 아르노비우스(Arnobius), 히폴리투스(Hyppolytus)를 비롯한 교부들은 병사들에게 남을 죽이는 것을 거부하라고 역설했다. 훗날 성 바실(St. Basil)은 전쟁에서 적군을 죽이는 것과 관련해, 전쟁에서 적군을 죽인 사람은 3년 동안 성찬식 참여를 삼가야 한다고 말했다. 오리겐(origen)은 이렇게 덧붙였다. "그리스도인들은 전쟁에 휘말려……칼을 뽑아야 할 일이 생기지 않도록 조심해야 한다. 복음의 가르침 어디에도 그런 일은 허락하지 않기 때문이다." 락탄티우스(Lactantius)는 살인은 금지된 행위이며, 어떤 예외도 있을 수 없다고 말했다.

「시카고 트리뷴」(Chicage Tribune)은 베트남 전쟁 기간 동안 어린이들을 대상으로 만화를 연재했다. '그린베레 이야기'라는 이 만화는, 미국 전역에 걸쳐 25개 신문사들이 협약을 맺어 동시에 게재했다. 그 만화 중 한 대목에서 두 명의 그린베레 병사들 사이의 짤막한 대화가 나온다. "우리는 포로를 잡고 불태우고 처형한다.……우리는 베트콩이 사는 곳 깊숙이 들어가 박살 낸다! 잔인하고 인정사정없는 이 전쟁은 그들이 시작한 전쟁이다. 그들은 테러와 학살을 저지른다. 우리는 그들에게 확실하게 되갚아 준다."

우리는, 한 주간 동안 미국 병사가 2백 명밖에 안 죽었다고 주장하는 「뉴욕타임스」(The New York Times)의 머릿기사를 보고 기뻐했을 수도 있다. 5천 명의 베트콩이 박살 나고 전멸당한 일을 기뻐했을 수도 있다. 하지만 주 예수님이 보시기에 그들은 단순한 통계숫자가 아니라 인간이다. 아군이든 적군이든 그들 가운데 한 사람이라도 불길에 휩싸여 하늘을 향해 울부짖을 때 우리는 모두 통곡하고 부끄러워해야 한다.

비폭력 저항의 원칙과 그 원칙에 의미를 부여하는 하나님 안에 어떤 진리가 담겨 있든, 그것은 지나치게 이상적이고 유치하며 정치적으로 무의미하다고 말하는 사람들이 있을 것이다. 지구 종말의 핵전쟁 가능성 앞에서 비폭력 저항은 설 자리가 없다.

그러나 그리스도인들에게는, 개인적인 행동과 마찬가지로 정치적 영역에서도 다른 누군가가 자신을 대신해서 어떤 결정을 내리도록 허락할 자유는 없다. 다른 모든 사람이 우리보다 먼저 옳은 일을 할 때까지 그 일을 미룰 자유도 없다. 우리가 대중의 의지나 군사적 태도를 바꾸려고 시도할 것인지 말 것인지는 중요하지 않다. 중요한 것은 철저하게 자신을 내려놓을 것인가, 다시 말해 그리스도의 몸의 지체들로서 성령에 따라 행동할 것인가 말 것인가의 문제다. 그 결정에 대중의 도움은 필요하지 않다.

진짜 문제는 이런 것이리라. 어쩌면—사실은 필연적으로—우리는 그리스도인으로서 살아남을 길이 없는 상황에 부딪칠 가능성이 있지 않을까? 우리는 구원에 이르는 고통의 절대적인 능력을 믿는가? 지금 막강한 힘을 휘두르는 비인간적 태도에 영적으로 저항하기 위해 기꺼이 일하며 고난을 겪고, 죽음을 각오하는 깊은 신앙의 사람들이 충분한가?

다행히도, 십자가는 하나님께서 당신의 백성에게 주시는 마지막 말씀이 아니다. 우리 그리스도인의 삶은 갈보리를 넘어 부활을 바라본다. 하나님의 광채가 구석구석 스며든 부활하신 그리스도의 인성은, 우리 모두가 부르심 받은 목표를 눈부신 거울처럼 비추어 보도록 해준다. 우리 형제이신 그리스도의 운명이 곧 우리의 운명이다. 우리가 그분과 함께 고난을 겪는다면, 그분과 함께 영광을 누릴 것이다. 방식은 언제나 동일하다. 오직 죽음을 통해서만 생명에 이를 수 있고, 오직 어둠을 통해서만 빛에 이를 수 있다. 밀알은 땅에 떨어져 죽어야 한다. 요나는 고래 뱃

속에 삼켜져야만 했다.

　사순절이 돌아오면, 주님의 은혜를 입은 우리의 신앙도 사도 도마처럼 고백해야 한다. "예루살렘으로 가서 그분과 함께 죽읍시다."

6
투명한 제자

얼마 전 미국의 대도시 빈민가에 재키라는 소녀가 살고 있었다. 소녀는 자기 아버지에 대해 아는 것이 전혀 없었다. 아버지는 어머니와 결혼한 적도 없었다. 재키는 어머니와 함께 살았지만 어머니의 사랑을 받아 본 적이 없었다. 어머니는 성미가 사납고 잔인하며 막돼먹은 사람이었다. 재키는 잠깐씩 찾아와서 머물다 가는 이른바 삼촌이라는 여러 사람들에 대한 진실도 그리 오래지 않아 알게 되었다.

고통과 불만으로 둘러싸인 이런 밀림 같은 환경 속에 자라면서, 재키는 재빨리 자신을 방어할 단단한 껍질을 만들었다. 그 껍질의 바깥은, 자신이 얻을 수 있는 것을 노리거나 방해가 되는 사람이면 누구든지 짓밟아 버리는 비정한 사람들의 세계였다.

재키는 십대가 되자 남자들의 관심을 끌게 되었다. 하지만 그 관심이라는 것은 그저 골치 아픈 문젯거리일 뿐이었다. 재키는 단순히 물건처럼 재미를 보는 대상에 지나지 않았다. 그들은 재키를 '일회용 화장지'라고 불렀으며, 써먹고는 내던져 버렸다. 재키는 자신이 살아남는 길은 세상이 자신을 차지하기 전에 자신이 먼저 세상을 차지하는 길뿐이라고 느꼈다. 그래서 귀를 막고, 관계를 끊어 버리고, 자신을 닫아 버렸다.

그러던 어느 여름 날, 정말 우연히도 사회복지 현장실습을 나온 젊은 대학원생을 만났다. 그 학생의 성장배경은 재키와 너무 달랐다. 그는 사랑과 이해와 신뢰 속에서 자란 사람이었다. 그는 자신이 이룩한 것 때문이 아니라, 있는 그대로의 자신을 소중히 여기는 안정된 사람이었다. 피터는 따뜻하고 사랑이 많은 사람이었다.

그가 처음 재키를 만났을 때 친근한 웃음을 보이며 인사를 했지만, 재키는 "뭘 봐? 죽여 버린다"는 눈길로 응답했다. 그래도 피터는 물러서지 않았다. 그는 매일 계속해서 재키에게 인사를 건넸다. 처음에 재키는 비웃음을 보냈지만, 조금씩 피터의 따뜻하고 열린 마음이 재키의 껍질 속을 파고들어 갔다. 어느 날 재키는 큰 용기를 내어 고개를 한번 끄떡해 보였고, 어느 날에는 중얼거리듯 "안녕" 하고 인사를 했다. 재키는 피터의 수법이 조금 더 세련되었을 뿐, 그 역시 자신이 아는 다른 모든 남자들과 똑같은 부류일 거라고 생각했다. 하지만 그는 정말로 아무것도 요구하지 않는 동정과 연민의 열린 마음으로 손을 내미는 선한 사람이었다. 재키는 피터가 자신에게, 있는 그대로의 자신에게 솔직한 관심을 가지고 있음을 믿을 수가 없었다. 그러나 재키는 그것이 사실이기를 바라는 희망을 갖기 시작했다.

놀라운 변화가 일어나기 시작했다. 먼저 상스러운 말투가 바뀌었고, 다음으로 인격의 모습에 대한 관심이 생겨나기 시작했다. 머리에 빗질을 하고, 세수를 하고, 깨끗한 옷을 입는 것 같은 외적인 모습이 아니라 새로운 내면의 빛이 모습을 드러내기 시작한 것이다. 재키는 한 인격체로서 피어나고 있었다. 그것은 모두 피터의 사랑으로 일어나는 일이었다. 그는 사회복지사의 역할에 그치지 않고 깊은 관심으로 재키를 돌보았으며, 자신을 모두 내어 주었다. 재키는 피터가 보여 주는 우정의 선물에 신뢰의 태도로 응답하고 싶은 마음이 생겼지만, 그것은 무척 고통스러운 과정이었다. 마침내 재키는 이제까지 자신이 지니고 있던 모든 낡은 믿음과 의심을 버려야 한다는 것을 깨달았다.

그야말로 실제적인 의미에서, 재키는 옛 자아에 대해 죽었다. 가면, 겉으로 꾸민 모습, 뒤로 감추고 있던 앞모습, 이 모든 것이 산산이 부서졌다. 그해 여름이 끝날 무렵, 피터는 자신의 사랑을 고백함으로써 더욱 앞으로 나아갔다. 이제 재키는 벼랑 끝에 서게 되었다. 만일 재키가 피터에 대한 자신의 사랑을 인정한다면, 거부당할 위험에 스스로 노출되고 말 것이다. (이미 이런 일은 수도 없이 겪었다.) 하지만 고통스러운 갈등 끝에 재키는 한 발짝 내딛었고 신뢰 가운데 마음을 내맡겼다. 그녀는 모든 것을 버린 것 같았지만 그것 때문에 더 큰 풍요로움을 느꼈다. 그녀는 새 사람이 되었다.

재키와 피터의 이 이야기는 어떤 의미에서 우리 자신과 예수 그리스도의 인격적 관계에 대한 이야기일 수도 있다. 사람을 끄는 힘은 주님의 아름다움과 매력, 인격적인 흡인력, 창조주이신 그분의 압도하는 권능에 뿌리를 둔다. 그분의 말씀은 다른 이들의 말과 다르다.

"사람이 친구를 위하여 자기 목숨을 버리면 이보다 더 큰 사랑이 없나니.⋯⋯너희를 친구라 하였노니.⋯⋯나의 사랑 안에 거하라.⋯⋯ 내가 이것을 너희에게 이름은 내 기쁨이 너희 안에 있어 너희 기쁨을 충만하게 하려 함이니라.……나의 평안을 너희에게 주노라.……너희는 마음에 근심하지 말라. 하나님을 믿으니 또 나를 믿으라.……내가 너희를 위하여 거처를 예비하러 가노니 가서 너희를 위하여 거처를 예비하면 내가 다시 와서 너희를 내게로 영접하여 나 있는 곳에 너희도 있게 하리라." (나는 지금 듣지 못하는 찰리라는 사람을 생각한다. 그는 죽음을 맞는 순간에 이렇게 말했다. "생전 처음으로 누군가가 다가오는 소리가 들립니다.") 예수님은 말씀하신다. "너희가 나를 택한 것이 아니요 내가 너희를 택하여 세웠나니"(요 15:16). 이 얼마나 놀라운 선언인가! 세상 어느 거대종교의 신이, 이처럼 엄청난 온유하심과, 믿을 수 없는 친밀감과, 흔들리지 않는 확신과, 매혹적인 권능으로 말한 적이 있는가!

우리는 자신이 오랫동안 지녀왔으면서도 스스로 다 깨닫지 못하는 필요와 갈망에 대해 예수께서 응답하심을 볼 수 있다. 예수님은 우리의 가장 깊은 존재에 말씀하시고, 필요한 것을 주시며, 갈망을 채워 주신다. 그분 안에서 어두운 곳에 빛이 비치고, 불확실한 것이 확실한 것 앞에 물러나며, 깊은 안정 앞에서 불안은 사라진다. 우리를 당황케 하던 많은 것들이 그분 안에서 이해가 된다. 예수님과의 만남 때문에 전에는 결코 볼 수 없었던 가능성을 깨달으며, 바로 이분이 그동안 우리가 찾던 바로 그분임을 알게 된다.

재키의 경우처럼, 이 깨달음에는 위험과 염려가 따른다. 우리는 결정의 순간에 벼랑 끝에 서 있음을 알게 되며, 그것을 피하거나 미루는 것 역시 일종의 결정이라는 사실을 안다. 또한 이 만남 이후로 우리의 삶이 결코 예전과 같을 수 없다는 사실도 알게 된다.

프랜시스 톰슨(Francis Thompson)이 말한 것처럼, 엄청난 사랑(the Tremendous Lover)이 우리를 뒤쫓아 왔으며, 그분은 우리에게 자신을 남김없이 선포하셨다. "아버지께서 나를 사랑하신 것같이 나도 너희를 사랑하였으니 나의 사랑 안에 거하라"(요 15:9).

우리가 응답하는 그만큼, 포기하는 그만큼, 도약하는 그만큼, "나를 향하신 예수 그리스도의 사랑을 믿습니다" 하고 외치는 그만큼, 우리의 삶은 바뀐다. 재키의 경우처럼, 우리는 다른 태도와 생각으로 다르게 행동하는 사람이 된다. 예수님과 새로운 관계 속에서 인격적으로 깊이 소통하고 긴밀한 우정을 나누며 참 제자로 살아가게 된다. 이 사랑이 커지면서 우리의 삶은 힘차게 바뀌어 간다. '그리스도인'이 되어 가는 과정, 곧 바울이 "그리스도의 장성한 분량이 충만한 데까지 이른다"고 표현한 그 상태에 있는 것이다.

그리스도인의 이러한 성장을 더욱 깊이 이해하기 위해 바울의 편지들을 좀 더 깊이 살펴보기로 하자.

바울의 서신을 읽어 나가기가 좀 어려웠을 수도 있다. 사도 바울이 편지를 쓴 것은 에베소에서 벌어지는 운동경기나 갈라디아의 날씨에 대해 이야기하려는 것이 아니었다. 바울은 열정적인 사람으로서, 자기 내면에 있는 생명의 핵심을 편지에 쏟아부었다. 그는 천부적으로 풍부하고 활기찬 정신을 소유했으며, 그 정신은 기민하고도 예리했다. 글을 쓸 때는 펜보다도 마음이 앞서 달려나갔다. 그의 언어는 흐름이 너무도 풍부하여 때로는 서로 어긋나는 방향에서 접근하는 경우도 있었다. 그는 수백 가지 일을 동시에 생각했다. 동떨어진 대목을 불쑥 집어넣기도 하고 생략된 문장을 말하기도 하면서, 느닷없이 주제를 벗어나기도 했다. 하지만 바울이 복음의 진리에 대한 열정적인 확신과 예수께 대한 온전한 인격적 헌신을 전할 때, 그러한 불일치는 그 아래에 합해져 하나가 된다.

바울은 같은 말을 자주 반복한다. "그리스도 안에서"라는 문장은 바울의 열네 편지에 164번 나온다. 성경학자들은 바울이 기록한 성경은 "그리스도 안에서"라는 이 두 단어로 요약할 수 있다고 말한다. 이것은 바울 생각의 핵심이며, 가르침의 요약이다. 그러나 "하나님의 축복을" 혹은 "신앙을 지키라" "행운을 기원한다"는 말들처럼 그것 역시 참된 뜻이 빠진 상투적인 말이 되기 십상이다. 자주 사용되는 모든 것들이 그렇듯이 말도 곧 그 가치가 줄어든다. 칼을 계속 쓰면 날이 무디어지듯, 말도 반복함으로써 뜻이 무디어지고 날카로움을 잃으며 우리 마음에 깊이 와 닿지 못하게 되는 것이다.

바울에게 "그리스도 안에서"라는 말은 그저 관습에 따라 편지에 서명하는 상투어가 아니었다. 그것은 시대의 의미였고, 역사의 초점이었다. 그 말 속에는 우주에 대한 설명이 담겨 있다. 바울은 하나님께서 그리스도를 위해 세상과 그 안에 있는 모든 것을 창조하셨다고 말한다. 아버지는 오직 그리스도 안에서만 세상을 사랑하시고, 세상은 오직 그리스도를 통해서만 아버지의 사랑으로 돌아온다. 그리스도는 현실의 중심이며, 현실이 존재하는 원인이시다. 바울은 골로새서 1:16에서 이렇게 말한다. 그리스도 안에서 "만물이 그에게서 창조되되 하늘과 땅에서……만물이 다 그로 말미암고 그를 위하여 창조되었고."

당신이 "나는 어째서 이 지구라는 행성 위를 거닐고 있으며, 나는 왜 존재하는가?"를 스스로 묻는다면, 바울은 이렇게 말할 것이다. "당신은 이렇게 대답해야 한다. 그리스도를 위해서라고." 천사들에게 묻는다면, 그들은 분명 나사렛의 목수를 가리키며 똑같이 답할 것이다. "우리는 그리스도를 위해 존재한다." 온 우주가 갑자기 말을 하게 된다면, 북쪽에서 남쪽까지, 동쪽에서 서쪽까지 입을 모아 외칠 것이다. "우리는 그리스도를 위해 존재한다." 바다와 사막이 그리스도라는 이름을 발하며, 후두둑 떨어지는 빗소리가 그 이름을 소리내어 말할 것이다. 번개는 하늘에 그 이름을 쓸 것이다. 폭풍우가 "예수 그리스도"라는 이름을 울려 대면 산들이 그에 응답하리라. 핵폭발로 작렬하는 태양은 빛으로 이렇게 선포할 것이다. "우주에 충만하신 그리스도, 그분은 길이요 진리요 생명이시며, 풀리지 않는 존재의 수수께끼인 아버지를 보여 주는 비유이시다."

이것이 창조에 관한 바울의 '그리스도 중심' 개념이다. 그리스도의 삶은 도서관에서 읽히기를 기다리는 책이 아니다. 그것은 그분이 숨 쉬던 공기였고 그분이 이 세상에서 생존했던 자리였다. 사도 바울은 빌립보서 1:21에서 이렇게 외친다. "내게 사는 것이 그리스도니……." 갈라디아서 2:20에서는 "이제는 내가 사는 것이 아니요 오직 내 안에 그리스도께서 사시는 것이라." 그리고 로마서 8:35에서는 "누가 우리를 그리스도의 사랑에서 끊으리요. 환난이나 곤고나 박해나 기근이나 적신이나 위험이나 칼이랴" 하고 외친다. 또 골로새서 2:6에서는 "너희가 그리스도 예수를 주로 받았으니 그 안에서 행하(라)"고 말한다. 우리는 그분 안에서 살고 움직이며 우리의 존재 의미를 갖는다. 그리스도 바깥에는 생명이 없다. 오직 그리스도 안에서 우리는 아버지께 나아가며, 오직 그리스도 안에서 아들과 딸이고, 오직 그리스도 안에서 그 나라를 물려받으며, 오직 그리스도 안에서 하나님의 생명으로 살아간다.

그렇다면 이것이 우리가 그리스도의 장성한 분량이 충만한 데까지 이르는 것에 어떤 의미를 가질까? 고린도후서 5:17에서 바울은 이렇게 말한다. "누구든지 그리스도 안에 있으면 새로운 피조물이라. 이전 것은 지나갔으니 보라, 새것이 되었도다."

바울이 말하는 새로운 피조물이란, 내적인 자아가 전적으로 새롭게 되는 것이며 정신과 마음이 완전히 바뀌는 것이다. 그것은 단순히 물로 세례를 받아 이루어지는 소극적인 연합을 훨씬 뛰어넘는 의미였다. 바울이 빌립보 교인들에게 언급한 것처럼 "그리스도 안에" 있다는 것은, 우리 안에 그리스도 예수의 정신을 간직하는 것이다. 그리스도처럼 생각하는 것이며, 그리스도께서 가지신 이상을 갖는 것이다. 그리스도의 마음에 충만했던 열망에 넘쳐 전율하는 것이고, 사람과 사건, 환경에 대한 우리의 모든 본능적인 반응들이 차지하고 있던 자리를 예수 그리스도께 대한 응답으로 채우는 것이다. 한마디로 그리스도 중심의 삶은 예수의 마음 안에서 사는 것이고, 그분이 좋아하는 것을 함께 좋아하고 싫어하는 것을 함께 싫어하는 것이다. 그분과 같은 관심과 애정과 태도를 가지며, 그분의 긍휼하신 사랑을 모든 것의 동기로 삼는 것을 뜻한다. 그것은 예수 그리스도의 사고방식을 철저하게 자신의 것으로 삼아, 진정으로 "내가 사는 것이 아니요 오직 내 안에 그리스도께서 사시는 것"이 되도록 하는 것을 뜻한다.

성령님은 아시시 마을 출신의 프란체스코라는 제자에게서 바로 이러한 승리를 거두셨다. 언젠가 로마노 구아르디니(Romano Guardini)는 이렇게 말했다. "프란체스코는 자신의 인격 속에 예수 그리스도께서 맑게 들여다보이게 함으로써, 당시 사람들에게 '움브리아(Umbria, 아시시가 속한 이탈리아 중부 지역-옮긴이)의 그리스도'라고 불렸다." 어째서 그 많은 경건하고 행실 바른 기독교인들의 인격이 그토록 투명하지 못한 것일까? 어째서 우리는, 어느 나이든 법률가가 요한 비안네(Jean M. Vianney, 프랑스의 시골 본당 신부. 평범하고 겸손하게 살면서 깊은 신비를 체험하여 많은 사람을 하나님께로 인도했음-옮긴이)를 두고 "오늘 내게 놀라운 일이 일어났다. 나는 한 사람에게서 그리스도를 보았다!"고 한 것과 같은 말을 별로 듣지 못하는 것인가? 어째서 우리 인격에서는 주님의 사랑의 광채가 흘러나오지 않는 것일까? 어째서 우리는 노어 웹스터(Noah Webster)의 정의대로 "맑거나 속이 환히 들여다보이지" 않는 것일까? 어째서 우리는 일하고 웃고 울고 놀고 사랑하시는 예수님이 들여다보이는 창문이 되지 못하는 것일까? 어째서 우리는 투명한 제자가 되지 못하는 것일까?

물론, 많은 그리스도인들이 나름의 투명함을 지니고 있다. UPS의 한 흑인 운전기사가 생각난다. 그는 어느 날 우리 집에 트럭을 몰고 와서 로슬린과 내게, 세 살짜리 자기 아들이 물에 빠진 일과 예수께 대한 사랑과 자신이 트럭 안에서 어떻게 기도했는지 눈물을 흘리며 이야기했다. 그리고 세인트루이스의 한 치과의사도 생각난다. 그는 모든 사람을 자기보다 더 낫게 여기며 예수의 마음에 더 가까이 다가간 사람들로 대한다. 롱아일랜드의 한 부부도 기억나는데, 그들이 자신들의 지나간 죄를 모두 털어놓고 구원하시는 하나님의 자비로운 사랑을 간증할 때, 나와 로슬린은 그 겸손한 태도에 할 말을 잃었다. 그러므로 우리 삶 속에서 성령께서 거두시는 크고 작은 승리를 부정하지도 축소하지도 말고, 그리스도의 장성한 분량이 충만한 데까지 이르는 일에 대한 바울의 통찰을 좀 더 살펴보자.

로마서 6:11에서 바울은, 우리가 세례를 통해 그리스도와 연합되고 그분과 하나가 되었다고 말한다. "너희도 너희 자신을 죄에 대하여는 죽은 자요 그리스도 **예수 안**에서 하나님께 대하여는 산 자로 여길지어다." 이러한 연합 덕분에 예수님이 하신 모든 일은, 문자 그대로 우리가 행하면서 산 것처럼 우리의 일이 된다. 고난과 죽음, 부활을 통해 그리스도께서는 우리에게 그 자신의 영을 주시고, 우리의 삶을 자신의 삶과 하나되게 하는 권능을 얻으셨다.

그러므로 먹고 마시고 잠자고 일하는 우리의 모든 행위는, 잠재적으로 그분의 행위다. 그러나 이러한 잠재적 행동은 실제 행동으로 실현되어야 한다. 일상생활 속의 의미 없고 깊이 없으며, 신앙적이지 못한 사건들 속을 생각 없이 떠다녀서는 안 된다. 대신에 의지와 지성과 상상력을 동원한 창조적인 행위로써 그리스도와의 소극적인 연합을 적극적인 연합으로 바꿀 수 있어야 한다. 어떻게 그것이 가능한가?

예수께서 사셨던 삶을 연구하고 그것을 자신의 삶과 연결시킨다. 또한 복음서들을 깊이 읽되, 그 안의 여러 장면들을 역사상 사건으로만 생각하지 않고 우리 일상의 체험 안에서 되풀이되는 현재의 사건으로 바라본다. 이렇게 함으로써 그것이 가능하다. 무미건조하고 지치고 실패의 좌절감에 짓눌려 있는가? 그렇다면 그런 기분을, 어느 날 우리와 똑같은 마음으로 사마리아 우물가에 지쳐 앉아 계시던 예수님의 기분과 금세 연결 지을 수 있다. 피곤에 지친 예수님을 곧장 나의 좌절 안으로 모실 수 있다. "주님, 실컷 얻어맞고 녹초가 된, 온전히 주님의 것인 제가 여기 있습니다."

친구에게 억울하게 비난받고, 거절당하고, 배반당했는가? 그렇다면 나는 똑같은 일을 당하신 예수님의 삶으로 다가가 그분과 똑같이 대응할 것이다. 그분의 영의 권능이 나의 영 안으로 들어오고, 〔내 안에〕 성령님이 강림하신 목적이 이루어진다. 그것은 초월적인 체험이 정점에 다다르는 순간이 아니라, 매일의 삶의 본질 속에서 그리스도께서 내 안에 형성되시는 것이다. 침대에서 꼼짝없이 앓아누운 채 구역질을 참으며 고통에 시달리면서 전혀 기도할 수 없는 상태에 빠졌다면, 오직 내가 할 수 있는 일이란 "친구이신 주님, 이것은 당신의 것입니다" 하고 속삭이는 일뿐이다. 그러면 그때부터 거기에는 내가 아닌 바로 예수 그리스도께서 누워 계시는 것이다. 예수께서 잠이 드셨다. 나는 내 잠을 예수님의 잠과 하나가 되게 할 수 있다. 뉴올리언스에서 시끄럽게 떠들면서 케이즌식 바비큐 파티를 벌이고 있다면, 나는 사람들과 함께 이렇게 외친다. "좋은 시절아, 계속되어라!" 그런 시간을 누릴 수 있다면, 그 좋은 시간을 가나의 잔치에서 넉넉한 포도주를 만드셔서 잔치를 계속 이어 가게 하신 예수님과 연결 지을 것이다. (그리고 예수님의 결정적인 대답을 모든 엄격한 교인들에게 들려주라. 그들은 재미있는 놀이에 인상을 찌푸리고, 디즈니랜드에서 악마를 찾아내려 하며, 세계박람회가 세속적인 인본주의를 높이 기린다고 꾸짖는다.)

　이처럼 섬세하고 신비로운 일을 계속함으로써, 그리스도의 체험을 내 체험 안으로 가져오고 내 체험을 그분의 체험과 하나되게 할 수 있다. 예수님을 기계적으로 모방하라는 말이 아니다. 그것은 가능하지도 않다. 우리는 그분을 흉내 냄으로써가 아니라 빌립보서 2:5-7에 기록된 방법으로 그리스도 안에서 살아가는 것이다. "너희 안에 이 마음을 품으라. 곧 그리스도 예수의 마음이니 그는……자기를 비어 종의 형체를 가지사……." 모방은 행동 하나하나에 대한 문제일 뿐이지만, 예수님같이 되는 것은 우리 모든 행위의 뿌리이며, 우리의 습관적인 판단과 결정의 원칙에까지 영향을 끼친다.

　복음서에 나오는 혈루병을 앓던 여인의 이야기를 생각해 보라. 그리스도의 옷자락 끄트머리에 손을 대기만 했는데도 병이 나았다. 예수께서 "내게 손을 댄 자가 누구냐?" 하고 물으시자 베드로가 놀라 말했다. "손을 대다니요? 사방에서 사람들에 밀리신 것이지요." 하지만 예수님은 단언하셨다. "내게서 능력이 나간 것이 분명하다." 그 순간 예수님과 몸이 닿은 많은 사람들 가운데 이 여인만이 믿음을 가지고 예수님께 손을 댔다. 그분 안에서 하나님의 권능이 흘러나오기에 충분한 믿음 말이다.

　세례로 예수 그리스도와 하나된 우리와 그분의 접촉은 이보다 훨씬 밀접하다. 우리는 이 접촉에서 '현재라는 이 순간에 이루어지는 성찬식'에 참여하는 가능성, 곧 우리의 가장 세속적인 체험까지도 그리스도의 체험으로 바꾸는 가능성을 얻는다. 하지만 우리는 믿음을 통해 그 접촉을 현실로 만들어야 한다. 예수께서 하실 수 있다는 강한 믿음이 우리 삶 속으로 흘러 들어와, 우리의 인간적 자아가 아니라 영적 자아로 움직이고 응답할 힘을 준다. 그러나 먼저 그러한 변화를 강하게 **열망해야** 한다. 우리가 그리스도 **안**에서 살고자 할 때 비로소 우리의 행동은 그분의 행동이 된다. 인간의 의지력을 말하는 것이 아니라, 자기중심적인 생각과 변덕과 게으름을 뛰어넘을 힘을 주시는 성령께 대한 근원적인 의존을 말하는 것이다. 은총이 필요치 않은 펠라기우스(Pelagius, 원죄를 부정하고 인간의 자유의지를 강조함-옮긴이)의 사고방식도 아니고, 찰스 아틀라스(Charles Atlas, 미국에서 크게 성공한 입지전적 인물-옮긴이) 같은 그리스도인도 아니며, 호레이셔 앨저(Horatio Alger, 독립심과 근면으로 성공을 거둘 수 있다는 생각을 주장함-옮긴이)처럼 스스로 성자가 된 전설적인 인물을 말하는 것도 아니다. 트라피스트 수도회 회원이면서 정신분석가인 어느 수사가 유대인 젊은이한테 질문을 받았다. "제가 어찌하면 성인이 되겠습니까?" 수사는 "그렇게 되겠다는 의지를 가지라"고 대답했다.

　성령님은 우리의 정신을 지혜로 밝혀 주며, 어디에서든 그리스도와 함께하는 사람이 되기를 선택할 수 있도록 마음을 북돋아 주신다. 물론 우리는 실패를 거듭한다. 우리는 그리스도를 배제하고 사물을 홀로 즐기며, 작은 기쁨과 슬픔을 혼자 끌어안으려는 경향이 있다. 그러나 매일의 기도와 훈련을 통해 그리스도의 장성한 분량이 충만한 데까지 이름으로써, 우리를 뒤흔들고 좌절하게 하는 일상의 사소하고 작은 문제들의 힘을 없앨 수 있다.

　그리스도인의 인격적 변화는 속속들이 간파할 수 없는 신비이지만 신약성경은 변화의 효과를 분명하게 설명하고 있다. 실은 너무 분명하게 설명하고 있기 때문에 우리는 오히려 그것을 불분명하게 만들려고 한다. 요점은 이러하다. 투명한 그리스도인은 예수를 닮아 가며, 생각하고 말하고 행하는 모든 것이 그분의 긍휼하심에 따라 사랑하는 사랑의 전문가라는 사실이다. 바울이 이러한 인격적 변화를 어떤 말로 설명하든—그리스도를 옷 입는 것, 그리스도 안에서 사는 것, 그리스도께서 그리스도인 안에서 사시는 것, 성령 안에서의 삶—그 모두는 우리의 인격적 삶과 가치관과 습관과 태도의 혁명적 변화를 가리킨다. 우리가 이러한 그리스도인의 사랑에 충실하다면, 그로 인해 죽거나 가난해지거나 모욕을 당할 수 있다. 그러나 더욱 분명한 것은, 이 세상의 좋은 것들 가운데 어떤 것은 잃게 된다는 사실이다. 예수께서 어느 경우든 중요하지 않다는 것을 보여 주려고 그토록 애를 쓰신 것들 말이다.

바울이 164번이나 말한 **그리스도 안에서의** 삶이란 바로 이런 의미다. 그리고 우리의 삶은, 당신과 나의 삶은, 이처럼 차원 높은 사랑의 바탕 위에서 펼쳐질 수 있다. 그것이 비록 우리 안에 잠자고 있을 수도 있지만, 거기에는 능력이 머물고 계시기 때문이다. 그 능력은 우리의 모든 생각과 느낌과 열정과 감정이, 우리의 영적 자아와 **그리스도 안에서의** 삶에 대한 충만한 표현이 되게 한다. 우리의 마음 안에는 자아를 단일하게 통합해 주는 권능이 존재한다. 그러므로 우리가 가진 모든 것과 우리의 존재는 오로지 하나의 인격, 곧 우리 안에 살며 사랑하시는 예수 그리스도의 인격이 된다.

누군가가 이렇게 따질 수도 있을 것이다. "아주 듣기 좋은 말이다. 하지만 내게는 해당하지 않아. 그것은 나같이 평범한 사람과는 무관한, 성인처럼 살라는 이야기지." 그러나 바울의 대답은 오로지 이것뿐이다. "산다는 것은 바로 이런 것이다."

예수께서 온전한 인간이셨으므로 우리도 온전한 인간으로 살아야 한다. 그리스도 안에서의 삶을 매우 무미건조한 것으로 여기는 사람에게도, 이 세상을 초월한 즐거운 삶으로 바라보는 사람에게도, 요한복음 2장에 묘사된 성전을 깨끗하게 하시는 장면은 당혹스럽다. 이 장면에서 우리는 회피할 수 없는 성난 구주의 모습을 대하게 된다. "네 이웃을 일흔 번씩 일곱 번 용서하라"고 하신 관대한 예수님이, "나는 마음이 온유하고 겸손하니 나의 멍에를 메고 내게 배우라"고 하신 온유한 하나님의 어린양이, 손수 만든 채찍을 들고 성전을 휘젓고 다니면서 탁자와 의자를 둘러 엎고 상인들에게 채찍을 휘두르며 꾸짖으신다. "이곳에서 나가라! 이곳은 장사판이 아니다! 성스러운 이곳을 슈퍼마켓으로 만들지 말라!"

이것은 예수께서 완전히 폭발해 버리셨음을 완곡하게 표현한 것이다. 타오르는 분노, 솟구치는 노여움이라고 하는 것이 더 정확한 표현일 것이다. 두려움과 마찬가지로, 사랑과 미움과 분노는 모두 인간의 본성상 기본적이고 필요한 감정이다. 하나님께서 영원의 장막을 젖히고 인간 예수를 통해 인간의 역사 안으로 들어오셨다. 예수님은 가장 말단의 즐거움과 고통까지도 포함한 인간의 조건을 온전히 받아들이셨다. 말씀이 육신이 되신 것이다. 그분은 진정으로 우리 가운데 한 사람이셨다. 예수님은 진정으로 스테인드글라스 속의 인물도, 엽서에 그려진 파스텔화의 얼굴도 아니다.

복음서가 그리는 예수님은 그분의 감정에 매우 민감하신 분이다. 감정을 감추지 않고 표현하시는 분이다. 우리는 누가복음에서 예수께서 바리새인 시몬의 집에 가셨을 때 무례함 때문에 몹시 기분이 상해서 이렇게 말씀하시는 것을 보게 된다. "시몬아, 내가 네 집에 들어올 때 너는 인사조차 하지 않았다." 마가복음에서 그분의 머리에 향유를 부은 여인의 마음에 깊이 감동하신 예수께서 그녀를 보며 이렇게 말씀하신다. "온 천하에 어디서든지 복음이 전파되는 곳에는 이 여자가 행한 일도 말하여 그를 기억하리라."

다소 걸림돌로 받아들일 수도 있겠지만, 복음서의 예수님은 우리의 감사할 줄 모르는 점만 제외하고는 모든 점에서 우리와 똑같은 인간이시다. 죄 많은 여인의 눈물에서 위로를 받으신 분, 분노와 혼란과 피곤함을 체험하신 분이다. 당신 백성들이 마시는 포도주를 마시며 결혼축가를 부르신 분이다. 예수님은 참으로 많은 방법과 징표로, 당신이 온전히 인간이시고 예민한 인간의 마음을 가지셨으며, 인간으로 여김받기를 간절히 바라고 계심을 보여 주셨다.

이러한 예수님의 인간성에 대해 별로 언급하지 않는 기독교 단체들도 있다. 예수께서 그들에게 물으셨다. "너희는 내가 누구라고 생각하느냐?" 그들은 이렇게 대답했다. "주님은 우리의 존재 토대의 종말론적 현현이시며, 우리의 인격적 관계의 궁극적 의미를 찾아야 하는 하나님의 선포이십니다." 예수께서 그들에게 말씀하셨다. "뭐라고?"

오늘날의 진정한 위기는, 양날을 가진 검이신 예수님이 한 줌의 신기함으로 변해 버렸다는 것이다. 도로시 세이어즈(Dorothy Sayers)는 이렇게 말했다.

예수님을 십자가에 못박은 사람들은 결코 그분을 따분한 분이라고 고발한 적이 없다. 오히려 그들은 예수님이 지나치게 역동적이어서 위험한 분이라고 생각했다. 그분의 강렬한 인격을 덮어 버리고 하품 나는 따분한 분위기로 그분을 감싼 것은, 그 뒷세대들의 몫이었다. 우리는 유다의 사자 발톱을 적절하게 잘라 버렸으며, 그분에게 '온유하고 부드러운' 분이라는 딱지를 붙였다. 그러고는 창백한 교구사제나 신심 깊은 할머니가 집에서 기르기에 적합한 애완동물이 되라고 권했다. 그러나 예수님은 그분을 아는 사람에게 결코 물에 물 탄 듯한 사람이 되라고 하신 적이 없다. 그들은 예수님이 위험한 횃불 같은 사람이기에 반대했던 것이다. 정말 그랬다. 그분은 불행한 사람, 정직하게 구하는 병자, 하늘 앞에서 겸손한 사람들에게는 인자하셨다. 그러나 존경받는 성직자들은 위선자라 부르며 나무라셨다.……예수님은 죄인들의 잔치에 참석하셨고, 술주정뱅이, 음식이나 탐하는 사람처럼 취급당하셨다.…… 그분은 성난 장사꾼들을 혼내셨으며, 성전 밖으로 내쫓고 물건도 내던지셨다.……예수님은 부와 사회적 지위가 자신들에게 합당하다고 여기는 사람들에게 존경을 표하지 않으셨으며……대충 생각해서는 답할 수 없는 불쾌한 질문들을 던지셨다. 인간으로 사신 예수님은 결코 아둔한 분이 아니셨다.[1]

하나님께서 인간 예수 안에서 자신을 드러내 보이신 사건은 참으로 놀라운 일이지만, 전혀 예상하지 못한 일은 아니다. 이는 구약성경과도 맞아떨어지며 히브리의 예언이 성취된 사건이기도 하다.

하나님은 이사야 54장과 그 이후 호세아 2장에서 자신을 백성의 신랑이며 연인이라고 표현하신다. 이 이미지들은 유대인의 신앙에 깊은 영감을 제공한다. 이 영감을 따르는 현대의 한 성경학자는, 성육신하신 예수의 놀라운 인간다우심은 호세아를 배출한 종교 전통에서는 그리 놀라운 일이 아니라고 말한다.

하나님께서 호세아를 통해 하신 일은 그분 자신에게 성적인 이미지를 부여한 것이었다. 여호와는 아내―그것도 정숙하지 않은 아내―와 함께하는 남편처럼 이스라엘과 친밀한 관계를 맺으신다. 이스라엘은 매춘부였고, 남편에게 신실하지 않았으며, 거짓 신들에게 몸을 팔고 다녔다. 하지만 신부를 향한 여호와의 사랑은 너무도 뜨거워서 신부를 쉽게 포기할 수 없었다. 여호와는 신부의 부정한 짓에도 식지 않는 열망으로 신부를 원하셨다. 그분은 자신을 좌우할 수 있는 힘을 신부에게 허락하셨고, 신부가 창녀가 되었을 때조차도 그 힘은 여호와의 열정을 불러일으켰다. 어느 그리스도인이 말하듯이 "여호와는 당신 신부의 갈고리에 꼼짝없이 걸리셨다." 여호와는 신부를 충분히 누리지 못했으나, 그 열정은 신부의 수많은 배반에도 식을 수 없었다.

성경과 교회 공동체의 성례식은, 인간의 성적 상징이 그분의 백성을 향한 하나님의 정열을 희미하게나마 드러내는 하나의 모방일 뿐이라고 말한다. 인간의 사랑이, 우리가 지닌 최고의 이미지이기는 하지만 하나님의 사랑을 나타내기에는 여전히 부적절하다. 인간의 열망과 모든 감정이 예수 그리스도의 정열적인 갈망과 비교가 되지 않기 때문이다. 그런 이유들로 인해 성인들은 현실에 문을 닫고 말을 얼버무릴 수밖에 없었다. 블레이즈 파스칼(Blaise Pascal)은 1654년 11월 21일, 그 유명한

"불의 밤"(1654년에 마차사고에서 살아나는 기적을 겪은 파스칼은 그해 11월 21일 밤, 은혜의 불을 경험한다―옮긴이)에 대해 한마디 말도 할 수 없었고, 비드 그리피스(Bede Griffiths)도 "예수 그리스도의 사랑은 미지근한 호의가 아니라 태워 버리는 불길이다"라고 말할 수밖에 없었다.

오직 하나님은 사랑이시라는 계시만이, 하나님의 행복하면서도 불합리한 행동과, 그분의 끊임없는 추구를 분명하게 설명할 수 있다. 사랑은 불합리해지려는 경향이 있기 때문이다. 사랑은 상대방이 성실하지 않더라도 여전히 쫓아간다. 성전을 정화하신 복음서 이야기는 사랑이 때로는 질투와 분노의 꽃을 피운다는 것을 보여 준다. 예수님의 분노는 그분의 깊은 관심과 그분의 형제자매들이 아바 하나님과 올바른 관계를 갖게 하려는 간절한 개입임을 드러낸다.

당신은 만군의 하나님의 율법이, 그리고 인자(人子)의 복음이 그토록 혁명적 계시인 이유를 아는가? 하나님께서 먼저 인간 세상의 언어를 사용하지 않으셨다면, 과연 제정신을 가진 어떤 그리스도인이 감히 하나님께 그런 단어로 말씀을 건넬 수 있겠는가? 우리의 서구식 사고는 다소 차분한 편이다. 셈족의 사고방식을 지닌 유대인들은 사실주의적인 우리 서양 사람들보다 훨씬 더 창조적이고 시적이며, 상상력이 풍부하다. 브루클린 출신의 패디 차예프스키(Paddy Chayefsky)라는 유대인이 쓴 희곡 기드온(Gideon)의 한 장면이 떠오른다.

기드온은 어디인지 분명하지 않은 수천리 떨어진 사막의 자기 천막 안에 있다. 그는 하나님께 버림받고 거부당했다는 생각에 사로잡혀 있다. 어느 날 밤, 하나님께서 천막으로 들어와 당신의 거친 사랑의 불길로 기드온을 유혹하고 홀리고 녹초로 만들어 불태워 버리셨다. 기드온은 밤새도록 잠을 이루지 못하고 천막 안을 이리저리 서성거렸다. 마침내 동이 트고, 기드온은 브루클린 유대인의 억양으로 이렇게 외친다. "하나님, 오 하나님, 밤새도록 저는 그저 당신만을 생각했습니다. 오로지 당신만을. 저는 사랑의 황홀함에 사로잡혀 버렸습니다. 하나님, 당신을 제 천막에 모셔, 꽁꽁 둘러싸 놓고 오로지 제것으로만 삼고 싶습니다. 하나님, 저를 사랑한다고 말씀해 주십시오."

하나님께서 대답하신다. "기드온, 너를 사랑한다."

"네? 다시 한번 말씀해 주십시오."

"기드온, 너를 사랑한다."

기드온은 손으로 머리를 긁는다. "이해할 수가 없습니다. 도대체 당신은 무엇 때문에 나를 사랑하시는 겁니까?"

그러자 이번에는 하나님께서 당신의 머리를 긁으며 말씀하신다. "나도 도대체 이해할 수가 없구나. 기드온, 때로 열정이란 이해할 수 없는 것이란다."

바로 이분이 예수의 하나님이시고 예수 안에서 드러난 하나님이시다. 신학자 버나드 부시(Bernard Bush)는 이렇게 말한다.

우리를 사랑하시지만 벌로써 위협한다는 전형적인 종교의 하나님이 아니라, 자격이 있든 없든 모든 사람을 아끼고 은혜를 내리시는 하나님이시다. 오직 한분이신 하나님, 우리의 행복과 완성을 간절히 바라시는 하나님, 우리가 행복한 것에 대해 죄책감을 느낄 때 슬퍼하시는 하나님,

행복이 지속되지 않을까 두려워할 때 소스라치게 놀라시는 하나님이시다. 하나님에 대한 우리의 인식에는 문제가 있다. 우리가 생각하는 아버지는, '안전한 쪽에 계시는' 하나님, 재앙을 피하는 피신처인 하나님, 우리를 근심과 까닭 모를 두려움의 바다에 이리저리 떠다니도록 조작하고 통제하는 변덕스러운 하나님이시라는 생각 속에 갇혀 계신다.

그러나 예수님은 말씀하신다. "너희가 너희 삶 속에 참 하나님을 맞아들이면 생존의 불안에서 벗어나 큰 자유를 누릴 것이다. 너희 삶의 일상적인 그 어떤 근심도 네 이마를 주름지게 하거나 네 어깨를 짓누르지 않을 것이다. 모욕을 용서하고, 꾸어 달라면 꾸어 주고, 다른 뺨을 내밀며, 매력적인 사람을 탐욕의 마음 없이 바라볼 수 있는 놀라운 자유를 체험할 것이다. 너는 길거리의 주정뱅이 옆을 서둘러 지나쳐 버리지 않을 것이고, 손가락질을 당하는 사람들과 저녁식사 하기를 겁내지 않을 것이다. 불합리한 열정적 사랑의 하나님께 네 자신을 열어 드려라. 온 마음으로 그분을 신뢰하여라."

형제자매들이여, 예수님은 우리의 하나님이시다. 예수님과 그 아버지는 같은 분이시다. 예수님은 보이지 않는 하나님의 형상이시다. 예수님을 어떤 모습으로 바라보는지에 따라 우리의 모든 것이 바뀐다. 유다의 사자를 우리 삶의 주님으로 모시고 마음껏 달리게 해드린다면, 그분은 우리가 가난하고 상처입고 슬퍼하는 것을 원하지 않으실 것이다. 그것을 허락하신다 해도, 그런 상황들을 통해 우리가 좀 더 부유하고 온전하고 행복해지도록 하시기 위해서다. 그것을 우리가 깨달으리라는 사실

또한 그분이 아실 것이다. 참된 예수, 우리의 행복과 성취를 최고의 열망으로 삼으시는 하나님을 당신 삶 안으로 들어오시게 하라. 그러면 그분의 나라로 나아가는 발걸음에 방해가 되는 모든 것을 던져 버리고 싶어질 것이다. 다른 어떤 곳이 아니라 바로 이 맥락에서, 비로소 눈알을 빼어 버리고 팔과 다리를 잘라 버리라는 잔인한 과장법을 이해하게 될 것이다. 예수의 가르침에는 거친 과장이 가득하다. 예수님은 거친 분이시기 때문이다. 그분은 이렇게 말씀하신다. "내 아버지는 너희에게 당신의 나라를 주시기를 기뻐하셨다."

그리스도 안의 삶. 이해하기가 쉽지는 않다. 오직 그런 삶을 살아감으로써만 이해할 수 있을 것이다. 그러므로 어거스틴의 다음과 같은 말은 정확하고 옳다.

내게 사랑하는 사람을 다오. 그는 내가 말하려는 것을 이해할 것이다. 내게 마음의 갈망을 품은 사람을 다오. 그는 피난살이의 고독한 향수를 느낄 수 있을 것이다. 영원한 아버지의 나라를 갈망하고 한숨짓는 사람을 다오. 내게 그런 사람을 다오. 그는 내가 말하려는 것을 이해할 것이다. 하지만 내 자신을 얼음처럼 차고 냉랭한 자에게 설명해야 한다면, 그는 이해하지 못할 것이다.[2]

주 예수님을 향한 간절한 바람과 갈망이 아니라면, 누구도 얼음처럼 차가운 냉랭함으로 이어져 온 이 책을 여기까지 읽을 수 없었을 것이다. 우리 모두를 위한 나의 기도는, 우리가 모든 지식을 뛰어넘는 그분의 사랑을 더욱 충만하게 깨닫고, 어느 날 어느 순간 그리스도의 장성한 분량까지 성장하는 것이다.

7
중심에서 비껴난 삶

나는 종교와 정치의 성스럽지 못한 동맹관계에 회의를 품고 있다. 또한 번쩍거리는 기독교에 대해 개인적으로 못마땅하게 생각한다. 따라서 별반 기대를 품지 않고 워싱턴으로 갔다. 개인적 소득과 정치적 이득을 위해 예수 그리스도를 이용하려는 것은 아닌가? 우리는 그분이 주님이시라는 사실에 대해 입에 발린 말이나 늘어놓으며, 기독교의 표식들이나 주렁주렁 달아놓고, 제자에게 요구되는 것들의 주변만 맴돌면서, 이른바 '착한 신앙인들'이라는 좋은 평판을 공짜로 쌓아 보려는 것은 아닌가?

　나는 진정 선한 사람이 되기보다는 선하게 보이려는 현시대의 유혹에 빠질 수 있는 사람이다. 알코올 중독에 빠져 골방에 처박혀 지낼 때, 나는 거의 항상 술에 취함으로써 다른 사람들의 눈을 잊었다. 공들여 만들어 낸 (입 냄새를 없애는 구강청정제나 충혈된 눈에 넣는 안약과 같은) 일련의 기만과 위장을 통해 초라해진 나의 자아를 감추려고 했다. 나는 상점의 진열장을 쳐다볼 때도 진열된 물건보다도 나 자신의 모습을 살폈다. 술에 취하지 않았을 때도 여전히 나 자신의 모습을 힐끗힐끗 살폈다.

'멋진 사람들'의 부류에 속할 수 있는 임시 회원권을 잃지 않기 위해서 였다. 내 안에 존재하는 이런 사소한 허영을 자각하는 것은 괴로운 일이다. 남부의 소설가 워커 퍼시(Walker Percy)한테서 이런 소리를 듣는다. "당신은 단체사진을 볼 때면 늘 당신 자신부터 찾으려고 하는데 (아마도 남들이 눈치채지 못하게) 왜 그러는 겁니까? 자신의 모습이 어떤지 확인하려는 건가요? 당신 자신의 모습이 어떤지는 알고 있지 않습니까?"

아마도 외모에 대한 관심이 미국의 원죄가 아닌가 싶다. 인조가죽, 모조보석, 인조고기 핫도그, 거짓 광고들도 마찬가지다. 이런 자기기만은 미묘하며, 심지어 잠시 동안은 무해하기까지 하다. 하지만 내면에서는 모든 것이 산산이 무너지는데 겉으로만 선하게 보이도록 모든 것을 꿰어 맞추려는 유혹은 위험하다. 그리스도인이 오랫동안 겉모습을 현실로 받아들이다 보면 진리의 소리가 무엇인지 잊을 수 있다. 그리하여 마침내 우리는 빌라도와 함께 이렇게 질문하게 된다. "진리가 무엇이냐?" 나지안주스의 그레고리(Gregory of Nazianzus)의 기도문 중에 "*esse quam videri*"(겉으로가 아니라 진정한 존재가 되라)는 대목이 생각난다. 아마도 이것이 전자화된 교회, 미디어를 통한 복음 선교, 대통령과 함께 하는 조찬기도회 같은 것들을 내가 회의적으로 바라보는 전체적인 이유일 것이다. 나의 불신은, 내 겉모습과 상점 유리창에 비친 내 거짓 얼굴에 대한 관심에 그 뿌리를 두고 있다.

플로리다 주 상원의원 로튼 차일스가, 텔레비전 카메라와 기자들은 조찬에 참석할 수 없다는 것을 알리면서 기도회가 시작되었다. 그것은 다분히 홍보이론에 따른 것이었다. 빌리 그레이엄 목사가 세계평화와

레이건 대통령을 위해 기도했다. 그는 챌린저호의 비극을 겪는 동안 대통령은 미국 국민들의 목회자였다고 했다. 다음으로 목요일 아침마다 상원의원 여섯 명과 함께 기도모임을 갖고 있는 미 의회 경찰서의 빌 애쉬튼이 예수님과의 인격적 유대관계를 강렬하고도 열정적으로 증거했다. 그 다음으로는 메어리 베스 키스가 나와서 비르기트 닐손과 같은 목소리로 '주를 바라보리라'(We Shall Behold Him)를 불렀다. 마치 대지에서 수증기가 피어오르듯 방 안에는 하나님 임재의 느낌이 충만했다. 그러자 75세 생일을 맞은 대통령이 자신과 그리스도의 인격적 관계에 대해 즉흥적으로 이야기했다. 콜로라도 주 상원의원 윌리엄 암스트롱이 다음과 같이 덧붙였다. "지금까지 로널드 레이건 대통령을 알고 지내 왔지만 오늘 아침처럼 이렇게, 이런 방식과 이런 목소리로 말하는 것을 한 번도 들어 본 일이 없습니다." 레이건은 테레사 수녀에 대해 언급했다. 자신과의 개인적 친분에 대해, 그리고 테레사 수녀의 신앙이 가난한 이들을 위한 하루 18시간의 사역을 어떻게 지탱해 주고 있는지에 대해 이야기했다. 대통령은 나무가 잘리면 그 그루터기에서는 새싹이, 희망의 싹이 자라난다고 말했다.

그는 자신의 인생에 대해 이렇게 말했다. "내가 그랬듯이 여러분도 우리가 역경과 고난으로 나무처럼 잘려 넘어질 때, 하나님께 대한 신뢰에서 희망의 샘이 솟아나는 것을 발견하셨으리라 확신합니다." 그 뒤로 2분 동안 레이건 대통령은 네 번이나 다음 말을 반복했다. "기쁨은 우리에게 주시는 하나님의 선물입니다. 피상적인 기쁨이 아니라 슬픔과 비극을 거쳐 얻어지는 기쁨, 언젠가 우리가 그분과 함께 영원한 평화를 누릴 것이라는 기쁜 말입니다."

　대통령의 말이 끝나고 텍사스에서 온 테너 윈틀리 핍스가 '오, 주님이 오시네'(He is coming)를 노래했다. 나는 국회의사당 연회장에 모인 3,500명의 손님들을 둘러보았다. 대부분의 사람들은 눈을 감고 기도하고 있었다. 이제 기도회의 중심은 귀빈석의 레이건 대통령과 낸시 여사, 부시 부통령과 그 부인, 재무장관 짐 베이커와 부인 수전 베이커, 존 스테니스, 아서 번스, 빌리 그레이엄이 아니라 우리 모두를 불러 모으신 예수 그리스도이셨다. '오, 주님이 오시네'를 찬양하는 핍스의 목소리가 한 옥타브 올라간 고음으로 울려 퍼지자, 청중들은 마치 부활하신 주님의 도착을 기다리듯 문쪽을 바라보았다. 참으로 감동적인 경험이었다. 조찬기도회는 예수를 역사의 주님으로 받들어 찬양하는 기도모임이었다. 나는 겸손하고 감사한 마음으로 문을 나오면서, 마흔 명의 백악관 직원과 상원의원 여섯 명이 모이는 국회의사당에서 매주 피어 오르는 기도와 찬양의 향기를 곰곰이 생각해 보았다. 우리나라의 중요한 국정을 처리하는 방식이 정말 **이렇다면** 어떤 일이 일어날까? 집단이나 개인에게 예수께서 **중심**이시라면 어떻게 될까? 정말 우리가 자신을 그리스도인이라고 부르려면 마땅히 그래야 하지 않겠는가?

　이름만이 아닌 **진정한** 그리스도인이라면, 예수께서 민족과 개인의 삶 모두에 유일한 최고의 중요한 의미를 지니심을 받아들인다. 그들은 예수님이 가장 중요할 뿐 아니라 유일하신 분임을 믿는다. 그분 없이는 인간의 삶과 일에 그 무엇도 의미 없음을 믿는다. 그분 없이는 오래 지속되는 가치란 존재하지 않는다. 그들에게 B.C.(Before Christ)와 A.D.(Anno

Domini, 주님의 해)라는 시대 구분의 기준은 그리스도의 생애가 인간 역사의 중심되는 사건이며, 이 사건에 따라 인류 역사 전체를 평가하고 판단해야 한다는 진리를 담고 있다.

기독교의 진리는 교리가 아니라 사람이다. 예수 그리스도께서 실재하신다는 사실이 기독교가 지닌 모든 희망의 초석이다. 로마노 구아르디니의 글 중에 그리스도인의 삶과 신앙과 행동의 중심은 예수 그리스도시라는 사실을 언급하는 강렬한 대목이 있다.

> 삶과 죽음에 대해 확실한 사실, 너무나 분명해서 모든 것이 거기에 닻을 내리고 있는 사실이란 무엇인가? 그 답은 그리스도의 사랑이다.…… 오직 그리스도의 사랑만이 확실하다. 우리는 하나님의 사랑에 대해서도 말할 수 없다. 결국 우리는 그리스도를 통해서만 하나님께서 우리를 사랑하신다는 것을 알기 때문이다. 그리스도 없이 하나님께서 우리를 사랑하신다는 것을 알았다고 해도, 그 사랑은 냉랭한 사랑일 것이다. 그리고 그 사랑이 고귀하면 고귀할수록 더 많은 것을 요구하는 사랑일 것이다. 오직 그리스도를 통해서만 우리는 하나님의 사랑이 용서하시는 사랑임을 안다.…… 그토록 자주 언급되면서도 부적절하게 말해지던 사실, 곧 예수 그리스도의 마음이 만물의 시작이며 끝이라는 것은 진리다.[1]

예수님은 기독교의 창시자일 뿐 아니라 그 내용이시다. 그분은 기독교의 중심이시다. 그분은 다른 종교의 창시자가 감히 주장하지 못한 방식으로 그 중심이 되신다.

모든 종교는 세 요소, 곧 지적인 요소, 전례의식 또는 성례식 요소, 그리고 인격적인 또는 신비적인 요소를 지닌다. 지적인 요소는 한 종교가 믿는 내용, 곧 교리나 교의를 집약한다. 전례의식 요소는 제사와 예배로 이루어지며, 신비적인 요소는 우리가 경배하는 하나님과의 인격적인 관계다. 기독교에서 예수님은 이 모든 측면의 중심에 서 계신다. 그분은 지적인 요소이시다. 그분이 바로 우리가 믿는 교리이시기 때문이다. 그분은 **계시**이시다. 또 그분은 성례식의 요소이기도 하시다. 교회 공동체가 함께 음식을 나누려고 모일 때 예수님이 바로 그들이 나누는 **성체**(the Eucharist)이시다. 그 외에 다른 성례전들은 시간과 공간 안에 펼쳐진 그분의 몸짓이다. 성 어거스틴이 말했듯이, "오직 그리스도 홀로 세례를 주고, 확인해 주고, 용서하고, 치유하신다." 또한 예수님은 신비적인 삶의 중심이시다. 우리는 그분 안에서 살고 움직이고 존재한다. 예수님을 벗어나서는 하나님과의 인격적인 교제도 신비적인 삶도 없다. 우리는 오직 그리스도 예수 안에서 아바의 자녀들이며, 그리스도 예수 안에서 하나님 나라를 물려받는다. 기독교의 신비주의는 본질적으로 인격적인 관계다. 그 관계의 한편은 사람이고 다른 한편은 예수 안에 계시된 영원한 하나님이시다.

예수님은……기독교의 중심이시다. 그분은 지적이고, 예식적이고, 신비적인 요소의 중심이시기 때문만이 아니라, 나아가 구약에 나오는 하나님의 본래 계시의 중심이시기 때문이기도 하다.…… 첫사람 아담은 그리스도, 곧 성령의 생명으로 다시 태어날 수많은 형제자매들의 맏아들이신 그리스도의 예표다. 구약의 위대한 입법자 모세는 당신의 백성을 율법의 무겁고 견딜 수 없는 짐에서 해방시키고 새로운 사랑의 법을 가져오시는 그리스도를 상기시킨다.…… 해방자 여호수아는 당신의 피로 교회를 사시고 우리를 죄의 지배에서 풀어 주신 그리스도를 가리킨다.…… 구약 전체는 하나님 스스로 인간의 본성을 취하신 유일한 사건 안에서 비로소 그 의미가 완전히 성취된다.²

신약에서 예수님은 다른 모든 이들을 압도하신다. 그분은 복음서의 중심일 뿐 아니라 복음서 전체이시다. 그분은 기쁜 소식이시다. 네 복음서의 기자들은 결코 다른 사람에게 초점을 맞추는 일이 없다. 가장자리에 있어야 할 사람들은 가장자리에 머물고 주변 사람들은 주변에 머문다. 그 누구도 중심무대에 서는 것이 허락되지 않는다. 다양한 사람들이 등장하지만 오직 예수께 묻고 답하고 반응하기 위해 등장할 뿐이다. 니고데모, 사마리아 여인, 베드로, 도마, 막달라 마리아, 가야바, 빌라도를 비롯한 다른 모든 이들은 예수라는 인물의 배경이 된다. 예수님은 모든 사람을 왜소해 보이게 만든다. 이것은 신약이 카이로스(kairos), 곧 구원의 때이기 때문이며, 예수께서 바로 그 구원이시기 때문이다. 최후의 막이 내려질 때 예수님은 시저와 나폴레옹 같은 이들, 수많은 교황과 대통령, 학자와 전문가, 인류역사 속에서 살다 간 유명하고 힘 있는 이들을 모두 뒷전으로 물러나게 하실 것이다. 숨죽이던 모든 사람이 오직 나사렛 출신 목수와의 인격적인 관계에 따라 칭찬을 받고, 가치를 인정받고, 높이 평가받게 될 것이다. T. S. 엘리엇(Eliot)은 이렇게 표현했다. "오 내 영혼이여, 질문하는 법을 아시는 그분을 만날 준비를 갖추라." 이것은 신약성경과 예수 그리스도의 종말론적 주재권을 신학적으로 정확하게 이해한 말이다.

"당신은 그리스도를 누구라고 생각하는가, 그분은 누구의 아들인가?" 이것이 복음서의 핵심 질문이다. 이 질문에 답을 제시하는 것이 신약성경의 목적이다. "당신이 하나님과 그분이 보내신 분, 예수 그리스도를 알기 바란다."

예수님은 자신에 대한 신앙을 요구하셨다. 예수님은 풍랑에 흔들리는 배 안에서 제자들을 꾸짖으셨다. "믿음이 작은 자들아." 그리고 자신에 대한 희망도 요구하셨다. "수고하고 무거운 짐 진 자들아, 다 내게로 오라. 내가 너희를 쉬게 하리라." 또 강경한 어조로 자신에 대한 사랑도 요구하셨다. "아버지나 어머니를 나보다 더 사랑하는 자는 내게 합당하지 아니하[다]."

한마디로 예수 그리스도는 자신을 그리스도인의 삶에 절대적 중심으로 만드셨다. 예수님은 기독교의 핵심일 뿐 아니라 인류의 중심으로서, 인간이라는 것이 무엇을 뜻하는지를 보여 주신다. 그리스도인이 된다는 것은 온전히 인간이 된다는 것이다. 우리 그리스도인은 정말 이러한 사실을 믿는가? 온전히 인간이 되고, 예수님이 중심이 되는 삶을 산다는 것은 무슨 의미인가? 중심에서 비껴나 산다는 것은 무슨 뜻인가?

첫째, 참된 그리스도인은 문자 그대로, 자신의 삶을 꾸려 나가고 방향을 정하고 통제하는 일에 관한 한 **중심에서 벗어나 있다**는 의미다. 여기에는 자기 자신에 대한 혁명적인 초점 이동이 필요하다. 16세기 니콜라우스 코페르니쿠스(Nicolaus Copernicus)와 갈릴레오 갈릴레이(Galileo

Galilei)는 태양계의 중심은 지구가 아니라 태양이라고 주장했다. 코페르니쿠스적인 혁명이란 바로 그것이었다. 그것은 천문학과 과학의 기초를 뒤흔들었다. 이 두 사람은 우주에 대한 사고방식을 근본적으로 재고하고 재조정하게 만들었다. 갈릴레오는 지나치게 극단적이었기 때문에 이단으로 단죄를 받고 교회로부터 파문을 당했다. 예수께서 얼마나 혁명적인 방향 전환을 가져오신 것인지, 우리가 우리 삶의 중심이 아니라고 말씀하심으로써 얼마나 근본적인 재조정을 요구하신 것인지 당신은 아는가?[3]

자기성취, 자기판단, 자기결정, 자기신뢰, 자기존중 같은 말들이 넘치는 현대 세대 속에서 "이제는 내가 사는 것이 아니요 오직 내 안에 그리스도께서 사시는 것이라"(갈 2:20)고 말하는 사도 바울은, 아무리 좋게 말하려 해도 정상을 벗어난 사람이다. 중심에서 비껴난 삶은 우리 안에 깊은 변화를 일으킨다. 한때는 그토록 중요해 보이던 것들이 덧없는 것으로 바뀐다. 십대에 나는 프로 골프선수가 되고 싶었다. 10년 동안 매일 45홀 경기를 했으며 골프채와 티와 공을 사기 위해 캐디 노릇을 했다. 나는 쉬지 않고 일하고 자고 꿈꾸고 골프를 쳤다. 그러다가 1956년 2월, 수도원에서 예수님을 만났다. 매주 주말은 자유롭게 지내는 날이었고 신학생들은 가까운 골프 코스에서 마음대로 골프를 칠 수가 있었다. 하지만 나는 골프를 치는 대신, 그날 하루를 홀로 주님과 함께 지내기 위해 카르멜 수도회의 성당까지 5킬로미터의 숲길을 달리곤 했다. 그렇다고 골프를 완전히 포기한 것은 아니었다. 다만 더 이상 골프를 그토록 중요하게 생각하지 않게 된 것이었다.

바울은 예수님께 매료되고 그분을 삶의 중심으로 삼기로 결심했으므로 이렇게 말할 수 있었다. "내 주 예수 그리스도를 아는 지식이 가장 고귀하므로, 나는 그 밖의 모든 것을 해로 여깁니다. 나는 그리스도 때문에 모든 것을 잃었고, 모든 것을 오물로 여깁니다. 나는 그리스도를 얻고 그리스도 안에 있는 사람으로 인정받으려고 합니다"(빌 3:8-9, 새번역).

중심에서 비껴나 산다는 것은 하나님을 아버지로 인식하는 예수님의 깊은 내적 체험을 함께 나눈다는 뜻이다. 성경에 나오는 '아버지'라는 단어에는 두 가지 의미가 있다. 무엇보다도 이 단어는 주인과 통치자, 온전한 통제권과 권한을 뜻한다. 예수님은 아버지의 절대적 통치권을 받아들이셨다. 예수님은 결코 세상의 혼돈과 고통과 비극에 대해 하나님을 정당화하려 하지 않으셨다. 누가복음 13장에서 사람들이 예수께 갈릴리 사람들이 빌라도에게 살해당했다고 말씀드렸을 때, 예수님은 하나님을 변호하거나 사람들이 고통당하도록 허락하시는 하나님을 정당화하지 않으신다. 대신에 예수님은 실로암의 탑이 무너져 치여 죽은 열여덟 사람을 상기시키신다. 예수님은 굳이 고통이라는 걸림돌의 책임을 하나님한테서 면제시키지도, 하나님을 빠져나가게 하지도, 하나님의 세상에 존재하는 비극을 합리화하거나 축소하려 하지도 않으신다. 예수님은 조금도 주저하지 않고 하나님의 무한한 지혜와 떨리는 위대하심 앞에 굴복하신다.

중심에서 비껴난 그리스도인의 삶은, 앙상하게 뼈만 남은 에티오피아 아이들의 몸뚱이와, 정신병원에 갇힌 환자들과, 변화가의 중독자들, 다운증후군 아이들을 강렬하면서도 측은한 눈으로 응시한다. 그러면서도 착한 사람들에게 왜 나쁜 일들이 일어나는지를 어설프게 설명하거나, 우주의 우연성이나 다른 사실들을 들어서 하나님의 침묵을 정당화하지도 않고, 하나님을 이런 문제들에서 빼내려 하지도 않는다. 예수 그리스도의 하나님은 하나님이시고, 주님이시고, 통치자이시다. 또한 그리스도인은 끊임없는 신뢰로 하나님께 복종한다. 하나님은 아버지이시기 때문이다. 이것을 이해하려고 하지 말라. 이해하지 못할 것이다. 보려고 하지 말라. 볼 수 없을 것이다. 삶으로 실천하라. 그러면 중심에서 비껴나 살게 될 것이다.

성경에 나오는 아버지라는 단어가 지닌 두번째 의미는 보살핌, 관심, 연민, 온전한 신뢰다. 우리는 단순한 초대를 받은 것이 아니라 정말로 따뜻하고 자유롭게 하시는 아버지의 사랑을 체험하라는 부르심을 받았다. 로마서에서 바울은 분명히 말한다. "무릇 하나님의 영으로 인도함을 받는 사람은 곧 하나님의 아들이라. 너희는 다시 무서워하는 종의 영을 받지 아니하고 양자의 영을 받았으므로 아빠 아버지라 부르짖느니라"(롬 8:14-15).

과거나 미래에 대한 두려움은 모두 우리를 옭아맨다. 이것들은 한편으로 우리를 방어적으로 만들고 모든 진보에 문을 닫게 만든다. 그리고 다른 한편으로는 이것들을 잃어버릴까 걱정하는 두려움을 향해 달려가도록 만든다. 두려움 때문에 사람에게는 불친절하고 하나님께는 바리새인이 된다. 충동적인 두려움 속에서 이루어지는 모든 행위는 성령의 열매를 맺지 못한다. 하나님이 우리의 '아바'라는 깊은 깨달음이 두려움을 몰

아낸다. 새로운 자유, 예수를 그토록 매력 있게 권위 있게 한 바로 그 자유가 꽃핀다.[4]

신학교 마지막 학년에 나는 심각한 건초열에 걸렸다. 매일 새벽 5시 30분, 신학원장이 막 신학생 60명의 기도를 인도하려고 할 때면 어김없이 기침과 콧물이 났다. 어느날 신학원장이 나를 집무실로 불렀다. 내가 일부러 장난을 쳐서 아침기도를 망치고 있다면서 내 불순종을 꾸짖었다. 앞으로 내 행동을 주시할 것이고, 4개월 앞으로 다가온 사제 서품이 위험할 수도 있다는 경고까지 했다. 참으로 기가 막히는 순간이었다. 나는 분노와 두려움, 자기연민과 혼동에 휩싸여 그의 집무실을 나왔다. 나는 성당으로 가서 무릎을 꿇고 낮은 소리로 예수의 이름을 계속 불렀다. 그러자 놀라운 일이 일어났다. 진리와 숨막히는 자유의 순간에 나는 깨달았다. 사제 서품이 그토록 절대적으로 중요한 것은 아니라는 사실을. 잔뜩 겁먹고 주눅 든 사제가 되는 것보다 건초열 알레르기와 다른 모든 것을 가진 그대로 참된 나 자신이 되는 것이 예수님을 더 기쁘게 해드리는 것이었다. 나는 성당을 나왔고 다시는 어깨 너머로 뒤를 곁눈질하는 일은 없었다. 다음해 5월에 나는 여전히 코를 훌쩍거리면서 사제가 되었다.

    그리스도의 한 제자의 이 작은 사건은 순교자와 성인들의 영웅적 이야기 반열에 나란히 올릴 만한 것은 못된다. 하지만 이 사건은 내게 중심에서 비껴난 삶의 맛을 느끼게 해주었고, 하느님의 자녀가 누리는 자유를 체험하게 해주었다.

    중심에서 비껴난 삶은 패거리가 행사하는 횡포에서 우리를 해방시킨다. 예수님은 사람들을 기쁘게 하는 것보다 더 중요한 일인 아버지를 기쁘게 해드리기 위해 사셨다. 바로 이것이 그리스도인의 삶의 기본적인 추진력이다. 이런 삶을 위해서는 상당한 정도의 자유가 요구된다. 예수님은 대중의 의견이나 '다른 사람들이 어떻게 생각할까' 하는 것에 위축되지 않으셨다. 예수님은 자신이 사신 사회의 의지할 곳 없는 이들, 죄인들, 소외된 사람들을 자유롭게 대하시기 위해 권세 있는 사람들과 존경받는 사람들이 그분께 거는 기대와 도덕적 판단으로부터 거리를 유지해야 했다. 악명 높은 죄인 삭개오와 함께 여리고 거리를 걸으시면서 군중들이 수군거려도 당황하지 않으셨다. 근심하며 주위를 둘러보지도 않으셨고, 사람들이 뭐라고 말할까 걱정하지도 않으셨다. 그들이 배척할까 봐 두려워하지 않았고, 그들의 심사를 건드리게 될까 신경 쓰지도 않으셨다. 예수님은 이 죄인이 당신 아버지의 자녀였으므로 그의 집으로 가셨다. 그것이 전부였다. 그런 행동은 예수님의 자유로운 선택에 따른 것이었다.

"우리의 삶 속에서 종종 힘을 발휘하는 여론의 횡포가 한 가지 있는데, 그것이 이웃이 어떻게 생각할까 하는 것이다.…… 잘 느끼지 못하는 사이에 다른 사람들의 기대가 우리의 행동을 통제하는 경우가 허다하다."[5] 군중은 자신들에게 일치하지 않은 행위를 관대하게 받아들이지 않는다. 아마도 중심에서 비껴나 살지 못하게 우리를 방해하는 것은 다른 무엇보다도 동료들의 질책일 것이다. 웃음거리가 되기를 두려워하는 마음은 솔직한 반대보다 더 효과적으로 우리를 옭아맨다. 이런 두려움 때문에 실천하지 못한 선행이 얼마나 많은가! 역설적인 것은, 우리가 두려

위하는 견해는 대개 우리가 정말 존경하는 사람들의 견해가 아니라는 사실이다. 그럼에도 불구하고 그들은 우리가 받아들이기를 원하는 것보다 더 큰 영향력을 우리 삶에 행사한다. 그들과 잘 지내고 싶어 하는 이런 바람은 지독한 평범함과 놀라울 정도의 속박을 낳는다.

중심에서 비껴난 삶은 자유로운 그리스도인의 모습을 형성한다. 언젠가 알베르 카뮈(Albert Camus)는 이렇게 말했다. "억압적인 세상에서 잘 살아가는 유일한 방법은, 철저하게 자유롭게 되어서 당신 실존의 모든 행동이 반역의 행동이 되게 하는 것이다." 자유로운 사람보다 더 패거리를 미치게 하는 존재는 없다.

어느 날 우리 일행은 코니아일랜드의 한 가게 문밖에서 핫도그를 우물우물 먹으며 서 있었다. 그때 저만치 떨어진 큰길 한가운데에 한 흑인이 열댓 살쯤 되어 보이는 임신한 백인 소녀의 머리와 옷에 깡통맥주를 붓고 있었다. 그 흑인은 큰소리로 자신이 어떻게 그녀를 겁탈했으며 그 뒤에 자신에게 어떤 생각이 들었는지, 끔찍한 이야기를 자세하게 묘사하고 있었다. 그 소녀는 약간 취한 듯했는데 어쨌든 울고 있었다.

일행 중 누군가가 말했다. "완전히 짐승들이구만! 그만 갑시다."

일행이 막 차로 돌아가려는데 내 영혼 깊은 곳에서 마치 종소리처럼 울리는 소리를 들었다. *너는 누구냐?*

마치 신발이 길바닥에 붙은 것처럼 걸음을 뗄 수가 없었다. "나는 내 하나님 아버지의 아들입니다." 내가 말했다.

저 아이는 내 딸이다.

나는 그 소녀 곁으로 가서 몇 분 동안 이야기를 나누었다. 주위에 있던 몇몇 사람이 비웃었다. "뚜쟁이, 포주야!" 그날 밤 나는 그들이 아닌 나 자신 때문에 울었다. 헤아릴 수 없는 시간 동안 침묵의 파수꾼 노릇을 해온 나 자신, 가장 보잘것없는 내 형제자매들 안에 사람의 아들(the Son of Man)이 계심을 인정하기 두려워했던 나 자신을 위해 울었다. 얼마나 자주 나는 인간의 존엄성이 훼손당하는 것을 목격하고도, 그 상황을 도덕적으로 설명하는 것으로 만족하며 지나쳐 버렸던가. 야고보는 그의 편지에서 이렇게 말한다. "사람이 선을 행할 줄 알고도 행하지 아니하면 죄니라"(약 4:17).

얼마 전 뉴올리언스에서 사우스캐롤라이나로 가는 비행기를 탔다. 긴 시간 동안 중심기도(centering prayer)를 하면서 갔다. 눈을 감고 조용히 예수의 이름을 반복해서 부르자, 마음속에 예수님이 계시다는 믿음에 대한 자각이 생기기 시작했다. 중간에 애틀란타 공항에서 두 시간을 머무르게 되었다. 그동안 나는 강연을 하게 될 감독교회 교인들에게 더 깔끔하게 보이도록 구두를 닦는 것이 좋겠다는 생각이 들었다. 나이든 흑인이 시세대로 1달러 50센트에 내 구두를 닦았다. 나는 그에게 2달러를 건네주며 말했다. "자, 의자에서 일어나세요. 이제 제가 당신 구두를 닦아 드리겠습니다."

그 흑인이 말했다. "예? 뭐라구요?"

"돈은 안 받습니다."

그는 의심스러운 눈초리로 나를 쳐다보았다. "그럼 왜 그런 일을 한단 말이오?"

"그거야, 당신이 내 형제이기 때문이지요."

그러자 그는 정말로 당황하는 것 같았다. 마침내 그가 이렇게 말했다. "뭐, 좋습니다. 바쁘지 않을 때 닦아 놓으라고 사장이 준 구두 몇 켤레가 있긴 하지만 어쨌든 고맙습니다."

그의 눈에 어린 눈물을 보고 팔을 뻗어 그를 포옹하자 그는 조용히 말했다. "지금까지 나한테 이렇게 말해 준 백인은 한 사람도 없었습니다."

이 두 사건은 늘 일어나는 평범한 일이 아니라 내게는 매우 드문 경험이었기 때문에 기억 속에 뚜렷하게 자리잡고 있다. 나는 대부분의 시간을 중심에서 비껴나 살지 않고 피상적으로 살고 있으며, 백일몽 속에서 별 생각 없이 살거나, 내 계획과 업무의 작은 세계에 사로잡혀 살고 있을 뿐이다.

이처럼 우연히 중심에 붙박인 삶 속으로 파고들어 온 이 두 사건 덕분에, 죄와 은혜가 한 사람에게 동시에 주어질 수 있음을 알게 되었다. 베드로가 예수님의 참된 실체에 대해 하나님 아버지께 영감을 받고 또 그것을 주님께 확인받는 마태복음 16장을 생각해 보라. 그러나 바로 그 다음 순간 베드로는 다른 목소리에 귀 기울이게 되고, 그 때문에 예수님께 꾸지람을 듣는다. "사탄아, 내 뒤로 물러가라. 네가 하나님의 일을 생각하지 아니하고 도리어 사람의 일을 생각하는도다." 바울은 로마서 7:18-19, 24-25에서 같은 문제로 고심한다. "원함은 내게 있으나 선을 행하는 것은 없노라. 내가 원하는 바 선은 행하지 아니하고 도리어 원하지 아니하는 바 악을 행하는도다.······ 오호라 나는 곤고한 사람이로다. 이 사망의 몸에서 누가 나를 건져내랴. 우리 주 예수 그리스도로 말미암아 하나님께 감사하리로다. 그런즉 내 자신이 마음으로는 하나님의 법을 육신으로는 죄의 법을 섬기노라."

이 문제를 바울처럼 웅변적으로, 간결하고도 강렬하게 표현한 사람은 없었다. 바울은 하나님의 손길까지도 발견할 수 있었으며, 자신의 죄를 묵상함으로써 찬양의 응답을 이끌어 냈던 것이다!

중심에서 비껴난 삶은 여러 방식으로 많은 것들을 바꾸어 놓는다. 그것은 우리로 하여금 교회란 경축하는 곳이지 늘 개혁하는 곳이 아님을 보게 해준다. 세상은 명령에 따라 행동하는 장소가 아니라 즐거워하는 장소라는 것을, 삶이란 토론해야 할 중요한 의제가 아닌 체험이라는 사실을 보게 해준다. 또 모든 행위 중에 가장 위대한 사랑은 언제나 애걸해서 얻는 것도 아니고, 자격에 따라 주어지는 것도 아니고, 기대하는 대로 찾아오는 것도 아님을 보게 해준다.

중심에서 비껴난 삶은 말하고 행동할 수 있는 큰 힘을 주고, 원한을 품기보다 치유하고 용서하며, 옹졸함 앞에서 큰마음을 품으며, 옳은 일이라는 그 사실 자체만으로 옳은 일을 실천하게 해준다. 몇 해 전에 이곳 뉴올리언스의 로욜라 대학교에서 대니얼 베리건(Daniel Berrigan) 신부가 강연을 했다. 그때 청중 가운데 누군가가 물었다. "대니얼 신부님, 신부님은 어째서 지쳐 떨어질 때까지 평화운동을 하시려고 합니까? 신부님은 할 만큼 하셨습니다. 이미 여러 교구에서 신부님의 건전한 신학자로서의 명성은 많이 훼손되었습니다. 신부님은 이미 메릴랜드에서 징병자 명단에 피를 뿌린 죄로 5년을 교도소에서 보냈습니다. 신부님의 친구들은 흩어졌고, 명예는 의심받고 있으며, 건강은 악화되었습니다. 신부님은 미국 정부의 태도나 사람들의 마음에 어떤 변화라도 있었다고 보십니까?"

베리건 신부는 잠시 멈추고 1분가량 깊이 생각하더니, 강한 이중부정 어법으로 대답했다. "나는 내가 하고 있는 일을 하지 않을 수 없습니다. 어떤 변화를 이루어 내기 위해서가 아니라 그 일을 하는 것이 옳기 때문에 하는 것입니다."

이 말 속에 깊은 진리가 담겨 있다. 우리가 단순히 즉각적이고 가시적인 손에 잡히는 결과를 위해 예언자적인 증거를 보이고, 항의를 표시하며 십자가를 지는 데도 불구하고 곧 변화가 일어나지 않는다면, 쉽사리 냉소적이 되고 환멸을 느끼며 꿈을 버리게 된다. 최근 미국 역사에 그런 예가 있다. 1960년대의 히피족이 1980년대의 여피족(yuppies, 졸업 후 안락하고 개인적 삶을 사는 젊은 사람들을 일컫는 말—옮긴이)이 되어 버린 것이다.

소저너스(Sojourners)라고 불리는 급진적 복음주의자들이 워싱턴 D.C.에서 '평화의 오순절 1985'라는 이름으로 전국대회를 열었다. 그들은 도시의 중요 지역 여섯 군데에서 아프가니스탄 침공, 남아프리카 공화국의 인종차별, 사형제도, 미국의 중앙 아메리카 정책, 가난한 여성들에 대한 불충분한 원조 등에 반대하는 평화시위를 벌였다. 소저너스의 지도자인 짐 월리스 목사는 중심에서 비껴나 사는 점잖은 사람으로, 애써 수고하는 모든 그리스도인에게 적용되는 노력에 대해 이야기했다. "우리가 만들어 내는 변화는 결국 얼마나 복음에 충실한가에 달려 있습니다. 그 나머지는 하나님의 손에 맡겨 드려야 합니다."

중심에서 비껴난 삶은 잠시 자신의 두려움보다 더 위대한 배경 속으로 녹아 들어가게 해주며, 그저 잠잠하게 됨으로써 하나님이 하나님이시라는 것을 알게 해준다. 그것은 내가 무언가를 납득하고 분석하려 하지 않음을 뜻한다. 단순히 내가 살아 있고 믿음의 공동체 안에 존재한다는 체험 속에서 자신에 대한 생각을 잊는다. 또한 '그곳'이 어디에 있고 왜 좋은지는 몰라도 그저 거기에 있음이 좋다는 것을 안다. 내면의 고요 속에서, 나는 지금 중심에서 비껴나 살고 그리스도 예수 안에 있는 것으로 충분하며, 감사하는 마음이 삶과 기도의 핵심인 것을 확신하게 된다.

한창 잘나가던 시절, 겉만 그럴 듯했지 속은 병들어 있던 그 시절, 욕실과 자동차 앞자리 작은 사물함과 제라늄 화분에 보드카 병을 숨겨 두던 시절, 나는 내 인생을 완전한 쓰레기로 여겼다. 그것은 내가 하고 있던 행동 때문만이 아니었다. 내가 하지 않는 행동과 가장 보잘것없는 형제들 안에 계신 그리스도에게 인색하고 야박하게, 마지못해 대하던 행동 때문이기도 했다. 그것은 참으로 불만과 죄의식과 두려움과 부끄러움과 참을 수 없는 위선의 길고 추운 겨울이었다. 미래에 대해서는, 그저 알코올에 뇌가 흠뻑 젖어 비틀거리는 중독자, 정신병원 입원, 요절과 같은 처절한 예측만이 가능할 뿐이었다. 이 질병은 구원이라고는 어디에서도 찾아볼 수 없는 실패를 의미했다.

그러나 중심에서 비껴난 삶은, 실패가 어느 면에서는 성공으로 이어진다는 사실을 내게 가르쳐 주었다. 실패는 스스로 겸손해지는 기회가 될 뿐 아니라 다른 사람들의 실패에 대해서도 관대해지는 기회가 된다. 당신이나 나의 삶이 흠 없는 성공담이고 마치 나선처럼 거룩함을 향해 위로만 올라간다면, 우리는 인간의 마음을 결코 이해하지 못할 것이다.

중심에서 비껴난 삶은 특별한 경우도 아니고 동떨어진 어떤 상태도 아니다. 중심에서 비껴난 삶은 지금까지 내게 감추어져 있던 하나님의 말씀과 나를 연결하고 통찰을 얻을 수 있게 해주었다. 예를 들면, 예수님은 우리 자신을 모든 사람 중에 가장 보잘것없는 자로 여기라고 말씀하셨다. 그리고 가장 보잘것없는 형제에게 하는 것이 바로 주님께 하는 것이라고 말씀하셨다. 가장 보잘것없는 사람에게 하는 것은 무엇이든 바로 주님께 하는 것이므로, 우리의 긍휼은 바로 자기 자신을 향한 긍휼에서 시작되어야 한다. 주님은 내게 고통받는 형제자매에게 자비를 보이라고 요구하시기 전에, 먼저 내 삶 안에 계시는 예수님의 긍휼하심을 받아들이라고 하신다. 먼저 실패하고 상처받으며, 고통받고 곤경에 처한 나 자신을 돌보고 긍휼히 대하라고 하신다. 주님의 사랑은 우리가 누구이고 어떤 행동을 하는지와는 무관하다. 그분은 우리의 인생경주 기록에 상관없이 은혜와 자비를 베푸신다. 예수라는 이름이 바로 '구원하시는 분'이라는 뜻이기 때문이다. 중심에서 비껴나 사는 사람들은 스스로 가난한 죄인임을 뼈저리게 안다. 그러면서도 자신의 영이 염려함 없이 자신을 받아들이는 영이라는 것도 안다. 우리 자신에게 너그럽고 자비로울 수 있다는 이것이 바로 복음의 핵심이다.

나는 아내 로슬린에게 중심에서 비껴난 삶이 자기 삶에서 어떤 의미인지를 이야기해 달라고 했다. 아내는 이렇게 말했다.

몇 주 전 브레넌이 중심에서 비껴난 삶이 내게 무슨 의미인지를 물었다. 나는 기도하기 위해 서둘러 사무실로 가는 대신, 하나님께서 내 마음에 말씀해 주시기를 기다리면서 할 일을 하기로 했다. 하나님은 그렇게 해 주셨다.…… 그리고 지금까지도 내 삶 안에 계신 그분의 임재의 신비를, 내 마음속 깊은 곳에 조용히 감추어 둔 느낌과 생각과 체험을 어떻게 표현해야 좋을지 이리저리 궁리하고 있다. 나는 남편이 그랬던 것처럼, 직접적으로 묻지 않는 한 그런 것에 대해 잘 이야기하지 않는다. 나는 예수께서 처음으로 그분을 알게 해주신 초창기에 비해 내가 얼마나 변했는지 생각했다. 나는 마치 새 장난감을 얻은 아이처럼 사방에 돌아다니면서 사람들이 듣기 원하든 원하지 않든 주님과 함께하는 나의 새로운 삶에 대해 모든 사람을 붙들고 이야기했다. 나는 친구들에게 상처를 주었고 사람들을 등 돌리게 만들었다. 그들의 삶을 심판했고 그들을 스스로 왜소하게 느끼도록 만들었다. 내 주님은 나를 그토록 오래 기다려 주셨다. 어느 날 (내가 말하는 것을 멈추고 주님의 조용한 음성을 듣는 법을 배운 뒤) 주님은 내게 부드러운 목소리로 말씀하셨다. 로슬린, 나는 네가 나에 대해 많은 말을 하기보다는 나와 함께하는 네 삶을 증거하기 원한다. 네가 다른 사람에게 나에 대해 이야기하려고 할 때 나는 먼저 그 사람들의 마음을 준비시켜 네 말을 들을 수 있게 할 것이다. 그렇지 않은 경우에는 그저 기다리고, 네 삶의 중심인 나의 임재 안에 머무르는 법을 배워라.

그래서 나는 기다렸다. 알다시피 내게 예수님을 중심으로 삼고 사는 삶이란, 대부분 기다리는 것을 뜻하기 때문이다. 나는 대부분의 날들에 그분의 부재를 느끼지만, 그분의 임재와 따스함을 고대하며 산다. 그리고 그분이 오실 때는 내가 가장 기대하지 않는 순간에 마치 놀라운 선물처럼 오신다. 그분이 가장 흔히 찾아오시는 때는 내가 설거지나 빨래를 할 때, 잡초를 뽑고 있을 때, 사소한 일을 보러 차를 몰고 다니는 등 집안일을 하고 있을 때다. 그리고 가끔 새벽 일찍 다른 사람들이 일어나기 전에 테라스에 앉아 커피를 마시고 있을 때에 찾아오시기도 한다.

내가 기꺼이 오래 기다릴 마음만 있다면, 하나님은 내 생각과 느낌을 구체적으로 형상화해 보여 주시는 은혜를 베푸신다. 하나님께서 내게 보여 주신 형상은, 나의 중심이신 예수님에 대한 나의 개인적인 체험을 표현한 것이다. 예수님과 나는 작은 배를 타고 강물을 따라 내려가고 있었다. 그 배의 선장은 예수님이지만 대부분 노를 젓는 것은 나다. 다시 말해 내 중심에서 비껴나 사는 삶은, 예수님을 나의 책임회피 도구로 이용한다는 뜻이 아니다. 내가 할 수 없는 것을 그분이 해주실 것이다. 하지만 내가 스스로 처리하기를 바라시는 것들은 해주시지 않을 것이다. 그것은 나를 위해서다.

상황이 너무 힘들어질 때는 그분이 이렇게 말씀하신다. "로슬린, 노를 멈추어라. 여기서부터는 내가 저으마!"

그렇다면 일상생활 속에서 내가 할 수 있는 일을 다했고 하나님께서 맡아 주셔야 한다는 것을 알 수 있는 그런 상황이란 어떤 경우인가? 만일 우리 딸들 중 하나가 관심을 기울여야 할 어떤 행동을 보인다면, 우리는 먼저 신뢰할 만한 사람들에게 조언을 구하고 도움이 될 만한 글들을 읽는 등 인간적인 관점에서 할 수 있는 모든 일들을 한다. 노력을 다한 다음에 우리는 하나님께서 영감을 주시도록 기도하고 기다린다.

남편과 내가 오해를 해서 서로에게 상처를 주는 일이 생겼을 때는 서로 갈라져 있다는 아픈 감정 속에서도 가능한 오래 서로 이야기를 나누고, 은혜로우신 하나님께서 우리 안에 달려오셔서 마음속 깊은 곳으로부터 화해를 이루어 주시기를 기다린다.

해야 할 일이 너무 많아 좌절할 때, 내 스스로 만들어 낼 수 없는 평화와 고요함은 그분이 주셔야 한다. 내 친구가 상처를 주고 나는 그저 그 친구의 말을 듣고 있을 수밖에 없을 때, 나는 스스로 어쩔 수 없이 그분의 권능에 의지한다. 내 마음속의 회한과 쓰라림을 지우려고 할 때는, 그분께서 내 마음을 고쳐 주시고 내 기분을 바꿔 주셔야만 한다.

예수께서 나의 중심이시라면, 내가 그분 뜻대로 행하고 있는지 걱정하지 않아도 좋다. 주님께서 내가 줄 수 있는 것을 필요로 하는 사람들을 내 삶에 데려다 주실 때, 오늘 내가 할 수 있는 일을 할 뿐이다.

예수님을 내 삶의 중심에 모시고 산다는 것은, 스스로 아무 의미도 없다고 **느끼는** 그런 날들에 주님께서 의미를 주심을 뜻한다. 내가 절망하고 있다면 그분이 내 희망이시다. 나는 그저 주님께서 내 삶에 행하신 모든 것들에 대한 감사의 기도문을 묵상하는 것으로 족하다. 주님께서 내 삶의 중심이 되시기 이전의 내 삶이 어떠했는지를 생각하면, 시편 84:10 말씀이 참으로 꼭 들어맞는다고 생각된다. "오 하나님, 주님 궁전의 하루는 다른 곳의 천 날보다 더 귀합니다"(JB). 아니면 좀더 개인적으로 이렇게 표현할 수 있을 것이다. "오 주님, 주님을 제 중심에 모시고 사는 하루는 (비록 제가 주님의 임재를 느끼지 못할지라도) 제게 주님을 알게 해주시기 전 신나게 살았던 천 날보다 더 낫습니다."

형제자매들이여, 여러분이 중심에서 비껴나 산다면 승리할 것이다. 어느 날 당신은 말할 수 없이 기가 죽을 수도 있겠지만, 당신의 삶이 그리스도와 함께 하나님 안에 숨겨진 삶이라면 당신은 승리할 것이다. 지붕이 무너지고 나라가 멸망하고 당신이 파고파고(Pago Pago, 미국령 사모아의 수도-옮긴이)로 전출될지라도, 당신 안에 그리스도께서 계시고 영광에 대한 희망을 간직한다면 당신은 승리할 것이다. 어쩌면 당신은 높은 자리에 앉아 있으면서 낮은 생각-예를 들어, 교회에 앉아서 설교하는 사람의 머리 스타일을 생각하거나, 아니면 대통령이 내게 전화를 걸어 온다면, 지금 내 이름이 아닌 다른 이름을 쓴다면, 전기 고문을 당하면서 그리스도를 증거할 수 있을까, 운동을 해서 몸을 람보처럼 만들 수 있을까 하는 등의 생각-을 하고 있을지도 모른다. 그러나 당신이 하루 내내 중심에서 비껴나 살려고 노력한다면 승리할 것이다.

우리 집 주방에는 오래된 부러진 나뭇가지에 다음과 같은 글귀를 새겨 걸어 놓았다. "하나님은 네가 받은 메달이나 학위나 상장이 아니라 네가 입은 상처들을 살펴보실 것이다." 사순절의 중반쯤으로 접어들면 당신에게는 오로지 상처와 실낱같은 희망의 끄트머리밖에 남지 않게 될 것이다. 그러나 부활하신 영광의 예수님이 당신 삶의 중심에 계시다면, 당신은 승리할 것이다. 초대교회의 기독교 공동체는 오로지 이것만으로 예루살렘과 로마와 아테네에 맞섰다. 그리고 승리했다. 이것은 수사적인 표현이 아니라 역사다. 그들에게는 오로지 예수뿐이었다. 그러나 지금 우리는 여전히 다른 무언가가 필요하다고 생각하고 있다.

8
거침없는 신뢰

기독교적 헌신은 무절제한 감정을 요구하는 것이 아니다. 예수님은 눈물을 흘리고 울부짖거나, 풍선을 띄우고 기타를 울리라고 하시지 않는다. 그분이 원하시는 것은 신뢰 안에서 그리스도인다운 헌신의 삶을 살고, 성주간에 기념하는 죽음과 부활을 매일매일 믿음으로 행동에 옮기는 것이다. 당신은 날마다 자신에 대해 죽고 있는가?

신학자 월터 버크하트(Walter Burkhart)는 말한다.

자신에 대해 죽는 것은 타인과 하나님께 대해 사는 것이다. 내 경험으로 보건대 매일의 그러한 죽음은 당신에게 두 가지를 요구한다. 첫째, 당신은 자신의 불완전함을 인정하면서 형제자매에게 다가가야 한다. 두려움이나 눈물이 없는 것도 아니고, 상처나 흔들림이 없는 것도 아니다. 오히려 정반대다. 당신은 상처입은 치유자이고, 몹시 상처입기 쉬운 사람이다. 다른 사람들에게 생명을 줌으로써 당신은 매일 매번 조금씩 죽어간다. 둘째, 당신은 자신 안에 자리잡은 왜소함과 인간의 삶을 감염시키는 편협함을 부숴야 한다. 오로지 자신 안에 갇혀서, 자신이 바라고 자신에게 필요한 것만 생각하는, 자신의 작은 상처와 은밀한 즐거움만이 관심의 대상인 그곳을 부숴야 한다. "아니다!" 하고 외쳐야 한다.

성주간의 극적인 드라마는 **아니다!** 하고 외치는 것이다. 당신이 그리스도와 함께 부활했다면 그리스도의 사랑을 위해 부활한 삶을 살라! 크게 생각하고 많이 사랑하라. 모든 힘겨운 것들과 맞설수록 오히려 더욱 편한 마음을 가지라.

나는 자격이 없지만 감히 다음과 같은 사실을 분명히 말하고 싶다. 사순절과 부활절로 이어지는 이 기간의 핵심사건—성금요일 십자가상의 예수 그리스도의 죽음, 부활절 아침 예수님의 새 생명으로의 영광스러운 비약—은 단순한 부르심이 아니다. 그것은 우리의 과거와 현재, 미래에 대해 **거리낌 없는 신뢰**의 삶을 살도록 권능을 주시는 것이다. 우리를 사랑으로, 생명으로, 자유로, 예수께로 인도하는 것은 신뢰다. 크고 흔들림 없으며 거리낌 없고 열렬한 신뢰뿐이다.

위대한 독일 신학자 칼 라너(Karl Rahner)는 그의 저서 「토대」(*Foundations*)에서 이렇게 말한다. "한 사람이 언제나 그리스도인으로 머무는 까닭은, 연합하여 하나가 되기 위해서다. 이것은 우리가 신뢰와 확신과 사랑 안에서 예수 그리스도와 맺는 인격적인 관계라고 부르는 것에 대해서도 마찬가지다." 새로운 가능성이 존재한다. 우리는 매 순간 지금까지의 자신을 넘어서는 자신이 될 수 있다.

마가복음 11:22-24에서 예수님은 이렇게 말씀하신다. "하나님을 믿으라. 내가 진실로 너희에게 이르노니 누구든지 이 산더러 들리어 바다에 던져지라 하며 그 말하는 것이 이루어질 줄 믿고 마음에 의심하지 아니하면 그대로 되리라. 그러므로 내가 너희에게 말하노니 무엇이든지 기도하고 구하는 것은 받은 줄로 믿으라. 그리하면 너희에게 그대로 되리라."

예수께서 우리에게 어느 만큼의 신뢰를 요구하시는지 짐작이 가는가? 벌써 그것을 받은 줄로 믿으라!

성령의 빛과 영감으로 충만한 성인들이 받는 은총이 바로 이러한 절대적 믿음이다. 바울은 빌립보서 4:13에 나오는 다음과 같은 외침 속에 자신의 온 마음을 다 쏟아 놓는다. "내게 능력 주시는 자 안에서 내가 모든 것을 할 수 있느니라." 바로 이런 것이 열렬한 신뢰다.

예수께서 요한복음 16장 전체에 걸쳐 "나를 믿어, 용기를 내고, 기뻐하라" 하신 말씀은 우리의 과거 죄에 대한 하나님의 자비에 조건 없이 자신을 맡기라는 요구이며, 그 죄를 용서하셨을 뿐 아니라 완전히 잊으셨음을 흔들림 없이 믿으라는 요구다.

최근에 알코올 중독을 치료하고 있는 한 사람이 치료의 5단계를 나와 함께하고 싶다고 요청해 왔다. 알코올 중독 방지회 프로그램의 5단계는 다음과 같이 정의되어 있다. "하나님과 다른 사람들과 자기 자신에게 근본적으로 자신의 잘못이 무엇인지 정확하게 시인한다." 전통적인 언어로 말하면, 일종의 총고해성사였다. 알코올과 마약, 사술에 빠져 저지른 그 사람의 죄는, 21년 동안이나 가톨릭 사제였던 나로서도 윤리신학 교과서에서조차 읽어 본 일이 없고 들어 본 적이 없는 죄였다. 그것은 참으로 수치스럽고 방탕하고, 추잡한 이야기였다. 타락에 빠진 여러 해 동안 억눌러 온 죄책감과 두려움, 자기혐오가 눈물이 되어 폭포처럼 흘러내렸다. 거의 발작적인 그의 울음소리를 들으며, 나는 그 남자에게 예수님의 긍휼하심과 용서하지 않고는 견디지 못하시는 하나님 아버지의 용서와 무한한 인내, 온유한 사랑과 잃어버린 양을 찾으심과, 회개하는 죄인 하나에 하늘나라가 기뻐하는 이야기를 들려주었다. 그런데 내가 이야기를 하는 동안 놀라운 일이 일어났다. 그 사람의 눈에서 흐르던 눈물이 멈추더니 표정이 완전히 바뀌는 것이었다. 놀라움으로 활짝 벌어진 입은 다물어질 줄 몰랐고, 환희에 찬 눈길은 허공을 바라본 채 굳어 버렸다. 하나님의 말씀이 그 사람의 가슴속으로 뚫고 들어갔고, 진리가 그 사람을 자유케 한 것이다. 그 사람은 하나님의 한없는 자비에 대한 거침없는 신뢰가 어떤 것인지를 보여 주는 경외에 찬 증인이었다.

어떤 이들은 복음서의 장면들을 가지고 당신에게 말장난을 한다. 그들은 자신들이 말하는 것을 믿고 또 남들도 그것을 믿도록 설득한다. 하지만 그들의 생각은 지성 안에 머물러 있고, 그들의 말은 목구멍에 걸려 있다. 그들은 기껏해야 그럴듯한 정신적 자극이나 줄 뿐이다. 그들은 결코 하나님의 자비를 내적인 것으로 만들어 주지 못한다. 그들은 결코 위험을 무릅쓰지도 않는다. 믿음 속으로 뛰어들지도 않으며, 거침없는 신뢰에 자신을 맡기지도 않는다. 그들의 삶에서 가장 나쁜 죄악은, 자신들을 하나님의 은혜에서 제외시키는 것이다.

그런 전형적 예가 앤드류 그릴리(Andrew Greeley)의 소설 「신부, 지옥에 가다」(*Ascent Into Hell*)에 나오는 휴 던론 신부다. 던론 신부는 숨을 멈추게 하는 웅변으로 회중을 압도한다. 그는 이렇게 주장한다. "우리 자신의 뉘우침이나 속죄로 하나님께 용서받는 것이 아님을 잊어서는 안 됩니다. 하나님의 사랑은 거저 주어지는 것입니다. 그 사랑은 언제나 그 자리에서 참을성 있게 우리를 기다리고 있습니다. 우리에게 필요한 것은 하나님께로 돌아가서 그 사랑을 받는 일뿐입니다. 하나님은 우리의 노력에도 기뻐하시지만 우리와 함께하실 때 더 기뻐하십니다. 그것이 우리를 창조하신 이유입니다. 여러분은 하나님의 사랑을 얻어 낼 수 없습니다. 여러분이 하나님의 사랑을 얻으려고 시작하기도 전에, 이미 그것을 여러분에게 주셨기 때문입니다."

이 짧은 설교는 복음을 아름답게 응축해 놓은 것이다. 그러나 던론 신부는 다른 사람에게 하나님의 긍휼을 설교하지만, 정작 자신의 삶을 지배하는 것은 정의의 하나님이다. 결국 마지막에 가서 무너지고 가슴이 미어지는 아픔을 겪은 후에야, 그는 자신의 말을 삶에 적용하게 된다.

하나님과 사람을 한없이 사랑하는 성인들은 다시 한번 우리가 지닌 신뢰의 한계를 멀리멀리 밀어내라고 촉구한다. 디모데전서 1:14-15에서 바울은 이렇게 말한다. "우리 주의 은혜가 그리스도 예수 안에 있는 믿음과 사랑과 함께 넘치도록 풍성하였도다. 미쁘다 모든 사람이 받을 만한 이 말이여. 그리스도 예수께서 죄인을 구원하시려고 세상에 임하셨다 하였도다. 죄인 중에 내가 괴수니라."

현대의 성인들은 이렇게 말한다. "좋으신 주님은 불길 속에서 자기 자식을 구하려는 어머니보다 더 화급한 마음으로, 뉘우치는 죄인을 용서하려고 하신다." 그리고 이렇게도 말한다. "우리의 죄는 하나님의 긍휼하심에 비하면 큰 산 옆의 작은 모래알에 불과하다." 모래알일 뿐이다! 또 다른 성인은 이렇게 말한다. "우리가 용서를 구하는 순간, 하나님은 우리의 죄를 당신의 어깨 너머로 던져 버리신다. 하나님은 그 죄를 잊어버리고 없애신다. 그 죄는 다시는 나타나지 않는다."

다음날, 나와 5단계를 함께했던 알코올 중독자가 그 일이 있은 뒤 쪽지에 적은 글을 보여 주었다. "사랑하는 예수님, 예수님께서 제게 해주신 일을 감사드립니다. 주님께서 죄인들에게 얼마나 친절하신지를 형제자매들에게 알리겠습니다. 주님의 자비가 모든 악한 마음을 이긴다는 것을, 그 무엇도 주님의 자비를 무너뜨릴 수 없다는 것을, 우리가 아무리 부끄럽고 악한 잘못을 수없이 저지른 죄인이라 해도, 주님의 용서를 받지 못한다고 절망해서는 안 된다는 것을 알리겠습니다. 주님과 저의 원수가 매일매일 새로운 덫을 놓지만 다 소용없는 짓입니다. 원수가 다른 모든 것들을 잃어버리게 할지라도, 저는 당신의 긍휼 안에서 확고한 믿음을 가질 것입니다."

형제자매들이여, 지난 28년 동안 내가 알게 된 한 가지는 이런 것이다. 내 순례길에 함께하시는 예수님은 결코 이렇게 말씀하시지 않는다. "브레넌, 너는 너무 조심성이 없구나. 너는 이성적 한계를 넘어서 나를 너무 지나치게 믿는구나. 내게 너무 희망을 두고 있는 것 아니냐. 어리석게 내 말을 그대로 실천하려고 하지 말고, 그저 '나를 믿어라'고 한 내 말을 가지고 적당히 말장난하는 것으로 그쳐야 하지 않겠느냐." 절대 아니다. 내 삶의 그리스도께서는 결코 이런 말씀을 하지 않으신다. 당신도 알다시피, 내 삶에 점철된 자애로운 그분의 구원사역이 거리낌 없는 신뢰를 확실하게 뒷받침하고 있다. 하나님의 백성 이스라엘의 역사(歷史)처럼 나의 역사도 그분의 신실하심을 기리는 역사다.

그분은 결혼할 준비가 되어 있지 않았던 나를 스물두 살에 결혼하지 않도록 불러내셨고, 25년 후에 결혼할 준비가 되었을 때 결혼으로 나를 부르셨다. 스물세 살, 좌절하여 신학교를 떠나려고 하던 1956년 2월 6일, 그날 성령으로 내게 세례를 베푸셨다. 그리고 1975년 4월, 나는 맨발에다 술에 젖은 몽롱한 정신으로 플로리다 주 포트 로더데일의 길가 하수구에 누워 있었다. 그때 가장 두려웠던 것은 내면에서 스스로 모든 것을 포기하게 되는 일이었다. 그때 주님께서 두려움에서 나를 건져 주셨고, 나 자신으로부터 나를 구해 내셨다.

앞으로도 당신이 주님의 신실하심을 의심하려는 유혹을 받게 되면, 주님께서 당신을 어둠에서 구해 내시고 어둠을 빛으로 바꾸어 주신 것을 기억하라. 그 다음, 당신 자신의 감사의 시편을 써 보라. (그리고 당신의 배우자나 가장 친한 친구와 오해가 생겨 서로 험한 말이 오가고 다툼이 일어날 때는, 그 사람이 당신에게 진실한 사랑으로 다가왔던 그때를 기억하라. 그 사람이 한 말은 아마 당신이 오해한 그런 뜻이 아니었을 것이며, 당신이 한 말 역시 그 사람이 오해해서 들은 그런 뜻이 아닐 것이다.)

바울이 디모데에게 한 말 속에서 거침없는 신뢰에 대한 아름다운 반향이 울려온다. "그러므로 내가 첫째로 권하노니 모든 사람을 위하여 간구와 기도와 도고와 감사를 하되"(딤전 2:1). 또한 히브리서 11:1에서도 똑같은 메아리가 들려온다. "믿음은 바라는 것들의 실상이요 보이지 않는 것들의 증거니."

열렬한 신뢰를 보여 주는 가장 당혹스러운 증거 가운데 하나는 바로 선한 도둑이다. 기독교 전승은 그의 이름을 디스마스라고 한다. 그는 테러리스트요 호색한이며, 술꾼이라는 이야기도 전해진다. 그러나 소매치기나 강도도 얼굴을 붉힐 만큼 뻔뻔스럽게 그는 이렇게 외친다. "예수여, 당신의 나라에 임하실 때에 나를 기억하소서." 그러자 예수께서 대답하신다. "오늘 네가 나와 함께 낙원에 있으리라." 터무니없게도 거침없는 신뢰를 보이자 일생 동안 지은 죄가 씻겨 없어졌다. 디스마스는 한순간에 천국을 받았다.

성금요일에 우리가 갈보리 언덕에 서서 배우게 되는 교훈은 비천하고 속 좁으며, 완고하고 인색한 마음으로 예수님의 마음을 판단하지 말라는 것이다. 그분을 최악의 상태의 우리처럼 까다롭고 가차 없으며 복수하는 그런 분으로 여긴다면, 그분이 얼마나 좋으시고 인내와 사랑이 많으신지, 나사렛의 예수님이 얼마나 온유하고 너그러우신지 결코 이해할 수 없을 것이다.

예수께서 말씀하셨다. "나를 보는 자는 나를 보내신 이를 보는 것이니라"(요 12:45). 우리는 홀로 아버지를 아시는 우리의 형제 예수님을 통해, 우리 인간의 경험을 훨씬 넘어서서 반가이 맞아 주는 사랑과, 조건 없는 용납과, 그칠 줄 모르는 영원한 애정이 있음을 배운다. 예수님의 고난과 죽음조차도 그 작은 단서에 불과하다. 이 점을 잠시 생각해 보자. 찢기고, 부러지고, 깊은 상처를 입고, 침뱉음을 당하고, 피 흐르는 예수의 몸은 아버지의 사랑을 보여 주는 작은 단서에 불과하다. 우리 신앙의 핵심은 이 단서 너머에 측량할 수 없는 사랑이 존재한다는 사실에 대한 흔들리지 않는 믿음이다.

아, 어떻게 기도해야 내가 느끼는 이것을 다른 모든 이들이 이해할 수 있겠는가. 예언자들은 모두 어디로 갔는가?

현대 미국교회에서 하나님께 대한 신뢰가 식어 가고 있음을 보여 주는 한 가지 표시는, 지난 10년 사이에 율법적인 신앙이 눈부시게 증대해 왔다는 사실이다. 이러한 현상은 세계의 변혁과 핵무기 비축과 발맞추어 앞으로도 이어질 것이며, 수많은 경건한 신자들을 유혹할 것이다. 율법주의는 두려움에서 생겨나는 것이기 때문이다. 그것은 인간의 공포에 대한 종교적인 응답이다. 율법주의가 그토록 매력적인 것은, 그것이 인간의 기본적 욕구인 안전에 부응하기 때문이다.

율법주의는 인간이 만든 것—인간이 만든 율법—을 절대화하고, 나아가 그 절대화가 바로 하나님의 뜻에 의한 것이라고 선언한다. 이렇게 함으로써 자신들의 입장을 정당화하는 것이다. 딕 웨스틀리(Dick Westley)가 「구원의 친밀함」(*Redemptive Intimacy*)이라는 책에서 말하듯이 율법주의의 이점은 적지 않다. 우리는 이것으로 우리 삶에 매우 튼튼한 기초를 놓을 수 있다. 우리가 절대화한 하나님은 **결코 우리를 놀라게 하지 않으시기 때문이다**. 어느 면에서 그분은 우리가 만든 분이다. 우리가 그분 안에 집어넣은 것이 무엇인지 알고 있으며, 그분에게서 무엇이 나올지도 정확하게 예측할 수 있다. 우리가 그런 식으로 계획을 짜 놓은 것이다. 율법을 지켜라, 그러면 율법이 당신을 지켜 줄 것이다. 이리하여 우리는 거의 모든 율법주의의 특징인 광신까지는 아니더라도 신념과 확신을 가지고 자신의 삶을 투자하게 된다.

예수님과 연합해 살아가며 **삶 속에서** 그분의 목소리를 듣고자 한다면, 너무나 무서운 위험이 뒤따른다. 그러므로 그분의 목소리는 교회의 공식적 견해와 인간이 만든 도덕기준으로 짜여진 우리의 안전망 속에서만 들리게 한다. 그것이 하나님과 함께 살아가는 효과적인 방법이며, 그분을 인간의 크기로 축소시키고, 우리의 마음이 안주하지 못해 새로운 길을 닦아야 하는 일이 생기지 않도록 하는 확실한 길이다. 이처럼 율법주의자들은 교회의 법을 지킴으로써 거짓 안전감을 만들어 낸다. 성경학자 존 맥켄지(John McKenzie)는 이렇게 말한다. "도덕이 그들의 신앙을 망친다. 그들은 율법주의적 고민으로 시달린다. 그들은 율법의 외적인 규정을 지키면 저절로 율법의 목적까지 확실하게 성취된다고 믿는다. 율법에 매달리는 것이 (어쩌면 내게 정말 필요한 것일 수도 있지만) 삶의 궁극적 목적인 그리스도 예수를 알고 그분의 복음 안에서 사는 일에 아무런 성장을 가져오지 않는다면, 외적인 율법의 준수로 무언가를 이룬다고 하더라도 그것은 그다지 중요한 것이 못된다."

16세기의 신비가인 로욜라의 이그나티우스(Ignatius of Loyola)는 자신이 회심하던 당시에 대해 이야기한 적이 있다. 그때 자신이 찾아가 도움을 청할 인도자가 아무도 없었고, 오직 주님께서 친히 학교선생이 아이를 가르치듯 가르쳐 주셨다고 말했다. 그는 마침내 성경의 모든 말씀이 사라져 없어진다 해도 자신은 성경에 계시된 내용을 끝까지 버리지 않을 텐데, 그것은 주께서 친히 그것들을 가르쳐 주셨기 때문이라고 말하는 경지에까지 다다랐다.

많은 그리스도인들은 이그나티우스 같은 행운을 얻지 못했다. 불행히도 우리에게는 안내를 부탁할 사람들이 넘쳐난다. 그들은 자신들의 가르침으로 우리를 끈질기게 괴롭힌다. 아무리 들으려고 해도 그 시끄러운 소리 속에서는 우리 주 예수님의 목소리를 거의 들을 수 없다. 어느 인도 출신의 그리스도인은 이렇게 기도했다. "주님, 아무래도 제가 주님께 직접 가르침을 받게 되는 일은 일어나지 않을 것입니다. 그들은 '당신에게 가르침을 줄 선생은 우리밖에 없다. 우리의 말을 듣는 사람은 그분의 말씀을 듣는 것이다' 하고 말합니다. 그래도 저는 그들을 탓하거나 그들이 내 인생에 존재한다는 사실을 슬퍼하지 않겠습니다. 탓해야 할 사람은 바로 저 자신입니다. 제가 확신을 가지고 그들의 목소리를 잠재우지 못하기 때문입니다. 제게는 스스로 찾아낼 용기가 없고 끝내 주님의 목소리를 듣게 될 때까지 밀고 나갈 결심이 부족합니다. 언젠가 어느 곳에서라도, 주님께서 침묵을 깨고 제게 말씀해 주시리라는 거침없는 신뢰가 부족합니다."

이런 확신이 부족한 수많은 헌신적인 그리스도인들은 다음과 같이 고백해야만 한다. "저는 주님에 대해 간접적으로 배우는 것에 만족해 왔습니다. 성경이나 성인들로부터, 사제와 설교자로부터 말입니다. 우물가에서 예수님을 만난 여인에게 사마리아 사람들이 말한 것처럼, 저도 이 모든 것들에게 이렇게 말해 주고 싶습니다. '이제 내가 믿는 것은 네 말을 인함이 아니니 이는 내가 친히 들었기 때문이라.'"

율법주의는 간접적인 신앙이다.

오늘날 내 삶에서 거침없는 신뢰란 무엇을 뜻하는가?

내게 거침없는 신뢰란, 예수님과 그 아버지께서 상상이 필요하지 않은 방식으로 나를 사랑하심을 흔들림 없이 확신하는 것이다. 그것은 예수님의 아버께서 내 삶을 위해 정해 놓으신 것을 온전히 받아들이고, 예수님이 겟세마네에서 "나의 원대로 마시옵고 아버지의 원대로 하옵소서" 하고 기도하신 그 태도를 갖는 것이다. 그리고 "지금까지 있었던 것에 감사하며, 앞으로 주실 모든 것을 기꺼이 받겠나이다" 하고 고백하는 다그 함마르셸드(Dag Hammarskjold, 역대 유엔 사무총장―옮긴이)의 기도를 나의 기도로 삼는 것이다.

내 신뢰가 얼마나 거침없는지를 거짓 없이 보여 주는 유일한 척도는, 얼마나 기꺼이 순교할 준비가 되어 있는가 하는 것이다. 순교란 주님과 복음을 위해 기꺼이 죽는 것만이 아니라, 어느 날 어느 순간에든 주님을 위해 사는 것이기도 하다.

부활절은 무덤 너머에 대한 희망보다 크며, 예수 그리스도의 부활은 나의 부활을 확실하게 보장하는 징표라는 사실 이상의 의미를 지닌다. 예수님의 부활절 승리는 무엇보다도 그분이 산 자와 죽은 자 모두에게 최고의 주재권을 가지셨음을 뜻한다. 부활하신 그리스도께서 지금 이 순간 내 삶의 주님이시라는 사실은, 그분이 저 바깥에 있는 비현실적 세계의 모든 신들―안전과 권력, 재산, 아름다움, 기타 내 인생에 대해 거짓 요구를 하는 모든 것들―을 초월해 계시는 하나님이시라는 뜻이다. 부활절은 내게 자유로울 수 있는 힘을 준다. 그것은 "나는……네 하나님 여호와니라. 너는 나 외에는 다른 신들을 네게 두지 말라"고 하신 첫째 계명의 살아 있는 성취가 될 수 있는 자유를 말하는 것이다.

해마다 부활절이 되면 니콜라이 아르세니예프(Nikolai Arseniew)의 저서 「동방의 신비주의」(*Mysticism in the East*)에 나오는 아름다운 이야기가 생각난다. 볼셰비키 혁명 직후 공산당원 루나차스키 동지는 모스크바의 가장 큰 강당에 모인 군중 앞에서 연설을 했다. 연설의 주제는 '인민의 아편인 종교'였다. 그는 기독교의 모든 신비들은 신화일 뿐이며 과학의 빛으로 모두 대체되었다고 말했다. 마르크스주의 과학은 단순히 기독교의 전설을 대체하는 것 이상의 빛이라는 주장이었다. 루나차스키의 연설은 길었다. 그는 연설을 끝내고 스스로 크게 만족해 했다. 그리고 그 자리에 모인 7천 명의 군중에게 혹시 자신의 연설에 덧붙일 것이 있느냐고 물었다. 그러자 갓 서품을 받은 스물여섯 살의 러시아 정교회 사제 한 사람이 앞으로 걸어 나왔다. 그는 먼저 인민위원 루나차스키에게 자신의 무지와 서투른 말솜씨에 대해 양해를 구했다. 인민위원은 나무라는 눈길로 그를 바라보며 말했다. "2분을 주겠소. 더 이상은 안 되오." 그러자 사제는 "길게 시간을 끌지는 않겠습니다" 하고 약속했다. 연단으로 올라간 사제는 청중 쪽으로 돌아서서 큰 소리로 이렇게 선포했다. "그리스도께서 부활하셨도다!" 그러자 그 많은 청중이 마치 한 사람인 것처럼 우렁찬 소리로 응답했다. "그리스도께서 참으로 부활하셨도다!"

이 응답은 당신의 마음속에서도 그리고 내 마음속에서도 울려 퍼질 수 있다. 죽음에서 다시 사신 예수 그리스도의 부활은 우리 그리스도인의 삶에 형언할 수 없는 기쁨의 원천이자 이유이고 토대이기 때문이다. 그리스도께서 부활하셨도다, 할렐루야. 그분은 춤의 주님이시다. 삶이라는 춤의 주님이시다. 그분은 웃음의 주님이시다. 우리의 웃음은 우리 안에 계신 그분의 부활하신 생명의 메아리다. 그분은 부활하신 영광의 주님이시며, 최상의 주권으로 이렇게 말씀하실 수 있는 분이다.

"지금 웃는 너희는 복이 있다. 너희는 부활절의 기쁨을 다른 사람들에게 전해 줄 수 있기 때문이다. 그러나 너희가 자신에게 웃어 줄 수 있고 자신에 대해 지나치게 심각하지 않아야만, 인간적 삶이란 것이 너희와 너희에게 필요한 것 주위만 맴돌지 않아야 너희는 복되다.

너희가 내 아버지께서 만드신 모든 창조물 안―해와 밀려오는 파도, 눈과 별, 푸른 청새치와 지빠귀, 세잔느와 올리비아 뉴튼 존, 송아지 고기요리와 남자나 여자의 사랑, 그리고 너희 안에 살아 계신 하나님의 임재―에서 큰 기쁨을 찾을 수 있어야만 너희는 복되다.

네 웃음이 어제까지 너를 옭아매던 모든 것, 오늘 네 작은 자아 안에 너를 가두어 놓던 것, 내일의 불확실성 때문에 두려워하던 모든 것을 거리낌 없는 신뢰로 모두 놓아 버릴 수 있다는 뜻일 때, 너희는 복되다.

웃는 너희는 복이 있다. 너희가 자유롭기 때문이다!"

9
사자와 어린양, 예수의 무자비한 온유하심

우크라이나의 나이 많은 하시딤 랍비 레비 이츠하크(Levi Yitzhak)는, 자신이 술 취한 농부한테서 사랑의 의미를 발견했다고 종종 말하곤 했다. 언젠가 그는 폴란드의 시골 선술집에 들어갔는데, 그곳에 술이 얼큰하게 취한 두 명의 농부가 탁자에 앉아 있는 것을 보았다. 두 사람은 서로 자신이 상대방을 끔찍이 사랑한다고 주장하고 있었다. 이반이 페터에게 이렇게 물었다. "자네는 나를 아프게 하는 것이 뭔지 아는가?" 그러자 페터가 게슴츠레한 눈으로 이반을 쳐다보며 말했다. "자네를 아프게 하는 것이 뭔지 내가 어찌 알겠는가?" 그러자 이반이 즉시 대답했다. "무엇이 나를 아프게 하는지도 모르면서 자네가 어찌 나를 사랑한다고 할 수 있단 말인가?"

비범한 직관과 섬세한 감수성을 지니신 예수님은 예리한 통찰력으로 사람의 마음을 꿰뚫어 보실 수 있었다. "사람에 대하여 누구의 증언도 받으실 필요가 없었으니 이는 그가 친히 사람의 속에 있는 것을 아셨음이니라"(요 2:25). 예수님은 사람을 아프게 하는 것이 무엇인지 아셨다. 그때도 아셨고 지금도 아신다. 그분은 인간이 도저히 이해할 수 없는 깊이로 사랑하신다.

몇 해 전에, 목사인 내 친구가 완전히 지쳐서는 교회를 사직하고 가족도 버린 채 뉴잉글랜드의 한 벌목장으로 들어가 버렸다. 어느 쌀쌀한 오후, 그가 알루미늄 트레일러 안에서 떨고 있는데 이동식 전기히터가 갑자기 꺼지더니 아주 고장이 나 버렸다. 이 악의에 찬 우주가 보여 주는 마지막 증거를 저주하며 그는 소리쳤다. "하나님, 나는 당신이 밉습니다!" 그러고는 무릎을 꿇고 주저앉아 흐느껴 울었다. 그러나 그는 신앙의 빛나는 어둠 속에서 그리스도께서 이렇게 말씀하시는 것을 들었다. "알고 있다. 괜찮다." 그러고 나서, 산산이 무너져 버린 이 사나이는 자기 안에서 예수님이 흐느끼는 소리를 들었다. 그는 일어나 집으로 향했다.

주님은 우리 각자 안의 미움과 사랑, 실망과 환희, 분열과 일치, 두려움과 즐거움, 그리고 슬픔을 예민하게 감지하신다. 그분이 사람의 마음을 아프게 하는 것이 무엇인지를 잘 아신다는 것은, 그분의 모든 지상사역을 통해 잘 드러난다. 상심해서 당신의 발 아래 엎드려 우는 막달라 마리아, 생명의 위협을 느끼는 간음한 여인, 인간관계의 실패를 뼈저리게 겪어 온 사마리아 여인, 갈보리로 향하는 길을 따라가며 울던 여인들. 성경의 여러 대목에 '연민을 느끼시는' 예수님의 모습이 그려져 있다. 헬라어 동사 '스플랑크니조마이'(*splangchnizomai*)는 보통 '긍휼한 마음이 동한다'는 뜻으로 번역한다. 하지만 이 동사의 어원적 의미는 더 깊고 강렬하다. 이 동사는 *splangchna*라는 명사에서 파생했는데, 이 명사는 내장, 창자, 장기 등 가장 강렬한 감정이 생겨나는 내면의 어떤 부분을 말한다. 미국식

속어로 한다면 아마도 '밑바닥으로부터의 반응'(gut reaction) 정도가 될 것이다. 이런 이유 때문에 영어 번역은, 주님이 "불쌍한 마음이 드셨다"(moved with pity), 또는 주님의 마음을 "그들에게 내어주셨다"(went out to them)는 적극적인 표현을 사용한다. 하지만 이런 동사들조차도 긍휼을 가리키는 헬라어의 깊은 물리적 뉘앙스를 포착하지 못한다. 예수께서 느끼시는 연민은 표피적이고 일시적인 불쌍한 마음이나 동정심과는 전혀 다르다. 주님의 가슴은 찢어지고, 애가 녹아났으며, 그분의 존재에서 가장 상처받기 쉬운 부분이 그대로 노출되었다.

헨리 나우웬은 이렇게 말한다.

> 그것은〔*splangchnizomai*〕긍휼을 가리키는 히브리어 라하밈(*rachamim*)과 관련이 있는데, 라하밈은 여호와의 자궁을 가리킨다. 긍휼은 이처럼 예수님의 깊고 중심적이고 강렬한 감정으로서, 하나님 자궁의 움직임으로 밖에는 묘사할 길이 없다. 이 안에 하나님의 모든 온유하심과 친절하심이 숨겨져 있다. 이 안에서 하나님은 아버지이고 어머니이며, 형제이고 자매이며, 아들이고 딸이다. 그 하나님의 사랑 안에서 모든 느낌과 감정과 열정이 하나가 된다.[1]

상심한 내 친구 목사 안에서 예수님이 흐느끼실 때 모든 존재하는 것들의 토대가 흔들리고 모든 생명의 원천이 요동쳤으며, 모든 사랑의 심장이 활짝 꽃피고, 측량할 수 없는 하나님의 광대하심과 끊임없는 보살핌심이 그 모습을 드러냈다.

예수께서 사람들의 고통을 덜어 주시려고 행하신 수많은 육체적 치유들은, 상처입은 인간을 향한 하나님 아들의 고뇌를 보여 주는 작은 단서에 불과하다. 그분의 긍휼하심은 그분의 깊은 내장에서 솟아나오며, 인간이 감히 흉내 낼 수 없는 높은 수준에서 움직인다. 예수님은 인간의 깊은 슬픔에 공명하셨다. 그분은 길 잃은 자들을 위해 스스로 길 잃은 자가 되셨고, 굶주린 자들과 함께 굶주리셨으며, 목마른 자들과 함께 목마르셨다. 그분은 십자가 위에서 고독의 끝까지 나아가셨다. 그 때문에 고독한 자들과 함께 고독하실 수 있었고, 당신 자신을 나누어 주심으로, 우리를 죽음에 이르게 하는 고독의 힘을 제거하실 수 있었다.

예수님은 그때도 그러셨고 지금도 그러하신다. 예수님은 우리 각 사람의 희망과 두려움, 환희와 외로움에 따라 진동하신다. 예수님은 하나님 아버지의 긍휼하심이 육신이 되신 분이다. 14세기의 신비가 마이스터 에크하르트는 이렇게 말했다. "우리는 하나님을 사랑이라 부를 수도 있고 선이라 부를 수도 있다. 그러나 가장 정확한 하나님의 이름은 긍휼하심이다." 하나님께서 우리와 함께 계신다는 뜻으로 우리는 예수 그리스도를 임마누엘이라고 부른다. 이는 곧 역사상 가장 큰 사랑을 지니신 분이 우리를 아프게 하는 것이 무엇인지를 잘 아신다는 말과 같다. 예수님이 보여 주시는 하나님은 인간의 고통에 무심하지 않으시다. 그분은 인간의 조건을 모두 끌어안고 우리 인간의 힘겨운 싸움 속으로 몸소 뛰어드는 하나님이시다.

역사의 골짜기 위에 구름처럼 드리워 있는 마음의 고통 가운데서 예수께서 이해하지 못하실 고통은 없다. 예수님은 당신의 존재 안에서 모든 이별과 상실, 슬픔으로 갈기갈기 찢겨진 마음, 시대의 통로마다 흘러다니는 모든 애도의 흐느낌을 느끼신다.

우리는 우리의 깊은 상처를 어루만져 줄 손과, 우리를 안아 줄 팔과, 입 맞추어 줄 입술과, 지금 이곳에서 이야기해 줄 말씀과, 우리의 공포와 떨림을 두려워하지 않는 마음을 간절하게 구한다. 우리는 자신의 고통이 다른 사람들은 느끼지 못하는 자신만의 고통이라고 생각한다. 그러면서도 누군가 과감하게 다가와 주기를 늘 고대한다. 이런 우리에게 참으로 "내가 너와 함께 있다"고 말씀하시는 분이 오셨다. 예수 그리스도는 우리와 함께 계시는 하나님이시며, 우리 인간의 모든 아픔은 그분의 지극히 숭고한, 가장 깊은 곳에 반향을 일으킨다.[2]

이 말은 그 흔한 경건에 대한 이야기가 아니다. 부활하신 예수님은 (남성 우월주의에 빠진 사람들이 말하는) 우두머리나, 신성한 대기의 기체나, 우주 밖에 존재하는 눈에 보이지 않는 명예직 대통령이 아니다. 예수님의 부활은 악단이 '높고도 멀리'(Up Up and Away, 나의 아름다운 풍선을 타고 저 먼 세상으로 날아가자는 내용의 1960년대 유행가—옮긴이)를 연주하는 중에 저 높은 곳으로 날아가는 탈출이 아니었다. 부활절 아침, 그분은 새로운 생명으로 비약하심으로써 육체적 존재의 시공간적 제약을 벗어나셨다. 그리하여 네팔과 뉴올리언스에 동시에 계실 수 있고, 마태와 막달라 마리아뿐 아니라 내게도 동시에 손을 내밀 수 있는 분이시다. 유다의 사자는 지금 이곳에서 부활하신 상태로, 우리를 찾아다니고 따라다니며 몰래 쫓아다니신다. 우리가 예레미야와 더불어 "이제 그만 됐습니다. 저를 슬퍼하게 그냥 놔주세요!" 하고 외칠 때 목자는 이렇게 대답하신다. "나는 너를 혼자 내버려 두지 않을 것이다. 너는 내 것이다. 나는 내 양들 하나하나의 이름을 다 안다. 너는 내게 속해 있다. 만일 너와 나의 관계가 끝났다고 생각한다면, 네가 나에 대해 안전 거리를 유지한 채 떨어져 있을 수 있는 그런 하찮은 신이라고 생각한다면, 나는 포효하는 사자처럼 너를 덮쳐 갈기갈기 찢고 산산조각 내서 네 몸의 뼈를 모조리 부수어 놓을 테다. 그런 뒤에 너를 고쳐 내 팔에 안아 달래며 부드럽게 입맞추어 주리라."

사자와 목자는 같은 분이시다. 맹렬한 추적과 흔들림 없는 사랑은 한없이 사랑하시는 분의 이중적인 모습이다. 그분은 무엇이 우리를 아프게 하는지, 그리고 어떻게 우리를 치유할 것인지를 아신다. 이처럼 무자비하기도 하고 위로하기도 하시는 하나님은, 우리를 대신해서 죽음에 이르는 고통을 당하신 어린양이시기도 하다.

병석에 누워 임종을 맞던 노인이 있었다. 한 사제가 그 노인에게 병자성사를 주러 갔다가 노인 옆에 놓인 빈 의자를 보았다. 그래서 노인에게 방금 누가 왔다 갔느냐고 물었다. 그러자 노인이 대답했다. "나는 저 의자에 예수님을 모시고 이야기를 나눕니다." 노인은 사제에게, 기도란 바로 예수님과 대화하는 것임을 한 친구가 설명해 주기 전까지 여러 해 동안 기도하기가 무척 힘들었노라고 말했다. 그 친구는 이렇게 상상해 보라고 권했다. 가까이에 의자가 있고 예수님이 앉아 계신다. 그분께 말씀을 건네고 대답도 들을 수 있다. "그 뒤로는 한번도 기도가 힘들지 않았습니다."

자신이 느끼는 것을 예수님도 느끼심을 아는 노인은 죽음에 대한 두려움을 예수께 말씀드리지 않았을까? 예수께서 그 자리에 계셨음을 아는 노인은 사랑하는 사람들이 겪는 슬픔에 대해 그분과 함께 애통해 하지 않았을까? 예수께서 그날 밤에 피땀을 흘리셨음을 알기에 노인은 자신을 삼키려는 죽음 앞에서 용기를 달라고 기도하지 않았을까?

며칠 후에 노인의 딸이 사제관으로 신부를 찾아와서 방금 전 아버지가 돌아가셨다고 알렸다. "아버지께서 무척 기분이 좋으시기에 몇 시간 동안 혼자 계시도록 방에서 나왔습니다. 방으로 돌아가 보니 아버지는 이미 돌아신 뒤였습니다. 그런데 이상한 일은 아버지께서 머리를 침대에 두지 않고 침대 곁에 있는 빈 의자에 두고 돌아가셨다는 사실입니다."[3]

우리를 그분과 갈라놓는 모든 것들을 죽여 없애실 사자, 그 분리를 치료하기 위해 죽임당하신 어린양. 이 둘은 예수님을 가리키는 상징이며 그분의 이름과 동의어다. 무자비함과 온유하심, 이는 하나님의 실재가 지닌 분리할 수 없는 측면들이다.

어째서 우리가 서로를 대하는 방식에는 (내 식대로 무자비한 온유하심이라고 번역하는) 예수님의 스플랑크니조마이가 없는 것일까? 헨리 나우웬은 이렇게 말했다. "우리 자신을 비판적으로 바라보면 긍휼(compassion)이 아닌 경쟁(competition)이 삶의 중요한 동기임을 알게 된다."[4] 무척 도전적인 시각이다. 우리는 남보다 한발 앞서려는 경주에 발목을 잡혔다. 자신의 가치에 대한 평가는 다른 사람과 자신을 비교한 결과에 따라 달라진다. 사회적 지위상승과 힘겨루기, 이기려는 욕구가 긍휼한 마음의 싹을 잘라 버린다. 자신이 기록한 탁월한 성과에 의해 자기 우월감만 더 크게 자라난다.

우리는 자신이 쟁취한 것을 소유하고 지키려 한다. 우리 집에 와서 내가 로널드와 낸시와 함께 백악관 조찬기도회에 참석한 잊지 못할 사건을 부러워하시라. 그 사건은 래커칠하고 코팅을 입히고 반짝반짝 광을 내고, 크게 확대시켜 놓기까지 했다. 게다가 밤길을 가는 사람들도 볼 수 있도록 앞마당 외등 아래 자랑스럽게 팻말까지 세워져 있다. 이 팻말 덕분에 나는 거리에 사는 다른 이웃과는 달라 보인다. 나를 남들과 구분 짓도록 해줄, 특별한 것을 내놓지 않는다면 나는 대체 누구란 말인가? (물론 농담이다. 우리 집 앞에 내가 특별한 사람임을 표시하는 팻말 같은 것은 없다. 로슬린은 이런 것에서 벗어나라고 충고해 주었다.)

우리 관계의 세세한 구석까지 미치는 이런 미묘한 경쟁심이, 우리를 자비로운 사람이 되지 못하게 가로막는다. 긍휼이란 에티오피아의 기근처럼 극적인 사건을 보게 되었을 때에나 발휘할 수 있는 사치가 되었다. 나와 남을 구별해 주는 차이점을 포기하는 것은 곧 나의 정체성을 잃는 것과 같다. (내 말은 내가 다른 모든 사람과 같아진다는 것이다. 대통령이나 영부인과 함께 앉아서 블루베리 머핀을 먹어 본 적이 없는, 이렇다 할 것 없는 평범한 사람들과 똑같아진다는 것이다.) 분명 긍휼한 삶은 안정되지 않은, 두렵기까지 한 삶이다. 우리 안에는 우월을 향한 매혹적인 부름이 크고 분명한 소리로 울리고 있다. 남보다 더 건강하게 그을린 피부를 자랑하는 사람, 옷도 더 잘 입고 얼굴도 더 훤한 부유한 사람, 아는 것이 더 많고 능력도 뛰어난 사람이 되라는 부름이 그것이다.

그러나 스플랑크니조마이-예수님의 무자비한 온유하심-에 사로잡힌 바 되려면, 우리의 일관된 자아의식이, 차이점에 대한 허상이 아닌 보편적 인류애에 확고한 뿌리를 두어야 한다. 알코올 중독자들이 중독에서 벗어날 때 흔히 말하는 것처럼 "하나님의 은혜가 아니라면 나는 저곳으로 가고 말 것이다"(There, but for the grace of God, go I). 로욜라의 이그나티우스는 자신이 받은 가장 큰 은혜가 세리가 받은 은혜, 곧 자신도 다른 모든 사람과 똑같이 죄인임을 깨달은 은혜라고 말했다.

트라피스트 수도회의 수도자 토머스 머튼(Thomas Merton)은 영적 여정의 초기에 「명상의 씨앗」(*Seeds of Contemplation*)이라는 책을 썼다. 그는 이 책에서 신비가란 다른 이들과 동떨어진 집단이라는 생각을 조심스럽게 피력했다. 훗날 그는 자신이 죄인들과 한 무리이며, 인류가족의 온전한 한 존재라는 계시 앞에서 크게 놀라 이렇게 외쳤다. "남과 다르다는 환상에서 벗어나는 해방감은 너무도 큰 위로와 기쁨이었다. 나는 크게 소리내어 웃을 수밖에 없었다.……'하나님 감사합니다, 하나님 감사합니다. 제가 다른 사람들과 똑같은 사람이라니, 제가 단지 뭇사람들 가운데 하나라니 감사합니다.' 인류의 일원이 된다는 것은 영광스러운 운명이다."[5]

예수님의 무자비한 온유하심은 우리의 거짓 얼굴과 사소한 것들에 대한 기만과 성가신 허영심, 터무니없는 가식들을 포기하고, 너절한 인간 공동체의 일원이 되기를 요구한다. 예수님은 당신이 온유하시므로 서로에게 온유하라고 하신다. 예수님은 구원받은 죄인들 모임 속으로 우리를 부르신다. 거기서는 우리의 정체성과 영광이 직책이나 소유, 명예로운 지위, 허상 속의 차이점 같은 것에 의지하지 않는다. 그것은 하나님의 가족 안의 형제자매들과 풀리지 않도록 단단히 결합된 새로운 자아에서 나온다.

베드로가 그의 두 번째 편지에서 말하는 것처럼 우리는 "신의 성품에 참여하는 자"(벧후 1:4)다. 우리는 바로 하나님의 생명에 사로잡혔다. 그러므로 두려움과 회피, 우리가 지닌 모든 자잘한 판단 같은 자동적인 감정들을 초월할 수 있게 되었다. 또한 사자이며 어린양이신 분이 무자비하고 온유하시듯이, 우리도 변함없이 온유할 수 있는 능력을 받았다.

그분의 자비는 끝도 한계도 없으며, 모든 이에게 심지어 내게도 미친다.

그리스도인의 삶에서 가장 놀라운 모순은, 수많은 예수님의 제자들이 자기 자신을 몹시 혐오한다는 사실이다. 그들은 다른 사람이 그러리라고는 상상조차 하지 못하면서도, 자신의 단점에 대해서는 더 불쾌해하고 참지 못한다. 흥분하고 용서하지 못하며 적개심을 품는다. 그들은 자신에게 짜증을 내고 자신의 평범함에 싫증을 낸다. 자신의 일관되지 못함을 역겨워하고 자신의 단조로움을 지겨워한다. 그러나 자신을 파괴하는 무자비한 자기심판의 잣대로 하나님의 다른 자녀들을 판단하지는 않는다. 우리는 예수님의 무자비한 온유하심을 체험해야 무엇보다도 자신에게 친절해진다. 주님의 스플랑크니조마이가 우리 마음속으로 파고들어 오게 허락하는 그만큼, 자신 때문에 걸리는 소화불량에서 자유로워진다. 수치라고까지 여기는 자기증오에서 풀려난다. 자신에 대한 태도를 바꾸고 주님과 함께 자신을 평가하는 것에 대항하지 않으면,

복음서의 그리스도를 도저히 알 길이 없다. 지금 이 순간 예수께서 당신에 대해 어떻게 느끼시는지 알고 싶은가? 버나드 부시는 그 방법을 이렇게 말한다. 당신이 자신을 열렬하고 자유롭게 사랑한다면, 자신에 대한 당신의 느낌은 예수님의 느낌과 완전히 같은 것이라고.

뒤이어 더 신성한 사실 하나를 깨닫게 된다. 자신에 대한 사랑이 타인을 사랑할 자유를 준다는 사실을. 로렌스 반 데어 포스트(Laurens Van der Post)의 『불 곁의 얼굴』(*The Face Beside the Fire*)이라는 소설에 잊을 수 없는 대목이 있다. 작가는, 자기 남편과 치열하게 경쟁하는 불안정한 여인을 그린다. 그 여인은 자신이 상처받기 쉬운 사람인 것을 숨기려고 자신의 온유함을 말살시킨다. "그 여인은 앨버트를⋯⋯약국에서도 구할 수 없는 독약으로 서서히 중독시킨다.⋯⋯ 그 독은 그녀가 사용하는 모든 언어에서 생겨난 것이다. 그녀는 섬세하고 따뜻하고 다정하며, 하찮은 것들을 소멸시키는 애정의 표시를 결코 해본 일이 없다."[6] 결혼생활이나 인간관계 속의 힘겨루기를 통해 억눌러 온 사랑은 예수님과의 연합을 통해 자유로워진다. 이것은 비교와 대립, 경쟁과 대결, 힘겨루기 등에서 서서히 벗어나는 새 삶의 방식이다.

이처럼 영적 변화를 통해 전혀 새로워진 정신을, 바울은 "새로운 피조물"이라고 부른다. 다른 사람들에 대한 연민으로 목이 메일 때, 우리는 예수님과 가장 닮은 상태가 된다. 이번 장을 쓰면서 나는 가장 깊은 감동을 받는다. 마르틴 루터(Martin Luther)는 이렇게 말했다. "설교자의 내적인 실존은 말씀으로 형성되어야 한다." 사자이며 어린양이신 그분의 무자비한 온유하심은 나를 경이와 기쁨으로 전율하게 한다. 나는 경외와 확신, 감사가 넘쳐흐르는 기쁨, 그리고 깊은 경배심을 체험한다. 동시에 이런 것들이 부족하기 때문에 보잘것없는 죄인이며, 도전받는 존재이기도 하다. 나의 제한된 긍휼함과 유한한 애정 때문에, 그리고 아내와 아이들, 부모님, 친구들, 나를 아프게 하는 지인들이 내 기대를 만족시킬 때까지 억눌러 온 애정의 표시들 때문에 나는 비탄에 잠기기도 한다.

그러나 주 예수님은 자기정죄와 건강하지 못한 죄의식을 원하지 않으신다. 자기중심적인 죄의식은 자아 속에 자신을 가둔다. 인자하신 하나님의 자리를 먼저 차지해 버린다. 자신의 실패로 충격을 받거나 두려워해서는 안 된다. 분명 예수님도 그렇게 하지 않으신다. 그분은 잘못을 기록하지 않는 한없이 긍휼하신 분이다. 그분은 지나치게 흔들리지 말고 회개하며 겸손하게 실패를 인정하라고 말씀하신다. 그리고 성령의 권능 안에서 다시금 열정적인 삶을 살라고 말씀하신다. 오늘 내게 주시는 말씀은 베드로가 세 번 주님을 부인한 뒤에 하신 바로 그 말씀이다. "평안 있으라. 벗이여, 평안 있으라." 아시시의 프란체스코가 임종하며 남긴 말이 그리스도의 평화와 함께 내 안에서 울린다. "자, 형제들이여 이제 시작합시다. 지금까지 우리는 별로 한 것이 없습니다."

나는 예수님의 스플랑크니조마이 덕분에 사랑(love)의 의미를 정확하게 규정할 수 있다. 이 단어는 영어 가운데 가장 심하게 뒤섞이고 멋대로 조작된 단어다. 제임스 섀넌(James Shannon) 박사는 이런 현상을 다음과 같이 생생하게 표현한다. "우리는 'love'란 단어를 예수께서 갈보리 산에서 기꺼이 돌아가실 수 있었던 동기, 야한 포르노 영화의 주제, 히피족들의 애정관계, 남편과 아내의 친밀한 연합, 주말 파이어 아일랜드에서의 난잡한 성교를 가리키는 말로 사용한다."[7]

우리 안에서 역사하시는 예수님의 사랑이야말로 인류가족 형제자매들이 겪는 굶주림과 헐벗음, 고독과 고통, 비참한 선택, 실패한 꿈들을 우리 존재의 깊은 곳에서부터 함께 괴로워하고 견디며, 함께 씨름하고 참여하며 감동할 수 있는 힘의 근원이다. 그렇다고 우리가 알지 못하는 곳의 사역에 참여해야만 하는 것은 아니다. 그리스도의 고난은 우리의 공동체 안에, 누구나 육적으로 영적으로 고통을 겪는 가정 안에 일어날 수 있는 사건이다. 이곳에 예수님은 불확실하고 두려운 존재로 계시지 않는다. 우리가 가장 보잘것없는 형제자매들을 위해 무언가를 할 때, 우리가 그분을 위해 무언가를 할 때, 그곳에 예수님께서 임재하신다. 그리스도께서 지금도 십자가에 매달려 계시는 갈보리에서, 나는 내 구주이시며 주님이신 그분을 섬길 것이다.

예수님의 스플랑크니조마이에는 세속적 이상주의나 감상적 신앙심이 파고들 자리가 없다. 성경적으로 볼 때, 긍휼은 행동을 뜻한다. 1960년대에 유행하던 포스터가 생각난다. "사랑은 동사다." 외로운 과부를 생각하며 눈물짓는 것은 단순한 감상에 지나지 않는다. 그에게 편지를 쓰고 그 문을 두드리며, 전화를 걸어 주는 것이 자비다. 이 둘의 차이는 요한일서 3:17-18에 분명하게 묘사되어 있다. "누가 이 세상의 재물을 가지고 형제의 궁핍함을 보고도 도와줄 마음을 닫으면 하나님의 사랑이 어찌 그 속에 거하겠느냐. 자녀들아, 우리가 말과 혀로만 사랑하지 말고 행함과 진실함으로 하자."

복음서들은 예수께서 마음 깊이 감동하셨다고 말한 뒤에는 반드시 그분이 무언가 하셨음을 보여 준다. 배고픈 무리를 먹이시고 하나님께 대신 간구하시며, 몸과 마음을 치유해 주시고, 귀신이나 마귀를 쫓아내 주신다. 선한 사마리아 사람이 칭찬받은 것은, 바로 그가 행했기 때문이다. 제사장과 레위인, 정확한 신학적 해석의 전형인 그들은 아무것도 행하지 않았기 때문에 결정적인 시험에서 떨어지고 말았다.

별 매력도 없고 남들이 알아주지도 않는 자선사업, 사소한 일 따위의 사역, 음식과 거처를 베푸는 일, 병자와 갇힌 자를 방문하는 일, 가르치는 일, 선도하는 일, 치유의 말씀을 전하는 일, 잘못을 참아 주는 일, 창조적인 마음으로 귀 기울여 듣는 일, 상담, 더러운 발을 씻어 주는 일, 사람들과 함께 기도하는 일, 이 모두가 자비의 삶을 사는 일이다. 이 일들은 사소하지 않다. 예수께서 마태복음 5:48에서 "하늘에 계신 너희 아버지의 온전하심과 같이 너희도 온전하라" 하신 말씀과 동일한 계명이 누가복음 6:36에는 이렇게 기록되어 있다. "너희 아버지의 자비로우심 같이 너희도 자비로운 자가 되라."

매튜 폭스(Matthew Fox)는 말한다. "자비는 우유가 아니라 고기의 영성이다. 아이가 아닌 어른의 영성이다. 가학의 영성이 아니라 사랑의 영성이며, 자선이 아니라 정의의 영성이다. 자비는 성숙과 관대한 마음과 기꺼이 위험을 무릅쓰는 마음과 상상력을 필요로 한다."

이 책에서 나는, 내가 얼핏얼핏 보았던 예수님에 대해 자주 언급했다. 얼핏 본 것은 얼핏 본 것일 뿐이다. 부분적인 모습 그 이상도 그 이하도 아니다. 내 여정의 예수님, 그분은 지극히 자비하신 분으로 내게 당신을 드러내 보여 주신다. 그분은 하나님의 아들(the Son of God)이시기 때문에 자비로운 것이 아니라, 지극히 자비롭기 때문에 하나님의 아들이시다. 그분의 자비는 사라져 없어질 유한한 운명을 넘어선다. 바로 이런 점에서 그분은 내게 하나님으로 존재하신다. 그분은 보이지 않는 하나님의 형상이시다. 당신이 예수님을 선하심이라고 부른다면, 그분은 당신을 선대하실 것이다. 당신이 그분을 사랑이라고 부른다면, 그분은 당신을 사랑하실 것이다. 당신이 그분을 자비라고 부른다면, 당신이 느끼는 그것을 그분도 느끼실 것이다.

로렌스 반 데어 포스트는 두 형제의 이야기를 들려준다. 형은 힘이 세고 키가 크며 머리도 좋은, 뛰어난 운동선수였다. 형은 가족이 살던 남아프리카공화국의 사립학교에 진학했고, 그곳에서 학생회장이 되었다. 동생은 형보다 여섯 살이 어렸다. 외모가 뛰어나지 못했고 능력도 변변치 않았으며, 게다가 척추 장애인이었다. 하지만 그에게는 한 가지 뛰어난 재능이 있었다. 그의 노랫소리는 무척 아름다웠다. 나 역시 그처럼 동생이었기 때문에 쉽사리 그 동생과 공감할 수 있었다.

나중에 동생도 형과 같은 학교를 다니게 되었다. 그러던 어느 날, 학생들의 잔인한 군중심리가 폭발했다. 학생들이 떼지어 동생에게 달려들어 조롱하며 곱사등이 드러나도록 윗옷을 찢어 버렸다.

형은 이런 일이 벌어지는 것을 알고 있었다. 밖으로 나가 동생을 괴롭히는 학생의 무리와 맞설 수도 있었다. 그 못난 척추 장애인이 자신의 동생임을 밝히고 그 딱한 소동을 멈추게 할 수도 있었다. 하지만 그는 화학실험실에 그대로 남아서 자기 몫의 실험을 마쳤다. 결국 그는 자신이

해야 할 것을 하지 않음으로써 동생을 배신했다.

그 이후로 동생은 완전히 다른 사람이 되었다. 그는 부모님이 사는 농장으로 돌아가, 자신 속에 스스로를 가두어 버렸다. 그리고 더 이상 노래를 부르지 않았다. 한편 형은 2차 세계대전이 발발하자, 군에 입대해 팔레스타인에 주둔하게 되었다. 어느 날 밤에 형은 벌판에 누워 하늘의 별들을 바라보다가, 학창시절 자신이 동생에게 어떤 짓을 저질렀는지 깨달았다. 그의 가슴이 그에게 속삭였다. 집으로 돌아가 동생에게 용서를 구하지 않는 한 결코 평안이 없을 것이라고. 그는 전쟁중에 엄청난 고생을 치르며 팔레스타인에서 남아프리카로 돌아갔다. 형제는 밤늦도록 오래오래 이야기를 나누었다. 형은 자신이 지은 죄를 고백하고 용서를 구했다. 둘은 서로 끌어안고 목놓아 울었다. 두 사람 사이의 단절은 치유되었다.

그날 밤, 어떤 일이 일어났다. 깊은 잠에 빠져 있던 형은 밤의 정적 속으로 울려 퍼지는 충만하고 풍요롭고 감미로운 소리에 놀라 잠이 깼다. 그것은 다시 노래를 부르는 동생의 아름다운 목소리였다.[8]

형은 단 한 번, 힘들었지만 구체적인 자비의 행동으로 동생과 자기 자신의 관계를 치유하고 온전하게 회복시켰다. 아마도 예수님의 스플랑크니조마이에 대한 궁극적 배반은, 사랑할 기회를 맞았어도 그렇게 하지 못하는 일일 것이다.

이 마지막 대목을 나 자신의 양심 성찰로 채우는 것을 양해해 주기 바란다. 하지만 나는 지금 내가 쓰고 있는 이 책에 대해, 엄격하고도 정직한 질문을 내 자신에게 던지고 있다. 이 책은 결혼한 사제의 자격을 박탈하는 로마 가톨릭 교회의 부당한 체제에 대해 완강히 반발하고 있지는 않은가? 내 자신의 고통을 핑계로 점점 더 용서를 모르는 자가 되고 있지는 않은가? 율법주의 설교자들에게 독선적인 우월감을 표현한 적은 없는가? 자비가 유일한 현실이며 그 외의 모든 것은 환상이며 착각이고 거짓이라는 내 자신의 말을 배반한 일은 없는가?

한 가지 확실한 것이 있다. 자비란 예수께서 내게 그분을 드러내 보여 주시는 이름이다. 하나님의 사자이며 어린양이신 분의 무자비한 온유하심 외에 다른 무엇이 나의 현실 개념을 차지하도록 놔둘 때마다, 나의 정체성은 희미해지고 단절되며 혼돈에 빠진다는 사실이다. 그 다른 무엇이란, 자기 의에서 나오는 분노와 자기방어, 이기고자 하는 욕망, 다른 사람들을 변화시키려는 강렬한 욕구와 습관적인 비판, 자신의 옳음을 입증하고자 하는 끝없는 갈증, 타인의 무지에 대한 좌절 등일 수 있다. 나는 자신과 조화를 이루고 있는가, 아니면 참 내게서 소외되어 있는가?

이번 장을 쓰면서 체험한 기도 속의 성찰과 영혼을 찾아가는 여정은 하나님께서 내게 주신 선물이다. 그것은 카타르시스의 체험이자 내적 치유이며, 통찰이고 도전이며 평화다. 하나님의 어린양이신 유다의 사자가 여러분 마음속의 지성소를 향해 말씀을 주셨기를 기도한다. 여러분이 이번 장을 덮으려는 지금, 나는 아버지께 기도한다. 성령께서 여러분을 인도하여, 형제자매의 상처입은 육체 안에 잠들어 있는 **노래를 자유롭게 풀어 주시기를.**

H. L. 멩켄(Mencken)이 말하는 것처럼, 그것은 흥허물 없이 지내는 소녀에게 윙크를 하듯 간단한 일일 것이다.

크리스마스의
　　　예수님

10

위대한 희망의 절기

일 년에 한 번씩, 크리스마스는 큰 망치와도 같은 힘으로 삶의 성스러운 영역과 세속적인 영역을 강타한다. 갑자기 어디에나 예수 그리스도께서 계신다.

대략 한 달 정도 그분의 현존은 피할 수 없게 된다. 그분을 받아들이거나 거부할 수도 있고, 인정하거나 부인할 수도 있지만, 무시할 수는 없다. 물론 모든 교회들이 설교와 노래와 상징으로 그분을 선포한다. 그러나 이제 그분은 모든 빨간코 사슴을 타고 계시며, 양배추 인형 뒤마다 몰래 숨어 계신다. 그분의 존재는 지극히 세속화된 '성탄절 인사'(season's greetings) 속에서 울려 퍼진다. 멀리 또는 가까이에서, 그분은 크리스마스를 축하하는 모든 잔 속에서 건배를 당하신다. 호랑가시나무의 자잘한 가지 하나하나는 그분의 거룩함을 보여 주는 암시이고, 겨우살이 나뭇가지로 만든 장식은 그분이 여기에 계시다는 상징이다.

그분의 이름을 선포하는 사람들에게 크리스마스가 전하는 빛나는 진리가 있다. 그것은 바로 예수 그리스도의 하나님이 우리의 절대적 미래라는 사실이다. 이것이야말로 이 성스러운 절기가 지닌 위대한 희망이다. 하나님께서 베들레헴에서 자유로이 행하신 일로 인해, 그 무엇도 우리를 그리스도 예수 안에 있는 하나님의 사랑에서 갈라놓을 수 없게 되었다. 빛과 생명과 사랑이 우리편에 있다. 크리스마스 이야기는 부활절을 체험하고 난 이후 신앙의 빛 가운데서 쓰여진 것이다. 예수님의 부활이 없었다면, 마태복음과 누가복음의 예수님의 어린시절 이야기는 진기한 옛날 이야기로 치부하고 지워 버려도 무방할 것이다. 예수님의 부활은 이스라엘의 오랜 꿈이 실현된 것이고, 메시아의 시대가 역사 안에 우뚝 선 것이다. 만일 그리스도께서 부활하지 않으셨다면, 산상수훈은 탁월한 윤리 정도로 칭송하고 넘어가도 무방할 것이다. 그러나 그리스도께서 부활하셨다면 칭송이 문제가 아니다. 그것은 우리의 궁극적 운명을 그린 초상화다. 그러므로 복음사가들이 그랬듯이, 크리스마스의 신비는 부활절 이전이 아니라 부활절 **이후**에 묵상하는 것이 옳다.

"예수님은 지금, 사람들이 자신의 본향으로 돌아올 때마다 그리고 자신을 잃어버려 희망과 기쁨이 거의 없을 때조차도 우리 안에 '성탄'(Christmas) 하신다." 몇 년 전, 고독한 중에 일기에 끄적여 놓은 이 말이, 위대한 희망의 절기가 시작되는 이때에 나를 예언의 권능으로 사로잡는다. 그리스도인들은 다른 사람들이 우리 안에서 힘과 기쁨의 원천을 찾을 수 있을 정도로 희망의 사람들이다. 그렇지 못하다면 "성령의 권능으로 동정녀 마리아에게서 태어나 사람이 되셨다"는 신앙고백은 학문적이고 모호하며, 희망 없는 고백일 뿐이다. 이는 "내일 술을 끊겠다"는 알코올 중독자의 말과 같다. 안다는 것은, 그 앎으로 인해 자신이 변화되는 것을 뜻한다.

역사상 가장 위대한 신학자라고 할 수 있는 토마스 아퀴나스(Thomas Aquinas)가 만년에 갑자기 저술을 그만두었다는 이야기가 전해진다. 그의 비서는 저작이 아직 완성되지 않았는데 왜 중단하느냐고 불평했다. 아퀴나스는 이렇게 대답했다. "레지널드 형제, 몇 달 전 기도하는 중에 나는 예수 그리스도의 실재를 체험했다네. 그날부터 나는 글을 쓰는 일에 모든 흥미를 잃었지. 지금까지 내가 그리스도에 대해 쓴 모든 글이 이제 내게는 지푸라기처럼 보인다네."

학자가 신비가로, 다시 말해 무언가를 체험한 사람이 되는 순간, 그는 말할 것이 아무것도 없음을 깨닫는다. 그저 어눌하게 떠듬떠듬 말할 수 있을 따름이다. 그렇게 힘들여 얻은 지식도 지푸라기에 불과하다. 지극히 높으신 하나님께서 어린아이의 연약함을 통해 당신을 보여 주실 때, 나는 귀 기울여 들어야 한다. 내게는 가르칠 것도 말할 것도 없음을.

주 예수를 자기 마음대로 주무를 수 있는 정도로 축소하려는 시도는, 일반적이면서 치명적인 잘못이다. 이런 시도는 그분에게서 **타자성**(Otherness)을 박탈하며, 그분을 우리 정신 영역의 한계 안에 가둔다. 아퀴나스는 이렇게 경고한다. "만일 누군가가 하나님을 이해한다면 그것은 하나님이 아니다." **하나님의 아들은 항상 그보다 더 크신 분이다.** 이것이 비밀이다. 우리가 아무리 그분을 위대하다고 생각해도 그분은 항상 그보다 더 크신 분이다.[1]

그렇다면 이 이후의 묵상은 마구간의 **지푸라기**에 지나지 않는다. 죄 많은 인생 파탄자, 늘 널빤지를 놓쳐 버리는 난파한 자의 투덜거림에 불과하다. 그러나 하나님은 여전히 그를 통해 역사하신다. 자신에 대한 이런 평가는 정직할 뿐 아니라 하나님께서 오직 성인들만을 통해 역사하신다는 강박에 사로잡힌 이들을 위로하고 **자유롭게** 해준다. 닭이 두 번 울기 전 세 번이나 널빤지를 놓쳐 버리는 존재, 진흙으로 빚은 질그릇에 불과한 존재가 바로 자신임을 깨닫는 그리스도인들에게, 이는 얼마나 치유와 용서와 위안을 주는 말인가.

나는 마땅히 어떠해야 할 존재가 아니라 (결코 그렇게 될 수 없을 것이기 때문에) 지금 있는 그대로의 나로서 마구간으로 간다. 불쌍하고 나약하며 죄 많은 인간, 자신의 일관되지 못한 행동을 쉽게 합리화하는 인간으로서. 그러면서 한편으로는 내가 종이 위에 적는 말 그대로 살라는 요구 앞에 두려워 떠는 인간으로서. 아기 예수님은 나를 바라보고 웃으시며 말씀하신다. "두려워하지 말아라. 내가 너와 함께 있지 않느냐. 나는 네가 스스로 생각하는 것보다 더 많이 실패하리라는 것을 알고 있다. 내가 주는 선물은 평화다. 온유함을 받아들이는 지혜 속에서 오늘을 살아라."

이런 사실을 누구보다도 더 구체적인 현실로 내게 보여 준 사람이 바로 내 아내 로슬린이다. 로슬린은 나의 모든 단점과 잘못과 성격적 결함을 알게 되었지만, 그 전과 달라진 것은 없다. 설령 그렇다 하더라도 나처럼 문제로 느끼지 않는다. 아내는 나의 결점에도 불구하고 나를 사랑하는 것이 아니라 (내 생각에 이것은 진실로 받아들이는 것이 아니다) 나의 결점과 나를 함께 받아들인다. 성 어거스틴은 이렇게 말했다. "친구란 당신에 대한 모든 것을 알지만 여전히 당신을 사랑하는 사람이다." 로슬린은 예수 그리스도의 긍휼과 온유함을 바로 내 곁으로 가져왔다.

프랑스의 루르드에서 일어난, 문서로 기록된 많은 기적 가운데 하나가 1957년의 기적이다. 한 프랑스인 아버지가 태어나면서부터 앞을 못 보는 열 살짜리 아들을 데리고 브르타뉴에서 루르드까지 순례를 왔다. 제단에 이르자 아들은 아버지에게 자기를 위해 기도해 달라고 했다. 아버지는 큰 소리로 기도했다. "주님, 제 아들이 눈을 뜨게 해주십시오." 그러자 곧 아들은 볼 수 있게 되었다. 아들은 사방을 둘러보았다. 꽃과 나무와 푸른 풀과 탁 트인 하늘이 눈에 들어왔다. 그리고 아빠의 눈을 들여다보았다. 10년 동안의 긴 고독과 암흑 속에서 들어온 유일한 목소리의 주인인 아빠의 눈을.

아이가 아빠의 눈을 들여다보면서 뭐라고 했는지 아는가?

"세상에, 사람들이 모두 이 안에 있네요!"

이것이 바로 크리스마스의 정신이다. 사람들이 모두 여기에 있다! 주님이며 형제이신 예수 그리스도의 깊고 뜨거운 사랑이야말로 바로 베들레헴에서 일어난 기적이며 그리스도인 삶의 맥박이다.

예수의 아바께서 말씀하신다.

나의 그리스도를 맞을 준비를 하라.
번개와 같은
그의 미소가
영원히 그치지 않을 영광의 노래를 자유롭게 부르게 하라.

지금은 네 껍데기 육신 안에 폭탄처럼 잠자고 있는 그 노래를.

지혜로우시고 긍휼하신 하나님은 가치 없고 시시한 지푸라기도 당신의 목적에 맞게 선용하실 수 있다. 내가 마구간에서 발견한 그 지푸라기가 나로 하여금 성스럽게 태어나(christmasing) 인간 본래의 마음으로 돌아가게 해준다면, 이 책을 쓰는 목적은 이루어진 것이다.

11

크리스마스의 위기

좀 거칠게 표현하면, 기독교 공동체 안에서 크리스마스가 맞은 위기는 곧 신앙의 위기다. 신앙이란 진리이신 예수 그리스도께 헌신하는 것이다. 신앙은 실재하시는 예수 그리스도께 자신을 바치는 것이다. 내 마음이 실제로 존재하는 그 무엇에 중요성을 부여한다면, 나는 그 진리 안에 사는 것이다. 그러나 사회적 관습과 인위적인 기분 전환거리, 사라져 버릴 비현실적 세계에 대한 피상적인 주장들이 나의 시간과 흥미와 관심을 지배한다면, 나는 거짓 속에 사는 것이다.

"예수는 주님"이라는 원초적인 신앙고백은, 추상적인 신학명제가 아니라 지극히 인격적인 진술이다. 이 진술은 나의 진실함을 명확하게 나타낸다. 또한 그리스도의 탄생을 준비하는 네 주간의 대림절을 맞이하는 방식에 깊은 영향을 끼친다. 예수께서 **나의** 삶과 **나의** 크리스마스의 주님이시라면, 나의 개인적·직업적인 삶에서 우선적인 것들을 이 근원적인 사실 앞에 모두 내려놓으라는 도전을 받게 된다.

에베소서에 나오는 바울의 말로 바꿔 말하면 이렇다. "너희는 옛 방식으로 크리스마스를 경축하는 옛 사람을 벗어 버리고……새로운 영적인 사고방식을 입으라"(엡 4:22-24 참조).

주일아침 많은 교회에서 불리는 옛 찬송가 '우리의 승리자, 통치자, 주님이시며 구원자이신 예수 그리스도'(Christ Jesus Victor, Christ Jesus Ruler, Christ Jesus Lord and Redeemer)는, 내가 맺는 모든 관계 가운데 예수님과의 관계가 가장 강하고 친밀하다는 사실을 담고 있다. 정말 그러한가? 정직하게 말해, 크리스마스를 준비하는 우리의 삶을 지배하는 것은 무엇인가? 무엇이 우리에게 힘을 행사하는가?

내 생각에 그 첫 번째는 바로 사람들이다. 내게 말하는 사람들, 내가 읽는 글을 쓰는 사람들, 내가 사귀고 있거나 사귀고 싶은 사람, 내게 주는 사람과 거절하는 사람, 도움을 주는 사람과 방해가 되는 사람, 내가 좋아하는 사람과 싫어하는 사람. 이런 사람들이 나의 관심을 차지하고 나의 생각을 채우며, 어떤 의미에서 내 안에서 **지배하고 있다**.

예수 그리스도? 물론 그분도 생각한다. 하지만 다른 사람들과의 문제를 다 해결하고 난 다음의 일이다. 사람들과 그들의 주장이 내게 시간을 허락할 때에만 그분을 생각할 뿐이다. 때로 다른 것들이 내 시간을 모두 채워 버림으로, 내 생명의 주님에 대해서는 한번도 생각하지 못한 채 하루가 지나기도 한다. 심지어 예배 중에도 친구와 원수들에게 정신이 팔려 생각과 마음을 그분께 드리는 것을 잊기도 한다. 물론 기계적으로 기도문을 암송하기도 하지만 생각은 엉뚱한 곳에 가 있다. 이사야는 이스라엘의 하나님께서 하시는 말씀을 들었다. "이 백성이 입으로는 나를 가까이 하며 입술로는 나를 공경하나 그들의 마음은 내게서 멀리 떠났

[다]"(사 29:13). 셰익스피어의 「햄릿」에 나오는 클라우디우스 왕의 고백처럼 "내 말은 날아오르지만 생각은 아래에 남아 있다. 생각이 담기지 않은 말은 결코 하늘에 다다르지 못하리라."

사람들 외에 또 나를 지배하는 것은 무엇인가? **사물들**, 바로 내가 가졌으면 하고 바라는 것들이다. 돈과 인기와 권력, 겉으로 드러나는 외모, 벤츠 컨버터블 등. 한편 내 마음을 뺏는 문제들도 있다. 미래와 과거, 승진, 심술궂은 이웃, 그리고 수많은 사소한 관심사들. 예수님이 아닌 바로 이런 것들이 내 안의 영적 공간을 채우고 있다. 내 작은 세계 안에 북적거리며 혼을 빼는 이런 압력들이 그분에게 자리를 허락할 때에만 그분은 내게 임재하신다. 내 삶을 지배하는 것은 결코 예수님이 아니다. 내가 걷는 길가의 한 그루 나무조차도 그분보다 더 큰 힘을 발휘하는 것 같다. 그것들이 내 주변을 그저 어슬렁거리는 정도로 그치기만 해도 좋으련만! 내 삶의 많은 부분이 환상이다. 내 가치관과 마음이 비현실 세계에 묶여 있기 때문이다. 그리스도께서 내 안에서 나를 다스리신다면 어떤 삶이 될까? 대림절 동안 그분의 나라가 내 첫 번째 관심사라면 내 삶은 어떻게 될까?

하지만 내 안에서 나를 다스리는 것은 사람들의 나라, 사건과 시시한 계획과 개인적 이익의 나라다. 이런 것들이 예수 그리스도를 질식시키고 그분을 내 삶에서 밀어낸다. 예수님이 하나님의 아들이심에도 그분에게 이토록 무관심할 수 있다는 사실을 그 누가 이해할 수 있을까? 예수께서 진정으로 내 안에서 나를 **다스리셨다면** 대림절과 크리스마스는 어떤 모습이 되었을까?

크리스마스의 위기 · 217

만일 그랬다면, 내 신앙이 깊게 불타고 강렬하고 열정적이었다면, 내 삶은 무척 달라졌을 것이다. 더 이상 소유나 영예, 신분, 특권 같은 세상 가치를 기초로 내 자신을 평가하지 않게 되었을 것이다. 가족이나 인종, 계급, 종교, 국가 같은 것을 기준으로 삼지 않게 되었을 것이다. 나의 이런 우월한 가치들은 예수님과 전혀 공통점이 없기 때문이다. 내가 불타는 신앙을 지녔다면, 예수님을 멀리 계신 분이 아닌 개인적인 관계를 맺은 가까운 친구라고 말했을 것이다. 보이지 않는 세계가 보이는 세계보다 더 분명한 실재가 되었을 것이다. 눈으로 보는 세계보다 믿음의 세계가 더 분명한 실재가 되었을 것이다. 그리스도께서 나 자신보다 더 분명한 실재가 되셨을 것이다. 크리스마스는 광적인 쇼핑 시즌의 숨가쁜 대단원 이상의 것이 되었을 것이다. 감상적인 음악과 크리스마스 트리 위의 반짝이 장식, 관습화된 허식, 술에 취해 세상에 과시하는 선심 같은 것 이상이 되었을 것이다. 그렇다. 그리스도께서 내 안에서 나를 다스리셨다면, 내 신앙이 열정적인 확신의 힘을 지녔다면, 내 삶은 근본적으로 달라졌을 것이다.

어쨌든 나의 삶은 **달라져야만** 한다. 그리스도인이 된다는 것은 예수 그리스도를 통한 하나님의 계시에 생명을 건다는 뜻이다. 예수님은 당신을 따르는 사람들에게 이런 깊은 충격을 주셨다. 그들은 모세나 엘리야, 심지어 아브라함이라 해도, 예수님과 견줄 만한 사람이 있으리라고 믿는 것은 불가능함을 알았다. 예언자도 사사도 메시아도 예수님 아래에 놓여야 했다. 하물며 그분보다 더 큰 존재는 생각할 수도 없었다. 다른 누군가를 기다릴 필요가 없었다. 예수님이 모든 것이었다. 누군가가 종말에 세상을 심판한다면, 그것은 바로 예수님이어야 했다. 누군가를 주님, 왕, 메시아, 하나님의 아들로 인정하고 섬겨야 한다면, 예수님 외에 누가 있겠는가?

초대 그리스도인들의 예수님을 향한 존경과 경배에는 한계가 없었다. 예수님은 모든 면에서 근원이셨다. 선과 악, 진리와 거짓의 유일한 판단 기준이셨으며 미래에 대한 유일한 희망이셨고, 세상을 변화시킬 유일한 권능이셨다. 그들은 예수님을 인간 역사 안으로 들어오신 유일하고 결정적인 개입으로 체험했다. 그분은 그 이전까지 말해지고 행해진 모든 것을 초월하셨다. 그분은 모든 면에서 궁극이고 최종적인 말씀이셨다. 그분은 하나님과 동등한 분이셨다. 그분의 말씀은 하나님의 말씀이었다. 그분의 영은 하나님의 영이셨다. 그분이 느낀 것은 곧 하나님께서 느끼신 것이었다. 그분이 지지하는 것은 하나님께서 지지하시는 것과 동일했다. 이보다 더 높은 존경은 생각할 수 없었다.[1]

지금 예수님을 믿는다는 것은, 이러한 초대교회의 통찰과 평가와 가치 판단에 "아멘!" 하고 응답하는 것이다. 예수님은 진리이시고 실재이시며 주님이시다.

 대림절 기간에 예수님과 그분이 지향하는 목표를 우리의 가치척도에서 아랫자리로 내려놓는다면, 그것은 이미 그분을 거부하고 그분의 지향을 거부한 것이라고 보아도 좋다. 당신은 하나님 나라를 예수님이 이해하신 그대로 받아들이든지 부인하든지 둘 중 한 가지만 선택할 수 있을 뿐이다. 두 주인을 섬길 수는 없다. 모든 것을 걸어야 하는 일이다. 두 번째 자리 혹은 반 만큼은 아무것도 아닌 것과 같다. 예수님을 믿는 것은 곧 예수께서 하나님이심을, 그분이 하나님의 아들이심을 믿는 것이다.

복음서를 펼쳐 보자. 예수께서 절대적으로 고집하신 것, 곧 반드시 필요하며 확실한 것 한 가지는 바로 믿음의 절대적 필요성이다. 주님은 사람들의 믿음을 먼저 확인하시지 않고서는 아무것도 행하지 않으셨다. "다윗의 자손이여, 우리를 불쌍히 여기소서" 하고 울부짖으며 도움을 청한 두 소경을 생각해 보라. 마태복음 9장의 잊을 수 없는 이 장면에서 예수님은 이렇게 답하신다. "내가 능히 이 일 할 줄을 믿느냐?" 그들은 대답한다. "주여, 그러하오이다." 그런 뒤에야 주님은 그들의 눈을 만져 주신다. "너희 믿음대로 되라."

고향 나사렛에서 **사람들이 예수님을 믿지 않은 까닭에** 아무 기적도 행하실 수 없었던 정황을 생각해 보라.

마태복음 15장에서 예수님은 유대인이 아닌 이방인 여자의 딸을 고쳐 주신다. "여자여, 네 믿음이 크도다. 네 소원대로 되리라." 제자들이 왜 자신들은 귀신을 쫓아내지 못했느냐고 여쭙자 예수님은 이렇게 대답하신다. "너희 믿음이 작은 까닭이니라"(마 17:20).

예수님은 자신의 측근들이 경배나 사랑, 애정 혹은 칭송 같은 것으로 믿음을 대신하는 것을 결코 허락하지 않으셨다. 예수님은 마르다와 마리아, 그들의 죽은 오라비 나사로를 끔찍히 사랑하셨지만 나사로를 다시 살리시기 전에 먼저 대답을 요구하신다. "나를 믿는 자는 죽어도 살

겠고……이것을 네가 믿느냐"(요 11:25-26).

그리스도인의 길에 이토록 분명하고 본질적인 조건을 보여 주는 예를 되풀이하여 제시할 필요는 없을 것이다. 우리는 쇠하지 않고 흔들림 없이 예수 그리스도의 인격을 사모하는 믿음을 통해 구원을 받는다.

당신의 신앙과 헌신의 깊이와 질은 어떠한가? 마음은 반쯤만 연 채, 먼지 쌓인 교리의 전당포에 머리로만 동의하는 정도는 아닌가? 결국 믿음이란, 말이나 생각의 방식이 아니다. 믿음은 삶의 방식이다. 모리스 블롱델(Maurice Blondel)은 이렇게 말했다. "어떤 사람이 진정으로 믿는 것이 무엇인지 알려면, 그의 말을 듣지 말고 행동을 관찰하라." 믿음은 오직 행함으로써만 증거할 수 있다. 당신의 삶 전체에 믿음이 스며들어 있는가? 믿음이 죽음과 성공에 대한 당신의 판단력을 형성하는가? 믿음이 신문을 읽는 방법에 영향을 끼치는가? 사람들과 사건들을 통해 하나님의 계획이 펼쳐지는 것을 꿰뚫어 볼 수 있는 비범한 유머 감각을 지녔는가? 삶의 표면에서 여러 가지 것들이 소란을 일으킬 때, 고요한 평온을 유지하며 궁극적 실재 속에 흔들림 없이 머무는가? 리지외의 테레사(Therese de Lisieux)가 말하듯이, "그 무엇도 당신을 뒤흔들지 못하게 하라. 그 무엇도 당신을 두렵게 하지 못하게 하라. 모두가 다 지나가는 것이지만 하나님만이 홀로 남으신다." 올해 당신의 믿음이 당신의 대림절을 형성하고 있는가?

예수께서 그려 보이시는 믿음에 대한 헌신의 여러 차원은 충격적이다. "씨를 뿌리는 자가 뿌리러 나가서 뿌릴새 더러는 길가에 떨어지매 새들이 와서 먹어 버렸고 더러는……곧 싹이 나오나 해가 돋은 후에 타서 뿌리가 없으므로 말랐고 더러는 가시떨기 위에 떨어지매 가시가 자라서 기운을 막았고 더러는 좋은 땅에 떨어지매 어떤 것은 백 배, 어떤 것은 육십 배, 어떤 것은 삼십 배의 결실을 하였느니라. 귀 있는 자는 들으라"(마 13:3-9).

　마음속을 맴돌며 떠나지 않는 이 비유에서 예수님은 말씀을 들은 네 부류의 사람들을 보여 주신다. 첫째 부류는 **둔감한 사람**이다. 그들은 말씀을 듣지만 그 말씀이 마음속에까지 미치지는 않는다. 생각만 하는 사람에게는, 보이지 않는 세계는 존재하지 않는 세계다. 성경 이야기가 어린아이에게는 놀라운 이야기이지만 어른들에게는 그렇지 않다. 믿음은 시대에 뒤쳐진 사람들에게나 어울리는 낡은 사고이며 중세의 유물이다. 어쨌든 종교로 현실문제를 해결할 수는 없다. 힘과 지성과 관계와 치열한 투쟁에 의해 결정이 나는 것이다. 그 밖의 것들은 모두가 대중의 아편이다. 둔감한 사람에게 하나님의 말씀은 의미가 없다. 기껏해야 귓전을 울리고 튕겨 나올 뿐이다. 둔감한 사람들의 수는 헤아릴 수 없다.

　다음으로 예수님은 **경박한 사람**을 설명하신다. 이들은 열려 있는 사람들, 지나치게 열려 있는 사람들이다. 그들은 무엇이든 기꺼이 받아들이지만 그 어느 것도 뿌리를 내리지 못한다. 우리는 교회생활의 모든 차원에서 이런 사람들, 곧 변화를 위한 변화를 주창하는 사람들을 만난다. 그들은 이전 것은 모조리 부수는 쇄신과 개혁의 맹렬한 투사들이다. 이들은 수천의 다른 꽃봉오리를 옮겨 다니며 이 꿀 찔끔 저 꿀 찔끔 빨아먹는 나비 같은 부류다. 오늘 바로 이 순간, 하늘까지 날아오르던 낙천적인 사람이 내일은 곧 죽을 사람처럼 풀이 죽어 버린다. 그들의 웃음은 순식간에 사라지고 눈물은 금세 말라 버린다. 물론 그들에게도 나름대로 경건한 순간들은 있다. 경박한 사람들은 교회 종소리에 마음이 뜨거워지고 향수에 젖는다. 집에는 십자가나 예수 고난상을 걸고, 그 곁에 성경을 놓아둔다. 그들을 오래 참아야 하는 인내의 시험을 당하게 해서는 안 된다. 그들의 신앙과 헌신에 어떤 희생도 요구하지 말라. 제자로서 치러야 할 대가가 얼마나 크며, 앞으로도 그것이 엄청나리라는 것을 알리지도 말라. 시험의 날에 그들은 성경을 감추고 십자가를 땅에 묻어 버린다. 이처럼 신뢰할 수 없는 풍향계 같은 사람들도 부지기수다.

세 번째 부류는 **패배자**다. 그들은 오랫동안 믿음을 위해 명예롭게 싸워 왔을 것이다. 그들에게는 삶의 원칙이 있다. 그들은 기독교 윤리를 전제로 삼았으므로, 한 주간을 예배드리지 않고 지내는 일은 상상할 수도 없다. 하지만 그들의 고상한 이상은 '현실세계'의 경쟁에 빠져들고 만다. 하나님의 사랑은 세속의 관심사에 파묻혔다. 가시 같은 근심거리는 많고도 많다. 직업, 연애, 군입대, 지리적인 이동, 자녀, 안전 등. 예수 그리스도께서 주님이라는 사실이 서서히 잡초에 둘러싸여 질식되다가, 햇빛과 양분도 차단당한다. 그러고는 점점 자신감을 잃어 마침내 영적인 가사상태에 빠져 버린다.

끝으로 예수님은 **승리자**, 곧 좋은 땅에 떨어진 씨앗에 대해 말씀하신다. 하지만 여기에서도 하나님 나라를 위한 생산성의 측면에서 하나님의 말씀을 참되게 알아듣는 믿음과 헌신의 세 단계를 구분하신다. 바로 30퍼센트 사람들, 60퍼센트 사람들, 100퍼센트 사람들이다.

30퍼센트 사람은 대개 교회의 기둥이다. 그는 교회와 관련된 활동과 조직에 참여한다. 교계 신문이나 잡지를 읽는다. 그는 매일 기도한다. 성례식과 신앙행위, 기도모임에서 개인적 안전과 확신을 찾는다. 이런 구조들은 평화를 얻기 위한 수단을 제공하며, 그의 삶을 흔들림 없이 나아가게 해준다. 그러나 좀 더 근본적인 복음의 요구 앞에서는 움츠러든다. 그는 율법주의와 도덕, 그리고 사고와 실천의 인위적인 폐쇄회로 속에서 도피처를 찾기도 한다. 또한 이들은 별 문제 없는 착한 사람들의 세상을 건설하는 데 도움이 된다. 하지만 그들의 체험 속에서 아시시의 프란체스코의 타오르는 불길과 막달라 마리아의 열정은 찾아보기 어렵다.

60퍼센트 사람은 진정한 타인 중심의 사람이다. 그는 열린 문을 붙잡고 뒷사람을 기다려 준다. 도로에서 타이어가 터진 사람들을 보면 멈춰서 도와주며, 지역공동체의 계획을 이루기 위해 함께 노력한다. 그는 결코 사람들을 쓰러뜨리지 않는다. 그것이 그리스도인이 된 의미라고 믿는다. 또한 모든 올바른 기독교 저자들의 글을 읽는다. 그는 실험적 형식의 예배를 좋아할뿐더러, 제도권 교회가 말하는 것을 기계적으로 받아들이지 않는다. 그보다는 스스로 생각해 보기를 좋아한다. 그는 기독교가 '의미 충만하고 시대 참여적'이어야 한다고 주장한다. 그는 그리스도인이 되는 것은 타인을 사랑하는 것이라고 굳게 믿는다. 그의 가장 큰 힘은 이런 믿음에서 나온다.

타인을 사랑하는 사람에는 개인주의자와 사회행동가, 두 유형이 있다. 개인주의자는 인격적인 관계가 복음서의 핵심 메시지라고 믿는다. 그는 대화식 설교와 평화를 비는 인사, 커피와 도넛이 있는 뒤풀이를 좋아한다. 그는 관계를 중시하면서 성경을 한 편 한 편 읽고 또 읽는다. 사회행동가는 모든 사람이 온전한 인간이 되기를 바라며 성 이레네우스(St. Irenaeus)의 다음과 같은 말을 인용한다. "하나님의 영광은 바로 충만하게 살아 있는 인간이다."

60퍼센트 사람들에게 결여된 한 가지는 무엇일까? 그것은 예수 그리스도의 신성에 대한 열정적 믿음이다. 그는 자신 안에서 불타오르는 성령의 불길의 신비 앞에 아직 무릎을 꿇지 않았다. 그는 몸을 데우기 좋을 정도로 불 가까이에 있지만, 결코 불 속으로 뛰어들지는 않는다. 온전히 타 버린 뒤에 눈부시게 변화된 모습으로 불에서 나오는 일이 없다. 대부분의 사람들보다 훌륭하고 더 나은 도덕성을 지녔지만, **새로운 피조물**은 아니다.

그의 신앙은 선하고 고상하나 충분하지 않다. 온전한 기독교가 갖추어야 할 요소들을 놓치고 있기 때문이다. 교회를 지지하고 계명에 순종하며, 신학적으로 시대에 뒤떨어지지도 않고 다른 이들을 사랑한다. 분명 이런 것들은 뛰어난 목표이고 복음서에서 나온 것이기 때문에 존경하고 칭찬할 만하다. 그러나 이런 것들이 절대화되는 만큼, 믿음과 헌신은 위축되고 복음의 메시지는 평가절하된다.

100퍼센트 사람은 하나님의 말씀을 듣고, 그것을 예수 그리스도의 인격을 믿으라는 부르심으로 이해한다. "예수님은 바로 하나님의 아들이시다!" 이는 정신이 아득해지고 넋을 빼앗는, 100퍼센트 사람들의 황홀한 신앙고백이다. "예수님이 주님이시다"는 초대교회의 원초적인 신앙고백과 동일한 것이다. 이것이 바울의 불같은 믿음이다. 오직 하나의 열망이 그의 삶을 이끌었다. "모든 것을 해로 여김은 내 주 그리스도 예수를 아는 지식이 가장 고상하기 때문이라. 내가 그를 위하여 모든 것을 잃어버리고 배설물로 여김은 그리스도를 얻고"(빌 3:8).

그리스도인이 오로지 하나의 순수한 열정으로 인해 황폐해질 때, 그의 삶은 비로소 충만한 믿음의 삶이 된다.

니코스 카잔차키스는 사막의 우물에 다다른 한 목마른 무슬림의 이야기를 들려준다. 그는 우물에 두레박을 내려 물을 길어 올렸다. 두레박에는 은이 가득 담겨 있었다. 은을 비워 내고 다시 두레박을 던지자 이번에는 금이 가득 담겨져 올라왔다. 무슬림은 따졌다. "주 하나님, 주님께서 얼마나 전능하신지는 저도 압니다. 얼마나 놀라운 일을 하실 수 있는지도 압니다. 하지만 제가 주님께 바라는 것은 오직 한 모금의 물입니다." 그는 금을 비워 내고 다시 두레박을 내렸다. 이번에는 물이 가득 담겨 있었다. 그는 물을 마시고 갈증을 풀었다.²

바로 이것이 쓰레기가 되는 것이고, 열정으로 인해 황폐해지는 것이다. 이것이 마음의 순전함이다.

백 배의 열매를 맺는 그리스도인은 예수 그리스도 외에 다른 아무것도 원하지 않는다. 삶 전체를 오로지 예수님을 찾는 일에 바친다. 일생을 그분과의 인격적인 관계를 키우고 그분에 대한 더 친밀하고 진정한 지식을 얻기 위해 산다. 말 그대로, 예수 그리스도께서 삶의 가장 중요한 분이 되신다. 단순히 그분에 대한 모든 지성적인 교리에 동의함으로써가 아니라, 삶의 방향을 예수께 돌림으로써 그리스도께서 삶의 주인이 되시게 한다.

그들은 자신이 강하고 정상에 있으며, 두려움이 없고 사탄의 공격에도 흔들리지 않으며, 모든 상황을 통제할 때에만 예수께서 자신을 원하시는 것이 아님을 깨닫는다. 그것은 30퍼센트 사람과 60퍼센트 사람의 태도다. 그들은 자신이 완전하거나 적어도 매우 훌륭한 사람이 되어야 비로소 예수께서 받아 주신다고 믿는다. 이런 태도는 그분을 모르기 때문에 생긴 것이다. 믿음으로 충만한 그리스도인은 끊임없이 예수께로 돌아가 용서를 구한다. 자신의 나약함과 실패를 역겨워하지만, 그것은 주님께 대한 신뢰와 의존을 더욱 높여 줄 뿐이다.

100퍼센트 사람은 하나님의 나라가 예수 그리스도 안에 이미 들어와 계심을 머리뿐 아니라 가슴으로도 안다. 지금이 바로 구원의 때임을 아는 것이다. 그는 주님께서 자기 삶의 갈림길에 서 계심을 안다. 지금은 어디에 헌신할 것인지 결정해야 할 절박한 순간이다. 모든 것을 던져 버리고 그리스도께로 달려가라. 저 가까이에서 토네이도가 거리를 휩쓸며 덮쳐오고 있을 때처럼. 결정을 미룰 수는 없다. 꾸물거릴 시간이 없다. 지금이 바로 구원의 순간이다. 어머니와 아버지를 떠나라. 하나님 나라를 위해 당신의 팔다리를 잘라 버려라. 눈을 파내고 손을 잘라 버려라. 그러나 그리스도를 위해, 예수 그리스도의 사랑을 위해서 그렇게 하라. 주님의 초대가 응답받지 못하고 헛되이 되돌아가지 않도록 하라. 그리스도 예수를 얻는 것에 비한다면, 명성과 인기와 지위와 목숨을 잃는 것이 무슨 큰 의미가 있겠는가? 역사상 가장 위대한 순간이 왔고 그 종결을 향해 달려가고 있다. 문을 열라! 문 앞에 서 있는 분은 물건을 팔러 온

장사치가 아니다. 하나님의 아드님이시다. 그분의 초대에 조건 없이, 진지하게 응하라.

깊고 열렬하며, 권능 있고 빛나는 신앙을 지닌 그리스도인들의 특징은 바로 진지함이다. 진지함은 기쁨의 반대가 아니라 경박함의 반대다. 아시시의 프란체스코는 명랑하고 기발하면서 음악성이 풍부하고 온화한 사람이었다. 그러나 이런 것은 성격의 한 부분이었다. 다른 면에서 그는 온전히 헌신하며 굽힘이 없고, 두려움 없이 진리와 실재를 추구하는 사람이었다. 그는 모든 것을 얻기 위해 모든 것을 포기한, 예수께 사로잡힌 사람이었다. 그의 진지함은 움브리아 지방의 안락하고 부유한 가정의 아들을, 알베르니아 산 위의 누더기를 걸친 맹목적인 걸인으로 바꿔 놓았다. 복음서에서 읽은 것을 진지하게 받아들임으로써 그의 삶은 그렇게 바뀌었다.

기독교 공동체 안에서 크리스마스가 처한 위기는 진정 믿음의 위기다. 우리 대부분은 계속해서 주님의 초대를 무시할 것이고 진리를 교묘히 피해 갈 것이다. 실재를 회피하고 예수님에 관한 결정을 미룰 것이다. 사실 미루는 것 자체가 하나의 결정이다.

어쨌든 크리스마스는 하나님의 아들이 태어나신 날이다. 다가오는 크리스마스에 어른과 아이들을 갈라놓고, 남자와 여자를, 신비가와 로맨티스트를 갈라놓을 기준은 예수님을 향한 열정의 깊이와 질이다. 둔감한 사람들은 먹고 마시고 결혼할 것이다. 경박한 사람들은 종교라는 무대 위에서 사회의 관습을 따를 것이다. 패배자들은 과거에 속한 허깨비에 사로잡힐 것이다.

그러나 소수의 승리자들은, 융통성 없는, 익명의 믿음 없는 다수가 따르는 문화적 행태에 주눅 들지 않을 것이다. 그들은 우리의 동기와 말과 행동의 증거이신 그분께서 가까이, 시간과 공간 속으로 가까이 다가오심을 경축할 것이다. 정말로 그분이 가까이 다가오고 계시기 때문이다.

세상은 그들을 무시할 것이다. 몇몇 경건하고 철저한 그리스도인들은 그들을 광신자라고 부를 것이다. 그러나 승리자들은 진리에 접하여 실재 안에 살 것이다. 크리스마스에 대한 그들의 열정과 진지함은 다가오는 새해 내내, 그리스도 예수 안에서 살아가는 삶의 소우주가 되고 패러다임이 되며, 앞당겨진 체험이 될 것이다.

그들 가운데는 묵상하는 사람들과 난파한 사람들도 포함될 것이다. 당신과 나는 어떠한가? 우리는 크리스마스를 어떻게 경축할 것인가?

12

크리스마스의 묵상가

내 삶에 깊은 영향을 끼친 몇 권의 책 중 하나가 폴 틸리히(Paul Tillich)의 「흔들리는 터전」(*The Shaking of the Foundations*)이다. 이 책에 이런 대목이 있다.

은혜를 받았다는 것은 단순히 도덕적 자제력이 성장하는 것을 의미하는 것이 아니다. 자신의 특별한 잘못에 대항하는 능력이나 타인과의 관계가 성장함을 뜻하는 것도 아니다. 도덕적 성장은 은혜의 한 열매일 수 있으나 은혜 자체는 아니다.

큰 고통과 불안에 빠졌을 때 은혜는 우리를 덮친다. 무의미하고 공허한 삶의 어두운 골짜기를 걸을 때 은혜가 우리를 덮친다.…… 자신의 존재, 자신의 무관심, 자신의 나약함, 자신의 적대감이 스스로 역겨워질 때, 자신의 방황과 흔들림이 스스로 역겨워질 때도 은혜는 우리를 덮친다.

때로 그 순간 한줄기 빛이 우리의 어둠을 뚫고 들어온다. 그것은 마치 이렇게 말하는 목소리와도 같다. "너는 받아들여졌다. 너보다 더 크신 존재

가녀를 받아들이셨다.⋯⋯ 아무것도 추구하지 말라. 아무 일도 하지 말라. 아무것도 의도하지 말라. 그저 네가 받아들여졌다는 사실을 받아들여라."

이런 일이 일어날 때 우리는 은혜를 체험한다. 이런 체험을 한 뒤에도 여전히 전보다 나아지지 않을 수 있다. 설령 나아진다 하더라도 믿음이 성장하지 않을 수도 있다. 하지만 모든 것은 변화되었다.[1]

이런 체험은 합리적 추론이나 영적 노력의 열매가 아니다. 이것은 성령의 열매다. 이 열매는 기도를 통해 자연스럽게 무르익는다. 기도하는 가운데 하나님께서 우리를 받아들여 주심을 깨닫게 되고 그 깨달음이 깊어진다. 예수 그리스도께서 우리를 사랑하심을 아는 것과 그것을 깨닫는 것은 다르다. 우리는 기도하는 가운데 속도를 줄이고 귀 기울여 들을 시간을 갖게 된다. 기도하는 가운데 이미 우리가 가지고 있는 것을 발견한다. 당신이 있던 그 자리에서 출발해 당신이 이미 그곳에 있었음을 깨닫게 된다. 우리는 이미 모든 것을 가지고 있다. 그러나 우리 중 많은 이들이 그 사실을 모르며, 따라서 체험하지도 못한다. 아버지께서 예수 안에서 우리에게 모든 것을 주셨다. 지금 우리에게 필요한 것은 이미 소유한 것을 체험하는 것이 전부다. 기도에서 가장 귀중한 순간은 주님께서 우리를 사랑하시도록 자신을 그대로 놓아두는 순간이다.

크리스마스 시즌에 기도하는 가운데 하나님을 찾아 헤맬 필요가 없다. 아직도 그분을 발견하지 못했다면 그분을 찾기란 불가능하다. 아바, 예수, 성령님은 언제나 그 자리에 계셨다. 그러므로 기도하는 가운데 기회를 만들기만 하면, 하나님은 당신을 우리에게 알려 주실 것이다. 토머스 머튼은 이렇게 말했다. "우리는 기도하면서 기도를 배운다."

기술화된 현대사회에서 **신비가**라는 단어는 험한 꼴을 당하고 있다. 대개 비꼬는 뜻으로 쓰이는 '신비가'는 몽롱한 형이상학적 안개 속을 헤매는, 현실과 동떨어진 사람을 뜻하게 되었다. 하지만 진정한 신비가는 환시와 무아지경, 공중부양 같은 것을 수반하는 기이한 기도를 수행하는 사람이 아니다. 독일 신학자 칼 라너의 정의에 따르면, 신비가는 무언가를 체험한 사람이다. 신비가는 예수 그리스도를 향한 뜨거운 갈망으로 불타오르는 사람이다. 예수 그리스도만을 위해 그분을 추구하고 사랑하고 경배한다. **신비가는 갈증에 지배받는 삶을 사는 사람이다.** 이 갈증은 기도 안에서, 한분에 대한 앎과 사랑과 환희 속에서 해소된다. "영생은 곧 유일하신 참 하나님과 그가 보내신 자 예수 그리스도를 아는 것이니이다"(요 17:3).

'어두움에 비취는 빛'(요 1:5 참조) 앞에서 크리스마스의 묵상가는 더욱 침묵한다. 그는 자기 영혼을 고요히 멈추게 하며 어머니의 팔에 안긴 아기처럼 평온해진다. 그는 베들레헴에 태어나신 아기 안에 구현된 은혜와 긍휼과 용서와 화해와 사랑을 내면화하고 자기 것으로 만든다. 육신을 입은 말씀의 은혜 앞에 무릎을 꿇는다. 그는 자신이 수용되었음을 받아들인다.

그리스도인의 믿음은 구유를 묵상하면서 사랑하는 마음으로 예수님을 바라봄을 뜻한다. 역사 안에 오신 그리스도께서 장차 영광 중에 오시리라는 기쁨에 찬 기대로 불타오른다. 바울은 골로새 교인들에게 이렇게 고백한다. "우리 생명이신 그리스도께서 나타나실 그때에 너희도 그와 함께 영광 중에 나타나리라"(골 3:4). 여기서 바울은 장래의 일을 언급한다. 크리스마스는 하나님의 현현, 재림에 대한 갈망을 불러일으킨다. 크리스마스는 예고된 대격변, 임박한 지각변동에 대한 희망을 일깨운다. 이것은 제자로서 철저한 제자도를 걷게 하며, 크리스마스를 인류 역사의 궁극적 성취로 맞아들일 수 있게 한다.

기독교의 희망은 근거 없는 낙관주의도, 무언가를 바라는 나약한 생각도 아니다. 이런 생각은 실망과 패배를 낳을 뿐이다. 이와는 달리, 예수께서 보여 주신 희망은 말기 암 앞에서도 확고함과 침착함을 잃지 않는 희망이다.

몇 해 전, 어느 신부가 피닉스의 한 병원에서 죽어 가는 열여섯 살 된 소녀를 방문했다. 소녀는 근심과 슬픔에 찬 그의 눈을 들여다보더니 이렇게 말했다. "신부님, 두려워하지 마세요." 바로 이것이 기독교가 지닌 희망의 정확한 의미다. "두려워하지 말라." 이 말은 죽어 가는 이가 살아 있는 이에게 할 때 그 의미가 가장 심오해진다. "두려워하지 말라."[2]

기독교의 희망은 로마공항의 학살 앞에서도, 중동의 화약고 페르시아만 소요 앞에서도, 엘살바도르와 온두라스, 니카라과의 비극 앞에서도 확신을 잃지 않는다. 희망은 모든 율법주의자들과 종교적 엄격주의자들, 얀세니스트(Jansenist), 판을 깨는 사람들, 멸망을 예언하는 사람들 속에서도 흔들리지 않는다. 이들은 숨죽여 기다리는 세상을 향해 아기 예수께서 기쁨의 울음을 터뜨린 그 역사적인 밤 이후로 세상에 모습을 드러낸 자들이다.

크리스마스의 묵상가는 메시아의 이 외침 속에서 분명한 구원의 음성을 분별한다.

쉿! 안심하라. 아무 문제도 없다. 내가 여기 있다. 두려워하지 말아라. 세상은 더 이상 악한 자의 손아귀에 있지 않고 사랑하는 목자의 팔 안에 있다. 결국 모든 것이 다 잘될 것이다. 너희를 끝까지 해칠 수 있는 것은 아무것도 없다. 되돌릴 수 없는 고통은 없으며, 계속되는 손실 또한 없다. 어떤 패배도 일시적일 뿐, 결정적으로 실망할 필요가 없다. 역경도 두려움도 박해도 배고픔이나 헐벗음도, 공격이나 침략도 결코 우리를 갈라놓을 수 없다. 삶 안에서든 죽음 안에서든 너희와 하나님의 사랑 사이에 끼어들 수 있는 것은 아무것도 없다. 그 사랑이 오늘 밤, 이 구유 안에서 너희 눈앞에 나타나셨다.

오늘날 교회 안에서 멸망을 말하는 예언자보다 더 미움을 받는 사람은 기쁨을 말하는 예언자일 것이다. 그러나 크리스마스의 묵상가는 하루하루, 한순간 한순간을 하나님 나라의 온전한 성취를 준비하며 (실은 본향에 대한 향수 속에서) 살아간다. 그는 바울이 빌립보 교인들에게 말한 것처럼 마음을 다해 귀 기울여 듣는다. "주 안에서 항상 기뻐하라. 내가 다시 말하노니 기뻐하라. 너희 관용을 모든 사람에게 알게 하라. 주께서 가까우시니라. 아무것도 염려하지 말고 다만 모든 일에 기도와 간구로, 너희 구할 것을 감사함으로 하나님께 아뢰라. 그리하면 모든 지각에 뛰어난 하나님의 평강이 그리스도 예수 안에서 너희 마음과 생각을 지키시리라"(빌 4:4-7).

1977년 크리스마스 두 주 전의 어느 꽁꽁 얼어붙은 겨울밤, 나는 시카고의 오헤어 공항에 있었다.³ 안개와 진눈깨비 때문에 모든 비행편이 취소되었다. 공항 터미널은 온통 북새통이었다. 수천 명의 사람들이 티켓창구에 몰려들어 늦춰진 출발시간을 묻느라 야단이었다. 다른 이들은 스토아 철학자들처럼 침묵에 잠겨 있었다. 아이들은 울어 대고 시끄러운 안내방송이 계속되었다. 포기한 사람들은 구내식당으로 모여들었다. 나는 긴장과 걱정에 휩싸였다. 다음날 피정을 시작하기 위해서는 반드시 텍사스에 도착해야만 했다. 시카고의 날씨가 좋아지지 않는다면 어떻게 달라스에서 복음을 전할 수 있을까?

내가 구부정하게 앉아 있던 플라스틱 의자 바로 맞은편에 중년의 흑인 여성이 팔에 아기를 안고 어르고 있었다. 그 여자가 큰 소리로 웃었다. 세상이 무너지고 수천 명의 사람들이 오도가도 못한 채 오헤어 공항에 갇혀 있는데, 그 여자는 소리내어 웃고 있었다! 나는 신경이 거슬리기도 하고 궁금하기도 해서 그녀를 관찰하기 시작했다. 그 여자는 "푸, 푸, 푸" 하고 작고 부드러운 소리를 내는 아기의 입술을 손가락으로 문지르고 있었다.

그러다가 위를 올려다보고는 내가 쳐다보고 있는 것을 알아차렸다.

내가 물었다. "아주머니, 오늘 밤 여기에 있는 사람들은 모두 당황스럽고 심각합니다. 아주머니는 어떻게 그렇게 행복하십니까?"

"크리스마스는 다가오고, 아기 예수님을 생각하니 웃음이 나오네요."

"아!" 아기 예수님을 생각하니 웃음이 나온다! 나는 그 말을 되풀이해 보았다. 흠! 나는 점점 삶을 너무 심각하게 여기는 것은 아닌가? 어린아이

같은 경이로운 감각을 잃어 가는 것은 아닌가? 설교하고 가르치고 글을 쓰고 여행하는 일에 사로잡혀서, 지붕 위에 떨어지는 빗소리를 더 이상 듣지 못하고 있는 것은 아닌가? 눈사람 만들기와 연날리기를 그만둔 지가 얼마나 되었던가? 새와 들꽃을 삶의 모범으로 삼으라고 말씀하시는 예수님을 점점 더 불편해 하고 있는 것은 아닌가? 삶이 얼마나 심각한 것인지 깨닫지 못하는 것처럼 보이는 이 여자 같은 사람들에게 짜증을 내고 있지는 않은가? 삶에 대해 진지하다는 것이 삶을 슬퍼한다는 의미일까? 산다는 것이 단순히 인내의 다른 표현에 지나지 않는가?

예전에 펜실베이니아 주 로레토의 신학교에서 이삭(Yishaq)이라는 이름은 웃음을 뜻한다고 나는 배웠다. 아브라함과 그의 아내 사라는 나이가 많았으므로 아기를 주시겠다는 하나님의 약속에 대한 기대를 버렸었다. 곧 임신하게 되리라는 말을 듣자 사라는 믿지 않고 웃었다. 하지만 마지막에 웃으신 것은 하나님이셨다. 그들은 늙은 나이에도 아들을 낳았고, 절망한 인간의 실소는 사랑하시는 하나님 아버지의 웃음으로 바뀌었다. 신학자 존 쉐아는 이렇게 말한다. "그들은 아들의 이름을 '웃음'이라고 지었다. 그 아들은 하나님의 가벼움이 인간의 무거움을 이겼다는 증거였기 때문이다."

언약의 아들 이삭은 예수님을 미리 보여 주는 예언적 예표였다. 이분 안에서 하나님의 약속이 성취되었다. 예수님은 하나님의 마지막 웃음이시다. 웃음은 어긋남과 불협화음, 부조화에 대한 경축이다. 히브리 전통에서 처녀가 아기를 잉태하는 것보다 더 어긋난 일은 없다.

크리스마스는 삶의 비극 너머를 볼 수 있게 해주는 신앙체험이다. 크리스마스는 우리에게 하나님의 웃음의 필요성을 기억하게 해준다. 그 웃음은 세상을 너무 심각하게 여기지 않도록 해준다. 그 웃음은 이 세상을, 철저하게 머리에 의해 움직이는 세상, 남보다 한발 앞선 사람이 되려는 경쟁으로 치닫는 세상으로 받아들이지 않도록 막아 준다. 자신이 중요하다는 환상에 빠지지 않도록 해준다. 기독교가 지닌 가벼움의 법칙은, 땅에 넘어진 것은 무엇이든 다시 일어난다고 말한다. 하나님의 웃음은 베들레헴에서 시작된 사랑의 구원역사이며, 그리스도인의 웃음은 우리 안에 계신 하나님의 기쁨이 메아리치는 것이다.

크리스마스는 기저귀를 찬 하나님의 메시아 아들에 관한 경외스러운 신비다. 크리스마스의 묵상가에게 이것은 큰 기쁨으로 밀려오는 반가운 소식이다. 그것은 묵상가의 마음을 아버지의 웃음으로 채우는 기쁜 소식이다. "지금은 너희가 근심하나 내가 다시 너희를 보리니 너희 마음이 기쁠 것이요 너희 기쁨을 빼앗을 자가 없으리라"(요 16:22).

내 친구 캐리 랜드리가 경쾌한 찬양 '아버지께서 기쁨의 날인 양 춤추시리라'(And the Father Will Dance as on a Day of Joy)를 작곡하면서 바로 이런 것을 염두에 두었을 것이다.

대림절이 다가오면 아버지께 가서 여쭈어 보라. "아바, 왜 춤을 추고 계신가요?" 구유를 가리키시는 그분의 손을 보고 그분의 말씀을 들으라. "크리스마스는 다가오고, 아기 예수를 보니 웃음이 나온다!"

대림절과 크리스마스를 지배하는 정신, 곧 기독교의 희망은 단순히 실현되지 않은 찬란한 미래를 위한 준비가 아니다. 그것은 저 세상에 관한 문제, 죽은 후 하늘나라에서 받을 상에 대한 약속을 훨씬 넘어선다.

예수님은 도움과 치유를 받기 위해 나중을 기다리라고, 종말까지 기다리라고 하지 않으신다. 희망은 바로 지금 변화시키는 은혜의 기쁜 소식이다. 우리는 죽음의 두려움뿐 아니라 삶의 두려움에서도 풀려났다. 신뢰와 희망이 넘치는, 자비로운 새 삶을 살도록 자유롭게 된 것이다.

불행히도 미국인의 심성에 온전한 은혜라는 개념은 생소하다. '극렬 개인주의'라는 문화적 전통에 종교적인 차원을 덧입혔다. 미국인들은 어떤 일을 이루어 내는 탁월한 능력을 지닌 사람들이다. 충분한 시간과 돈과 인력을 달라. 그러면 우리는 무슨 일이든 해낼 수 있다. 의지력과 개인의 노력을 강조하는 모든 주일설교들을 들어 보라. 스스로 해결하는 정신이 미국의 사고방식이다. 펠라기우스 이단이 큰 인기를 얻고 있음을 알 수 있다.

성경은 구원의 역사를 하나님께서 주관하셨고, 우리는 은혜로 구원받았으며, 한없이 사랑하시는 분이 먼저 우리를 찾아오셨음을 거듭 주장한다. 그러나 미국의 정신은 여전히 하나님이 아닌 자기 자신에서 출발한다. 개인의 책임이 인격적인 응답의 자리를 차지하고 있다. 스스로 거룩해지려는 노력에 정신이 팔려 있다. 또는 덕을 갖추는 법을 이야기한다. 마치 그것이 아름다운 필체나 멋들어진 골프 스윙같이 개인의 노력으로 얻을 수 있는 기술인 양 말이다. 속죄의 시기에 자신의 고민거리를 없애는 일과, 다양한 영적 훈련에 몰두한다. 이런 것들이 마치 그리스도인 찰스 아틀라스를 만들어 낼 수 있는 종교적 근육단련 프로그램이나 되는 것처럼 여긴다.

강조하는 것도, 늘 하나님께서 내 삶 안에서 무엇을 하시는가보다는 내가 무엇을 하는가이다. 이런 인간 우월적인 접근법 속에서 하나님은 금 바깥에서 구경하는 자상한 노인으로 전락하고 만다. 미국식 신비주의는, 우리의 불굴의 노력과 용감한 결단이 영적생활의 성장을 가져온다고 생각하게 만든다. 한번 마음을 정하고 그 결정을 확고하게 지켜 나가기만 하면, 예수님을 따르는 일을 잘해 낼 수 있으리라고 믿게 만든다. 만일 그리스도의 제자가 할 일이 그것이 전부라면, 결국 우리가 하고 있는 일이란 자수성가한 호레이셔 앨저의 전설을 경제 분야에서 영적인 분야로 바꾸어 놓는 것이 전부다.

그러나 우리는 시편 123:2 말씀을 암송하지 않는가. "상전의 손을 바라보는 종들의 눈같이, 여주인의 손을 바라보는 여종의 눈같이 우리의 눈이 여호와 우리 하나님을 바라보며 우리에게 은혜 베풀어 주시기를 기다리나이다." 우리의 눈이 하나님을 바라보지 않고 우리 자신을 바라본다는 사실 때문에 뭔가 모를 실존적인 죄의식을 느끼기도 한다. 시편 130:6 말씀도 있다. "파수꾼이 아침을 기다림보다 내 영혼이 주를 더 기다리나니." 우리는 이것이 그저 입에 발린 소리가 아님을 안다. 자신의 영적인 힘으로 하늘나라에 오를 수 있다면 하나님이 그렇게까지 필요할까.

우리는 자신의 영적인 키를 단 한치도 더 늘일 수 없다는 사실을 알게 된다. 혼자서 해낼 수 있다는 어떤 방법의 영성도 좌절과 실망의 씨앗일 뿐이다. 그리고 이 씨앗은, 불만의 겨울에 우울과 냉소와 교묘한 절망의 꽃을 피운다.

자살하는 방법에는 세 가지가 있다. 자신의 목숨을 끊는 방법, 자신을 죽도록 놓아두는 방법, **희망 없이 살도록 자신을 놓아두는 방법**. 이 세 번째 형태의 자기파괴 방법은 너무도 교묘해서 깨닫지 못하는 경우가 많다. 따라서 별다른 저항도 받지 않는다. 일반적으로 이 방법은 권태, 단조로움, 지겨움, 삶의 평범함에 짓눌린 감정 등의 형태를 띤다.

그리스도인의 소명은 너무 벅차고, 예수님 안에서 사는 삶은 너무나 고상하다고 여긴다. 이런 생각을 마음속 지성소에 받아들이면서 일이 벌어진다. 익숙한 궤도에 안주하게 되고 복음이 지닌 위대함의 본질을 잃게 된다. 우리 안에서 표현되기를 고대하시는, 살아서 생동하는 놀라운 그리스도의 모습에 응답하지 못함으로써, 자신과 공동체를 망치고 남들과 똑같은 사람이 된다.

자기의존의 영성은 유대-기독교 전통과 정반대에 위치한다. 유대-기독교 전통은 우리를 위한 구원역사에 관한 하나님의 주도권을 강조한다. 요한은 말한다. "사랑은 여기 있으니 우리가 하나님을 사랑한 것이 아니요 하나님이 우리를 사랑하사 우리 죄를 속하기 위하여 화목제물로 그 아들을 보내셨음이라"(요일 4:10). 크리스마스의 묵상가는 자율적인 자아의 사람이 아니다. 제자로서 열매를 맺고자 하는 그의 모든 열망은, 예수 그리스도와의 인격적인 관계에 뿌리를 두고 있다. 크리스마스에 예수 그리스도께서 사람이 되셨으므로, 그의 희망은 사람 안에 있는 예수 그리스도이시다.

우리는 이런 크리스마스의 희망을 대니얼 베리건 신부의 목소리 속에서 듣는다. 베리건은 워싱턴 D.C. 감옥의 희미한 전등불 아래서 침대 머리에 걸터앉아 일기장에 글을 쓰고 있었다. 내가 보기에 그의 글은 이미지들이 문장 구조를 파고들어 뒤흔들어 놓는 윌리엄 포크너(William Faulkner)의 글과 흡사하다. 베리건은 이렇게 고백한다. "'두려워하지 말라.……내가 너와 함께 있느니라' 하시는 예수님의 말씀을 얼마나 깊이 진심으로 믿고 있는지, 나는 언변이 부족해 그것을 표현할 능력도 없다." 그는 동생을 돌아보며 묻는다. "너는 자신이 이 약속과 동떨어져 있다고 상상할 수 있겠니?" 필 베리건은 그럴 수 없다고 대답한다. 댄도 동의한다. "나도 그래. 이건 마치 게임과 같은 거야. 예수님 없는 내가 녹아서 증발되어 버리는 것을 살펴봐. 그러고 나서 내 모습을 묘사해 봐. 존재했었지만, 지금은 아무것도 아닌 나를."4

바로 "내가 너와 함께 있느니라" 하시는 이 말씀이 근본적인 제자도를 가능케 하고 실현될 수 있게 한다. 예수께서 말씀하셨다. "두려움은 쓸데없는 것이다. 필요한 것은 신뢰다. 가엾은 무리여, 두려움 속에서 살지 말아라. 걱정은 그만두고 기운을 내라. 당당해라. 용기를 내라. 그리고 나를 믿어라. 내가 세상을 이겼다."

자족하는 정신, "모든 것이 나 자신에게 달려 있다"는 태도 역시 복음서의 예수 그리스도를 닮은 구석이 전혀 없다. 오병이어의 기적을 목격한 사도들은 깜짝 놀라 완전히 할 말을 잃었다. 그들은 불가능을 가능케 하시는 예수 안에서 일하시는 성령의 권능에 마음이 닫혀 있었기 때문이다.

자신에 의존하는 사람들은 인간의 유한한 자원에 의지한다. 이것은 에베소서에서 다음과 같이 말하는 바울의 영성이 아니다. "너희 마음의 눈을 밝히사……그의 힘의 위력으로 역사하심을 따라 믿는 우리에게 베푸신 능력의 지극히 크심이 어떠한 것을 너희로 알게 하시기를 구하노라"(엡 1:18-19). 초대 그리스도인들은 자신들을 초월적인 인간이라고 생각했다. 자신들의 초인적인 의지력 때문이 아니라, 자신들이 성령의 초자연적인 능력을 의지하기 때문에 그렇다고 생각했다.

크리스마스의 묵상가는 멈칫거리거나 겁내지 않으며, 영적 성장이 없다고 낙심하지도 않는다. 그는 자기 생명의 주님과 하나가 됨으로써, 자신의 것보다 더 큰 생명의 힘을 받아 활기차게 살아간다.

크리스마스의 묵상가는 희망은 선물이며, 아낌없이 주시는 평화의 선물임을 안다. 또한 그것은 믿음의 결단을 내리라는 부르심이라는 것도 안다. 어느 신학자는 이렇게 말한다.

> 희망이란 그리스도 안에서 우리 자신을 그분께 맡김을 뜻한다. 그럼으로써 담대하게 악과 맞서고, 더욱더 회개해야 할 필요가 있음을 받아들인다. 뿐만 아니라 타인들의 사랑 없음과 우리 주위와 우리 자신의 과거에 존재하는 죄의 유산을 모두 인정한다. 이럴 때 우리는 오늘 우리 앞에 산적한 임무를 회피하지 않고 감당하듯이, 장차의 죽음도 정면으로 받아들일 수 있다. 바울이 말한 것처럼 이것은 '우리의 이기적인 욕망을 죽이는 것'이다.[5]

희망은 역경 위에서 자라난다. 또한 희망은 우리가 이 세상에 기여할 수 있는 것이 기껏해야 "자기 집 앞에 깔아 놓은 아스팔트 진입로와 수천 개의 잃어버린 골프공뿐"이라는 T. S. 엘리엇 식의 결론에 이의를 제기한다. 희망은, 비참한 안전감과 현실에 매달린다면 성장과 위대함의 가능성은 완전히 파탄나고 말 것이라고 우리를 설득한다. 희망은 더 이상 내 자신의 부정직함과 자기중심적이고 허약한 믿음의 삶 때문에 의기소

침할 필요가 없다고 말한다. 이제 더 이상 패배의식에 젖거나, 자신이 무감각하고 천박하다고 느끼지 않아도 된다.

이제는 **내가** 할 수 있을까, 내게 능력이 있을까, 나의 변덕과 게으름과 욕망과 원한과 회한을 극복할 수 있을까 하는 의구심들이 문제가 아니다. 오직 문제가 되는 것은, 예수 그리스도께 능력이 있는가, 생명의 주님이신 나의 구주께서 베들레헴에서 탄생하심으로 세상을 변화시키셨듯이 크리스마스에 나의 꺼져 가는 정신을 되살리고 나를 변화시키실 수 있는가 하는 것이다.

바울이 이해할 수 없는 고통(그것이 정신의 문제이든 혹은 감정적인 고착상태 또는 육체적인 장애나 성격적인 결함이든)에 시달리면서 고린도 교인들에게 쓴 다음과 같은 편지에서 패배의 흔적은 찾아볼 수 없다.

이것이 내게서 떠나가게 하기 위하여 내가 세 번 주께 간구하였더니 내게 이르시기를 내 은혜가 네게 족하도다. 이는 내 능력이 약한 데서 온전하여짐이라 하신지라. 그러므로 도리어 크게 기뻐함으로 나의 여러 약한 것들에 대하여 자랑하리니 이는 그리스도의 능력이 내게 머물게 하려 함이라. 그러므로 내가 그리스도를 위하여 약한 것들과 능욕과 궁핍과 박해와 곤고를 기뻐하노니 이는 내가 약할 그때에 강함이라(고후 12:8-10).

나는 앞에서 세 가지 자살방법에 대해 언급했다. 자신의 목숨을 끊는 방법, 자신을 죽도록 놓아두는 방법, 희망 없이 살도록 자신을 놓아두는 방법. 소로(Thoreau)가 "사람들의 무리가 고요한 절망의 삶을 살아간다"고 썼을 때는 이런 것을 염두에 두었던 것 같다. 그들은 여전히 걸어다닌다. 그들은 여전히 사람의 것으로 보이는 몸짓과 행동을 한다. 그러나 그들 내면의 불은 꺼져 버렸다. 그들은 비전을 잃었다. 그들은 보리스 파스테르나크(Boris Pasternak)가 "내면의 음악……"이라 일컫던 그것을 잃었다. 그들은 애틀란타 공항의 여행객들처럼 멍하니 자동보도 위에 실려 가는 구경꾼들이다.

8년 전 술에 절어 지낼 때, 포트 로더데일의 커머셜 가 시궁창에 처박혀 누워 있을 때, 깨어 있는 한순간 한순간 술을 마시고 싶은 욕망에 사로잡혀 있던 그때, 나는 자신이 이 살아 있는 시체들 가운데 하나인 것을 알았다.

당신의 지나온 길에 대해 말하려는가? 당신 삶의 모든 기쁨과 용기가 절망으로 인해 산산히 부서졌는가? 고독과 실업, 이혼, 사랑하는 사람의 상실과 친구의 배신, 전혀 예견하지 못한 불행 같은 것들이 당신을 암흑으로 던져 넣었는가?

아니면 과거의 모든 것보다 다가올 미래가 당신의 삶에 어두운 그림자를 던지는가? 오늘날 멸망을 예언하는 자들은 계시록과 같은 몸서리쳐지는 재앙의 모습을 그려 보인다. 음울한 예언과 예측에 관한 한, 우리에게는 부족할 것이 없다. 그러나 우리에게 절실하게 필요한 것은, 하나님의 기쁜 소식의 비전을 지닌 희망의 예언자다. 우리에게는 앞으로 나아가야 할 이유가 절실하게 필요하다. 잠언은 이렇게 말한다. "꿈이 없으면 사람들이 멸망에 이른다……"(잠언 29:18, KJV).

우리는 어디에서 이런 희망의 예언자, 이런 비전을 찾을 수 있을까?

크리스마스의 묵상가는 바울이 골로새 교인들에게 보낸 말씀 속에서 공포로부터의 자유와, 사랑하는 자로서 살아갈 용기를 발견한다. "하나님이 그들로 하여금 이 비밀의 영광이 이방인 가운데 어떻게 풍성한지를 알게 하려 하심이라. 이 비밀은 너희 안에 계신 그리스도시니 곧 영광의 소망이니라"(골 1:27).

체스터튼은 이렇게 말했다. "이교도들에게는 크리스마스가 시시한 소문에 불과하지만, 그리스도인들에게는 엄청난 비밀이다."

크리스마스의 엄청난 비밀이란, 하나님이 우리와 함께 계신다는 임마누엘이 바로 "강보에 싸여 구유에 뉘어 있는" 사내 아기라는 사실이다. 예수 그리스도께서 내 안에 탄생하실 때, 희망은 밝게 불타오르고 다른 모든 것들은 황혼 속으로 사라진다. 지붕은 무너지고 닥쳐오는 겨울은 피할 길이 없다. 좋은 시절에 어울리던 친구들은 떠나 버리고 인기는 사그러진다. 그러나 그리스도 예수의 나라는 여전히 내 안에서 밝게 타오른다. 돈키호테가 알돈자에게 말하는 것처럼 "이기고 지는 것은 문제가 아니다. 중요한 것은 모험을 계속하는 것이다."

우리에게 더 이상 나아갈 목표가 없다는 비관적인 판단을 향해 크리스마스는 말한다. 예수님, 여행, 꿈 등 우리에게는 나아가야 할 많은 목표들이 있다고. 리처드 로어(Richard Roher)는 말한다. "그리스도인은 결코 잃는 법이 없다. 그에게는 잃을 것이 아무것도 없기 때문이다."

그리스도 예수 안의 형제자매들이여, 여러분이 크리스마스의 은혜를 강렬한 충격으로 받아 보았다면, 여러분이 이미 수용되었다는 사실을 받아들일 용기를 긍휼하신 주님께 받았다면, 크리스마스가 예수님 안에 계시는 하나님의 열정적인 사랑 속으로 비약하는 결정적인 때임을 확신한다면, 하나님께서 당신의 약속에 신실하심을 신뢰한다면, 하나님께서 시작하신 것을 마지막에 이루시리라고 믿는다면, 지금 이 순간 놀라운 은혜가 역사하고 계심을 믿는다면, 여러분은 단지 이 지상의 호텔에 하룻밤 묵을 뿐 결국에는 천상의 예루살렘을 향해 가고 있음을 믿는다면, 그렇다면 존 파웰의 말처럼 "그대의 얼굴을 내어 보이라!"

그렇지 않고 여러분이 아직 크리스마스 은혜를 충격으로 받아 보지 못했다면, 하나님께 구하라. 그러면 시작될 것이다.

골프선수 아널드 파머(Arnold Palmer)가 한번은 사우디 아라비아에서 일련의 시범경기를 펼쳤다. 왕은 감동한 나머지 파머에게 선물을 주겠다고 했다. 그러자 파머가 토를 달았다. "폐하, 선물은 필요없습니다. 이곳에 초대해 주신 것만으로도 제게는 영광입니다."

왕이 대답했다. "그대가 내 선물을 받지 않겠다면, 나는 몹시 불쾌할 것이오."

파머는 잠시 생각한 뒤 이렇게 말했다. "좋습니다. 그렇다면 골프 클럽(golf club, 파머는 골프채를 말하고 있다—옮긴이)이 어떨까요? 폐하의 나라를 방문한 아름다운 기념품이 될 것 같습니다."

다음날 파머의 호텔로 배달된 것은 골프 클럽의 소유권이었다. 수천 에이커 넓이에, 나무와 호수와 클럽하우스 등이 갖추어진 골프 클럽…….

이 이야기의 교훈은 이렇다. 왕께 시시한 선물을 청하지 말라!

13
크리스마스는 자유다

"너희는 나를 누구라 하느냐?" 예수님의 이 물음이 나를 사로잡고 놓아주지 않는다. 최근 삶의 복잡한 문제들을 겪으면서 내 안에는 이런 응답이 형성되었다. "예수님은 하나님 아버지의 자유가 사람의 몸을 입으신 분이시며, 그분의 사랑에 대한 자유로우시며 창조적인 응답이십니다."

우주의 왕께서는 완전히 후미진 곳을 택해 탄생하심으로, 관습적인 모든 기대들을 무시하셨다. 그분은 당신의 생일날, 그런 관습에 속하지 않을 자유를 만끽하셨다. 예수님은 사람들의 고정관념에(나다나엘은 "나사렛에서 무슨 선한 것이 날 수 있느냐?" 하고 묻는다) 따라 살지 않으심으로 당시의 많은 사람들에게 걸림돌이 되셨다. 길들여진 유대인의 상상력은 구유 앞에서 눈살을 찌푸렸고, 비천하고 예상하지 못한 하나님의 구원 방법 앞에서 몸서리쳤다. 누더기를 걸친 왕은, 예리하게 훈련된 바리새인의 지성과 서기관들의 합리적 정신에 대한 모욕이었다. 단순한 목동들과 율법에 무지한 어중이떠중이들의 눈은 속일 수 있을지 몰라도, 율법을 공부한 사람들을 속일 수는 없지 않겠는가. 여기 아주 종교적인 사람들 속에 살아 있는 매력적인 원칙이 하나 있다. "메시아이시여, 당신이 우리의 기대를 충족시켜야만 우리의 충성을 얻으실 것입니다."

앤서니 드멜로(Anthony DeMello)는 무슬림 성자 바예지드의 이야기를 들려준다. 그는 가끔씩 일부러 이슬람의 외적인 형식과 예식에 어긋나는 행동을 하곤 했다. 한번은 메카에서 돌아오는 길에 이란의 레이라는 마을에 들렀다. 그를 존경하는 마을 사람들이 그를 맞으러 몰려들었다. 이런 종류의 아첨에 싫증이 난 그는, 시장에 도착할 때까지 참고 기다렸다가 시장에 이르자, 그때가 한 달간 라마단 금식기간이었음에도 빵 한 덩어리를 사서는 자기를 숭배하는 사람들이 모두 보는 앞에서 우걱우걱 먹기 시작했다. 레이 마을 사람들은 그의 행동을 욕하며 곧바로 그를 떠나 버렸다. 바예지드는 흡족해 하면서 한 제자에게 이렇게 말했다. "내가 자기들 기대에 어긋나는 행동을 하는 순간, 그 존경심 또한 얼마나 재빨리 떠나 버리는지 잘 봐 두어라."

예수님은 이와 비슷한 방법으로 당신을 따르는 사람들을 걸려 넘어지게 하셨다. 대중은 숭배할 성인을 필요로 한다. 하지만 거기에는 암묵적인 계약이 따른다. "당신은 우리의 결정에 따라 살아야 하오. 거룩한 놀이를 해야 한다는 거요!"[1]

예수님은 공생애 동안, 권위를 가지고 전통과 그것을 대표하는 사람들을 새롭게 평가하셨다. 그리고 사람을 향한 사랑이 우선할 경우에는, 그분의 자유하심으로 율법을 부수셨다. 이 때문에 예수께 대한 반대가 일어났다.

적어도 일부 사람들에게 율법은 자신을 정당화하고 사회적 지위와 교만한 자기만족을 얻는 수단이 되었다. 또한 율법은 남들을 도덕적으로 판단하는 근거가 되었으며, 그들을 죄인과 배교자로 구분하고 배척하는 수단이 되었다.

율법이 치유와 공동체 건설의 역할을 하기는커녕, 오히려 집단적 증오심을 키우는 도구 노릇을 했다. 예수님은 율법의 이러한 오용에 거리낌 없이 이의를 제기하고 책망하셨다. 그분은 율법과 전통과 과거를 옹호할 수 있는 자유도 아울러 지니셨기에 그러실 수 있었다. 그분은 자유롭게 율법의 정신을 옹호하셨다. 그것은 율법의 본질적 의미가, 자비와 관심과 사랑의 법이기 때문이었다.[2]

예수님은 독불장군도 아니고 배교자도 아니셨다. 그렇다고 율법의 세세한 부분까지 모두 생각 없이 무조건 따르지도 않으셨다. 율법이 사람을 위해 있는 것이지 사람이 율법을 위해 있는 것이 아니다(막 2:27 참조). 율법은 사람을 사람답게 만들기 위해 존재하는 것이지 사람을 비인간화하는 도구가 아니다. 율법은 하나님의 사랑의 통치를 앞당기는 한에서만 그 가치가 있는 것이다.

예수께서 결정을 내리실 때 받으신 요구는, 율법이 규정하는 바를 먼저 묻지 말고 하나님 아버지께서 당신에게 바라시는 바를 자유롭게 물으라는 것이었다. 흔히 자유로운 삶은 인습에 사로잡혀 있지 않기 때문에 사람들을 당황하게 한다. 자유로운 삶을 사는 사람에게는, 수용 가능한 행동기준을 고려하는 과정에서 배제된 창조적 가능성과 혁신적인 행동들을 활용하는 것이 가능하기 때문이다. 예수님은 당신의 탄생을 베들레헴에서 그처럼 누추한 모습으로 경축하기로 선택하셨다. 그렇게 하심으로써 대중의 여론이나 다른 사람들의 말과 생각에 대한 두려움에서 자유하심을 드러내셨다. 예수님은 아버지 하나님의 자유가 성육신하신 것이다.

역설적이게도 예수의 자유가 어떤 이들에게는 전염이 되는 반면, 어떤 이들에게는 방어벽을 쌓게 한다. 이런 사람들은 자유에 대항하고 경이로움과 새로움에 대항한다. 율법과 전통, 권위와 존경받을 만한 지위와 건전한 질서의 이름으로, 그리고 다른 수많은 경구들을 동원한다. "심판의 목소리만 잠재울 수 있다면 어떤 정당화도 괜찮다. 자유로운 사람 그 자체가, 이미 자유를 두려워하는 우리 자신에 대한 심판이기 때문이다."³

예수님은 포로된 이들에게 자유의 복음을 선포하러 오셨다. 그때나 지금이나 예수님은 당신의 말씀을 듣는 이들에게 자유의 나라로 들어올 것을, 당신의 아버지의 사랑으로 자유를 얻을 것을 초대하고 도전하신다. 자유의 길은 외롭고 그 길을 걷는 사람들은 고독하다. 스캇 펙(Scott Peck)은 이렇게 말한다.

많은 사람들이 수동성과 의존성, 두려움과 게으름에 사로잡혀 있다. 그들은 자신이 나아가는 한 치 한 치가 분명히 드러나 보이고, 한발 한발이 안전하고 가치 있음을 확인하고 싶어 한다. 하지만 그것은 불가능한 일이다. 영적 성장의 여정에는 용기가 필요하며, 생각과 행동의 적극적이고 독립적인 태도가 요구되기 때문이다. 예언자들의 말과 은혜의 도움을 받을 수는 있지만, 그러나 이 여정은 홀로 가야 한다. 어떤 스승도 당신을 데려다 줄 수 없다. 정해진 공식도 없다. 성례식이 배움에 도움이 되기는 하지만 배움 그 자체는 아니다.…… 영적 순례자들은 자신의 길을 결정한다. 그리고 자신의 고유한 삶의 환경 속에서 자신을 하나님과 일치시키기 위해 노력하고 근심하며 각자의 길을 걸어간다. 여기에는 도움이 되는 어떤 조언이나 가르침도 없다.[4]

1980년, 두 사람의 사제 레오 프라데와 조 모리스 도스가 쿠바에서 437명의 난민들과 함께 배를 타고 미국으로 들어왔다. 그 배의 이름은 '하나님의 자비'였다. 그 후에 그들은 드물게 적용되는 '적과의 교역'에 관한 법률 위반혐의로 미국 법원에 기소되었다. (항소심에서 그들에 대한 유죄판결은 번복되었다.) 도스 신부는 자신들이 난민선을 구한 일을 변호하는 공적인 자리에서 이렇게 말했다.

많은 사람들이 우리가 올바른 사제의 임무를 저버렸다고 비난했습니다. 그들은 교회의 사제는 범죄로 판단될 일에 휘말리지 말아야 한다고 생각했습니다. 교회 안의 착한 사람들을 위해 일하고 양떼를 모아 목회할 뿐, 외부 사람들과 관련된 복잡하고 논란의 여지가 있는 일에는 발을 들여놓지 말아야 한다는 것입니다. 그렇다면 사람들은 여태껏 하나님의 소명을 잘못 알고 있었던 것입니다. 하나님의 소명은 언제나 구속의 땅에서 자유의 땅으로 사람들을 불러내는 것입니다. 억압이든 법률이든 관습이든 매춘이든 종교적인 속박이든 편협함이든 착각이든 자기 의든 아니면 인간을 희생자로 전락시키는 다른 어떤 예속의 힘이든, 사람들이 노예 상태를 벗어나도록 그들을 돕는 것입니다. 하나님의 백성들이 약속된 땅으로 출애굽하도록 돕는 것이 하나님께서 주신 소명입니다.

그해 초, 가톨릭 시카고 대교구에서 널리 존경받는 한 사제가 바티칸의 여자아이에 대한 복사 금지규정을 무시하겠다고 선언했다. 캘류멧 시 교외의 성 빅터 성당 사제이자 대교구 전체의 피정 지도자인 리오 매혼 신부는 교구신문에 기고한 글에서, 바티칸의 정책은 "불공평하며, 잔인할 정도로 정의롭지 못하다"고 주장했다. 그는 이렇게 말한다.

어떤 사람들은 이 문제를 사소하다고 여길 수 있다. 물론 어린 소녀들이 미사 때 제단에서 복사를 맡는 것을 금지한다고 해서 세상에 종말이 오는 것은 아니다. 그러나 이것은 그렇게 작은 문제가 아니다. 사실 매우 중대한 문제다. 이러한 대립 이면에는 세계와 교회 안에서 여성들이 차지하는 위치에 관한 문제가 자리잡고 있다. 하나님은 여성을 남성과 동등하게 창조하셨는가, 아니면 불평등하게 창조하셨는가? 만일 그 대답이 '평등하다'라고 한다면, 여성을 열등하거나 부차적인 위치에 두는 모든 관습이나 관행은 불공평하고 정의롭지 못하며, 결국은 죄다. 나는 하나님께서 모두를 평등하게 창조하셨다는 점에 대해서 추호도 의심하지 않는다. 과거에 우리가 어떤 말을 하고 어떤 행동을 했든, 여성을 남성과 동등한 하나님의 형상으로 대해야 한다는 나의 믿음은 확고하다.

만일 교회에 속한 우리가 이런 확신을 실천하지 못한다면, 인류의 절반에 대한 차별과 권리 박탈에 책임을 져야 할 것이다. 이는 하나님의 섭리와 계획에 대해 얼마나 엄청난 거부인가.

이러한 불복종의 예들을 제기하고 난 후, 매흰 신부는 다음과 같이 촉구했다. 이 문제는 "공개 토론에 부쳐야 한다. 그리고 가능한 한 재고하고 재해석해야 한다. 나는 시민의 권위든 종교적 권위든 가족 내의 권위든, 비판 없이 보편적으로 받아들여지는 권위는 복종의 흉내만 초래할 뿐이며, 결국 권위 그 자체에 대한 거부를 불러일으킨다고 믿는다."[5]

교회는 무비판적으로 사랑하는 수많은 사람들과, 사랑 없는 많은 비평가들에게 늘 시달려 왔다. 어떤 그리스도인들은 어떠한 질문도 제기하기를 거부해 왔고, 반면에 일부 믿지 않는 이들은 빛 없는 열기를 만들어 보려고 애써 왔다. 참된 예언자는 맹목적인 충성과 치명적인 냉소 사이에서 균형을 잡는다. 예언자는 충성스런 불복종에 참여하는 사랑에 찬 비평가다.

사랑 없는 비평가들은 인간의 실패 한가운데 계시는 성령을 부인한다. 그들의 분노는 자신들의 희망을 불태워 버린다. 대립은 포용과 성실한 신뢰성이 함께할 때 비로소 가치를 지닌다. 예언자가 교회를 떠난다면(내가 말하는 교회란 그리스도의 몸 전체다), 예언자가 하나님의 백성을 떠난다면, 더 이상 그들을 희망으로 인도할 수 없다. 그는 백성을 좌절로 이끌거나 아니면 자기 의에 스스로 갇힐 뿐이다. 그의 불같은 언어 밑에는 확고한 사랑과 물러서지 않는 충성심이 있어야 한다. 사랑은 대립의 분노를 화해의 정신으로 변화시키는 힘이다.

로버트 프로스트(Robert Frost)는 이렇게 썼다.

내 생애를 묘비명으로 쓴다면
내가 짤막하게 준비해 둔 것이 있다.
내 묘비에는 이렇게 쓰리라.
나는 사랑하는 마음으로 세상과 다투었노라고.

기독교의 예언자는 사랑하는 마음으로 교회와 다투는 사람이다. 그는 희망을 위해 싸우며, 사랑하는 마음으로 다툰다. 그의 사랑은 진리로 정화되고 그의 비판은 충성으로 순화된다. 모든 사랑하는 이들의 다툼에는 승자도 패자도 없다. 오직 확신과 그것을 이해하려는 노력 사이의 정직한 대립이 있을 뿐이다. 사랑하는 이들의 다툼은 충성의 분위기 안에서 시작되고 끝을 맺는다. 예언자와 그의 교회 사이의 싸움은 격렬하게 전개되지만, 성실함에 뿌리를 둔, 사랑이 배어 있는 싸움이다.[6]

지난 2년간 나 자신이 로마 가톨릭 교회와의 사랑에 찬 싸움에 사로잡혀 있었음을 깨달았다. 싸움의 주제는 비교적 사소했다. 그것은 옛 전통의 회복, 곧 1139년까지는 유지되던 사제의 결혼에 대한 문제였다. 대화는 공적으로도 그리고 사적으로도 계속되었다. 오직 시간만이 어느 편이 지혜로운지 증명해 줄 것이다. 신학적인 모든 반대 견해와 교회법, 교회 구조, 전통, 권위 같은 것들에 대해 유감이 있지만, 나는 지혜롭고 재치 있으며 성령으로 충만한 예수회의 노사제 발터 부크하르트와 함께 이렇게 말할 수 있다.

> 나는 이 교회를 사랑한다. 십자가에 달릴 열정으로 이 살아 맥박이 뛰는, 죄 짓고 있는 하나님의 백성을 사랑한다. 그것은 그리스도인들의 증오에도 불구하고 나는 이곳에서 사랑의 공동체를 체험하기 때문이다. 제도적 어리석음에도 불구하고 나는 이곳에서 이성의 전통을 발견한다. 개인에 대한 억압에도 불구하고 나는 이곳에서 자유의 공기를 호흡한다. 성에 대한 두려움에도 불구하고 나는 이곳에서 내 육체의 구원을 발견한다. 이토록 비인간적인 시대에 나는 이곳에서 연민의 눈물을 만난다. 이토록 근엄하고 유머 없는 세상에서, 나는 이곳에서 풍요로운 기쁨과 지상의 웃음을 함께 나눈다. 죽음의 한가운데서 비할 데 없이 강렬한 생명의 맥박소리를 듣는다. 겉보기에는 하나님이 계시지 않는 것 같지만, 나는 이곳에서 그리스도의 참된 임재를 느낀다.[7]

충실하다는 것은 곧 우리가 누구인지 아는 것이며, 시기와 때를 가리지 않고 그것을 표명하는 것이다. 그것은 결국 교회가 복음의 중심에서 멀어질지 모르는 '흐름들'을 맹목적으로 따르지 않는 것이다. 그 흐름들은 너무나 제도화되어 있어, 자유와 잘못을 바로잡으려는 이들의 목소리 대부분은 침묵하고 만다.

오직 소수의 그리스도인들만이 성인기로 넘어가는 영적 여정에서 자신의 정체성에 대한 감각을 보존한다. 자신에 대한 이런 일관된 감각은 그들에게 지혜와 자비심과, 대니얼 베리건이 말하는 "표류에 맞서 역류하는 능력"을 부여한다.

이 소수의 그리스도인들에게 크리스마스는 신학적 개념 이상의 의미를 지닌다. 크리스마스는 하나님의 자유가 드러나는 계시다. 예수님은 승리하는 왕으로서의 메시아를 기다리는 기대에 맞서는 역류이다.

이브 콩가르(Yves Congar)는 다음과 같이 지적한다.

예수님의 계시는 그분의 가르침 속에만 있지 않다. 그분의 계시는 그분의 **행위** 속에, 주로 거기에 담겨 있다. 말씀이 육신이 되신 것, 하나님께서 종의 신분을 받아들이신 것, 제자들의 발을 씻겨 주신 것, 이 모든 것들이 계시의 권능을 지니고 있으며, 하나님의 계시다.[8]

하나님 아버지의 자유의 성육신하심은, 우리를 경배를 넘어 진정한 변화로 부르신다. 최근에 회심한 어느 사람에게 믿지 않는 친구가 다가와 물었다. "그래, 예수를 믿게 되었다며?"

"그렇다네."

"그렇다면 그분에 대해서 아는 것이 많겠구먼. 그분이 어디서 태어났는가?"

"모르겠는데."

"그분은 몇 살 때 돌아가셨는가?"

"모르겠네."

"그분은 설교를 몇 번이나 하셨지?"

"모르네."

"예수를 믿게 됐다는 사람치고는 너무도 모르는 게 많구먼."

"자네 말이 맞네. 사실 그분에 대해 너무도 아는 것이 없어 부끄럽네. 하지만 이런 것은 아네. 3년 전 나는 술주정뱅이였지. 빚도 많았어. 가정은 산산조각 나고 가족들은 나를 보면 무서워서 떨었네. 그러나 지금 나는 술을 끊었네. 우리는 빚이 없고 우리 가정은 행복하다네. 매일 저녁 아이들은 내가 돌아오기를 눈이 빠지게 기다리지. 이 모든 것을 그리스도께서 내게 해주셨다네. 이만큼이 내가 그리스도에 대해서 아는 것일세!"

안다는 것은 아는 것으로 인해 변화되는 것이다.

크리스마스를 기념하는 세상의 방식을 흉내 내는 것은 흐르는 물을 따라 표류하는 것이다. 좋은 절기에 관한 세속의 기준을 따르는 것은 자신의 정체감을 상실하는 것이다. 자신의 길을 버리고 남들이 기대하는 대로 대림절을 준비하고 크리스마스를 경축하는 것은, 사람들의 비위나 맞추는 노예상태에 지나지 않는다.

크리스마스에 예수님은 자유의 나라로 들어오도록, 당신 아버지의 사랑으로 자유로워지도록 우리를 부르신다. 예수 그리스도께서는 우리를 새로이 소생케 하는 특성이 있다. 그런 특성이 없었다면 기독교는 결코 역사적 사실이 될 수 없었을 것이다. 베들레헴에서 그분이 태어나신 놀라운 사건은 자아로부터의 자유와 타인을 위한 자유에 대한 갈망의 불을 지핀다. 이는 관습에서 벗어나 지적이고 상상력 풍부한 방식으로 크리스마스를 경축하도록 우리의 노력을 불러일으킨다.

울고 있는 아기는 하나님을 증거한다. 하나님의 말씀은 새롭고 생명력이 있다. 그분은 오래된 것, 이미 안정된 것, 잘 짜여져 익숙한 것을 옹호하시는 분이 아니다. 예수님 안에서 만나는 하나님은 자신의 영광에 대한 관심으로부터 자유로우시다. 그분은 우리를 위해, 관대함과 사랑을 위해, 있는 그대로를 인정하시기 위해 자유로운 분이시다.

올 크리스마스에는 바로 그 하나님께서 우리가 창조적으로 응답하고, 그렇게 함으로써 진정 그리스도를 닮기를 기대하실 것이다. 고독과 고립에 묶인 이들을 자유케 하라고 하나님께서 우리를 부르실 것이다. 어두움과 절망에 사로잡힌 이들과 희망을 나누고, 사랑하지 않는 사람을 식탁에 초대하며, 자신의 안락과 편리는 잊어버리라고 부르실 것이다. 자유를 경축하고, 과부와 고아들을 돌봄으로써 복음을 외치고, 가난한 이들과 음식을 나눔으로써 교회가 되라고, 관습의 기대들은 무시하라고 우리를 부르실 것이다. 다시 한번 애굽에서 하나님의 아들을 불러내라고 우리를 부르실 것이다.

14
마구간에 난파한 자

당신은 나이아가라 폭포를 숟가락에 담을 수 있다고 생각하는가?

크리스마스에 영감을 불어넣고 생명을 주시며 현실이 되게 하신 예수님의 아바, 그분 마음속의 두렵고 떨리는 사랑을 이해한다고 장담할 사람이 우리 중에 누가 있겠는가? 마구간에 난파한 자는 신비스러운 임재 앞에 무릎을 꿇을 뿐이다.

하나님은 인간이 감당하기 힘든 영광의 압도적 권능으로 세상에 오시지 않았다. 그분은 약하고 상처입기 쉬운, 곤궁한 방식으로 오셨다. 쌀쌀한 겨울밤, 어둠컴컴한 마구간 속의 아기 예수님은 우리가 가까이 다가가도록 허락하시는, 보잘것없고 벌거벗은, 의지할 데 없는 하나님이셨다.

모든 답을 갖고 있으며, 철저하게 냉정하고 절대적으로 침착한, 없는 게 없고 모든 상황을 통제하고 있는 사람. 그런 사람에게서 무언가를 얻는다는 것이 얼마나 어려운지 우리는 잘 안다. 이런 완벽자에게 우리는 불필요한 존재에 지나지 않으며, 어떤 관련도 없다고 느낀다. 그러므로 하나님은 갓난아기로 오신다. 우리에게 당신을 사랑할 기회를 주시고 당신께 드릴 무언가가 있다고 느끼게 해주신다.

상처입기 쉽다는 게 어떤 것인지 세상은 이해하지 못한다. 곤궁함을 무능함이라 내치고, 자비는 쓸데없는 짓이라 내친다. 텔레비전 광고의 가장 큰 기만은, 가난과 상처와 약함은 매력이 없다고 제시하는 것이다. '도미니크 형제'라는 이름의 뚱뚱한 수사는 제록스 복사기를 구입해서 경쟁사회의 당당한 일원이 됨으로써 허약함과 무능함을 극복한다. 그래서 그는 사랑스럽고 멋지게 보인다.

광고산업은 베들레헴의 영성을 결코 이해할 수 없다. 매튜 폭스가 말하는 것처럼 "우리에게 진통제를 팔기 위해 베토벤의 교향곡 5번 도입부를 이용하고, 헤어 컨디셔너를 팔기 위해 성 프란체스코의 평화의 기도를 이용한다."

승리자 구주와 번영의 복음을 추구하는 야심 가득한 제자들에게 베들레헴의 신비는 영원한 걸림돌로 남을 것이다. 아기 예수님은 그다지 인상적이지 않은 환경에서 탄생하셨고, 그곳이 정확히 어디였는지 아는 사람도 없다. 그 부모는 사회적으로 이렇다 할 것이 없는 사람들이었고, 그분을 맞이하기로 선택된 자들은 쓸모없는 이들과 패배자들과 남루하고 가난한 양치기들이 전부였다. 하지만 마구간에 난파한 자는 이러한 약함과 가난 속에서 하나님의 사랑을 알게 된다.

슬프게도 기독교의 신앙심은 세월이 흐르면서 베들레헴에 나신 아기를 아름답게 미화했다. 기독교 예술은 이 신성한 걸림돌을 하찮은 아기 예수상으로 만들어 버렸다. 기독교의 경배는 마구간 냄새를 감상적이고 고귀한 볼거리로 바꾸어 버렸다. (그처럼 그럴듯하지 않은 경우도 있다. 몇 해 전에 나는 크리스마스 이브를 피츠버그 본당에서 보냈다. 자정이 되자 빨래감을 내려 보내는 둥근 파이프 같은 통로를 통해서 아기 예수상이 미끄러져 내려와 제단 바로 앞에 놓인 구유로 털썩 떨어졌다. 그리고 뒷쪽에서는 에드 맥마흔이 외치는 소리가 들려왔다. "자, 여러분. 예수님을 소개합니다!")

종교적 상상력과 향수 어린 음악이 크리스마스가 지닌 충격적 가치를 빼앗았다. 일부 학자들은 구유를 따분한 신학적 상징으로 축소시켰다. 그러나 마구간에 난파한 자는 전율 속에서 아기 그리스도께 경배하며, 역사 속으로 들어오신 전능하신 하나님 앞에서 몸을 떤다. 산타클로스와 빨간코 사슴, 15미터짜리 트리와 우레 같은 교회 종소리들을 다 합쳐도, 아기 예수께서 만드시는 대격변을 만들어 내지는 못한다. 예수님은 구유 안의 조각상으로 머물지 않으신다. 그분은 살아 계신 분으로 우리를 당신의 밝은 빛으로 데려가신다.

스페인의 작가 호세 오르테가(José Ortega)는 이것을 다음과 같이 표현한다.

두뇌가 명석한 사람은 스스로 환상에서 벗어나 인생을 정면으로 바라본다. 삶 안의 모든 것이 문젯거리임을 깨닫고 자신이 길을 잃었다고 느낀다. 산다는 것은 곧 길을 잃었음을 깨닫는 일이라는 것, 이것은 간단한 진리다. 이 사실을 받아들이는 사람은 누구나 이미 자신을 발견하기 시작한 것이며, 군건한 토대 위에 서기 시작한 것이다. **난파한 자가 그렇듯이, 그는 본능적으로** 매달릴 무언가를 찾아 주위를 둘러볼 것이다. 이는 자신의 구원이 달린 문제다. 비극적인 상황 속에서 거리낌 없이 사방을 살피는 이 철저하고 진지한 눈길로 인해, 그의 무질서한 삶에 질서가 잡힐 것이다. 이것만이 유일하게 참된 생각이며, 바로 난파한 자의 생각이다. 나머지는 그럴듯한 말장난과 겉치레에, 어리석은 짓거리에 불과하다. 진실로 자신이 길을 잃었다고 느끼지 않는 사람에게는 회복의 가능성이 없다. 그런 사람은 결코 자기 자신을 찾지 못할 것이며, 자신의 실체와 대면하게 되는 일이 없을 것이다.[1]

마구간에 난파한 자들은 마음이 가난한 자들이다. 그들은 자신이 우주 안에서 길을 잃고 널빤지 한 조각에 목숨을 건 채 망망대해를 표류하고 있다고 느낀다. 결국 그들은 해변으로 밀려 올라가 마구간으로 나아가게 된다. 그리고 모든 것에 대한 낡은 소유의식을 벗어 버리게 된다. 난파한 자들은 반짝이는 트리나 종교적인 체험— "크리스마스인데, 교회에 가면 기분이 좋아지지 않을까?"—에 마음이 매이는 것은 저급할 뿐 아니라 지극히 어리석음을 알게 된다. 그들은 정서적인 안정이나 사소한 사물에 관심을 두지 않는다. 그들은 죽음의 바다에서 구원되고 구조되고 건져 내어져 다시 한번 새롭게 살아갈 수 있는 자유를 얻었다. 그들은 마구간에서 눈앞이 캄캄해지는 진리의 순간, 아연실색할 사실을 발견한다. 여태껏 구원의 널빤지인 예수님을 붙들고 있으면서도 그것을 몰랐다니!

그들이 폭풍우를 맞고, 성난 바다에 시달리는 내내, 누군가의 손이 자신들을 붙들어 주는지 몰랐을 때도 그들은 붙들려 있었다. 그들은 영적·정서적·육체적 박탈상태에 놓임으로써 자신으로부터 벗어나게 되었다. 전에는 중요하다고 생각하던 모든 것을 재검토하게 되었다. 난파한 자는 소유하기 위해서가 아니라 소유되기 위해 마구간으로 간다. 평화나 높은 신앙의 수준을 원해서가 아니라 예수 그리스도를 원해서 그곳으로 간다.

난파한 자들은 평화를 구하지 않는다. 그들은 평화가 부족해 괴로워하지 않기 때문이다. 내 말은 주관적인 평화의 느낌을 말하는 것이다. 주변 환경이 우리의 감정에 혼란을 일으킬 수 있다. 날씨는 폭풍우가 칠 수도 있고 맑을 수도 있으며, 우리의 감정 또한 그에 따라 기복이 있을 수 있다. 그러나 우리가 그리스도 예수 안에 있다면, 평화 안에 있는 것이다. 따라서 **평화가 없다고 느낄 때조차도** 동요하지 않는다. "그리스도 안에 있는 것은 평화 안에 있는 것과 같다"는 마이스터 에크하르트의 등식은 늘 타당하다. 우리는 파선했지만 구원받았다는 우리 자신에 대한 진리를 받아들인다면, 그 순간부터 우리의 삶은 변덕스러운 감정에 흔들리는 모래가 아니라 반석이신 그리스도 안에 닻을 내리는 것이다.

크리스마스의 은혜를 온전히 체험한 사람에게는 지극히 중요한 사실이 있다. 우리가 예수님과 올바른 관계에 있을 때라야 그리스도의 평화 안에 있는 것이다. 스스로 인정하고 회개해야 할 만큼 중대하고 의식적이고 고의적인 불충성을 제외한다면, 평화의 느낌이 있고 없음은 영적 삶에서 정상적인 밀물과 썰물 같은 것이다. 모든 것이 평범하고 진부한데다, 우리가 높은 산꼭대기가 아닌 평평한 평원이나 골짜기에서 신앙생활을 하고 있다고 해서, (대부분의 그리스도인의 삶은 이런 곳에서 이루어진다) 자신을 책망하거나 하나님과의 관계가 무너지고 있다고 생각할 이유는 없다. 또한 동산에서 "사람이 내 주님을 옮겨다가 어디 두었는지 내가 알지 못함이니이다" 하고 우는 막달라 마리아를 따라서 울 필요도 없다. 좌절과 동요, 피곤 같은 것들이 잠시 우리를 흔들 수는 있지만, 그리스도 예수의 평화 안에 사는 삶을 빼앗을 수는 없다. 언젠가 극작가 이오네스코(Ionesco)가 깊은 침체상태에서 선언한 것처럼 "그 어떤 것, 좌절 그 자체도 나를 좌절시키지는 못한다."

난파한 자는 회전하는 세상의 움직이지 않는 정점에 서 있다가 깨달았다. 인간의 마음은 예수 그리스도를 위해 창조되었으며, 예수 그리스도 외에 그 어떤 것으로도 참으로 만족할 수 없음을. 그들은 세상이 요구하는 것을 진지하게 받아들일 수가 없다. 그들은 대림절 기간 동안, 우리가 자신의 욕구를 순화시키고 억누르려 할수록 우리 자신을 기만하고 왜곡할 뿐이라고 가르친다. 우리는 그리스도를 위해 만들어졌기 때문에 우리를 만족시키는 것은 아무것도 없다. 바울은 골로새서 1:16에서 말한다. "만물이 다 그로 말미암고 그를 위하여 창조되었고." 그는 더 나아가 이렇게 말한다. "오직 그리스도는 만유시요 만유 안에 계시니라"(3:11). 오직 그리스도 안에 있을 때만, 마음은 창조된 것들 안에서 참 기쁨을 발견할 수 있다.

크리스마스에 어떤 옷을 입을까 고민하는 겉멋이 든 사람에게 난파한 자는 이렇게 말한다. "그리스도를 입으라." 「월스트리트 저널」(*Wall Street Journal*)을 성경인 줄 알고 돈벌기에 혈안이 된 상인에게는 이렇게 말한다. "당신의 주인은 오직 한분뿐이시다. 다른 것의 종노릇을 하면서 동시에 그 주인을 섬길 수는 없다." 권력의 문제에서부터 일을 성취시키는 문제까지 다루는 권력가에게 난파한 자는 이렇게 말한다. "당신의 힘이 아무리 강해도 당신이 할 수 있는 일이란, 기껏해야 스스로 죽음을 향해 쇠퇴해 가는 이 세상의 장식물에 약간의 변화를 주는 정도일 뿐이다."

난파한 자들은 굳건한 토대 위에 서 있다. 그들은 진리 안에 살며 실재에 뿌리를 두고 있다. 그들은 세상이 이래라저래라 하도록 허용하지 않는다. 가장자리에 무릎을 꿇고 있는 그들은, 덧없는 이 세상이 어처구니없이 과장되었으며 터무니없음을 깨닫는다. 왕과 대통령, 록 스타와 재벌들의 젠체하는 모습을 보며 우스워한다. 그들은 성 에프렘(St. Ephrem)이 지은 크리스마스 캐롤을 노래한다.

오세요, 예수님. 어머니의 무릎에서 조용히 쉬세요.……
당신은 어찌 이리 밝고 명랑한 아기이신가요?
아름다운 아기님! 당신의 어머님은 정결하신 분,
아버님은 천사들도 볼 수 없게 감추어 계신 분.
아기님, 당신은 누구신가요?
자비로운 분의 아드님, 말씀해 주세요.
다투던 원수들이 당신을 보러 와서는
밝고 명랑해집니다. 함께 웃고, 서로 의견이 맞게 됩니다.
성내던 사람은 당신과 당신의 온유하심으로 부드러워진답니다.
신 것도 달콤하게 만드는 당신은 누구신가요, 아기님?
가까이에 있는 모든 사람을

이토록 간절히 만나고 싶어 하는 아기를 본 사람이 누가 있을까요?
어머니의 무릎 위에 곤히 누운 아기는
멀리 있는 사람들에게까지도 다다릅니다.
아름다운 모습이여,
이 아기의 온 관심은 모든 사람들,
그들 모두가 당신을 볼 수 있게 되기를 바라는 마음.
근심을 가지고 당신 앞에 나와 경배하는 사람의 근심은 날아가 버리고
골똘히 생각에 잠겨서 오는 사람들은 그 생각을 모두 잊는답니다.
당신 때문에 배고픈 사람이 음식조차 잊는답니다.
심부름 가던 사람도 넋을 잃고 가던 길도 잊는답니다.
조용히 계셔 주세요, 아기님.
하던 일을 계속하게 우리를 그냥 놓아두세요.[2]

당신은 난파한 자의 말이 들리는가? 당신의 시시한 욕망일랑 던져 버리고 기대의 폭을 넓히라. 크리스마스는 하나님께서 바로 당신 자신을 우리에게 주셨으며, 그 이름은 예수 그리스도시라는 의미다. 다가오는 크리스마스에는 아무것에나 쉽사리 만족하지 말라. 메뉴판에 달걀 베네딕트가 올라 있는데 시시하게 토스트 한 조각을 주문하지 말라. 하나님께서 당신 자신이라는 큰 바다를 통째로 주시는데 기껏 간장 종지 하나를 가지고 오지 말라. 그저 '멋진' 크리스마스에 만족하지 말라. 예수께서 이렇게 말씀하신다. "내 아버지는 그대에게 기꺼이 당신의 나라를 주셨다." 기도하라. 가서 일하라. 놀기도 하고 바나나 빵도 먹으라. 선물도

주고받고 새벽송도 돌고 배고픈 이들을 먹이고, 외로운 자를 위로하며, 주 예수 그리스도의 이름으로 모든 것들을 행하라.

프랑스 남부 프로방스 삼림지방에는 해마다 크리스마스 때면 사람들에게 회자되는 아름다운 이야기가 있다. 아기 예수님을 뵈러 베들레헴으로 간 네 목동들의 이야기다. 한 목동은 달걀을, 또 한 목동은 빵과 치즈를, 세 번째 목동은 포도주를 가지고 갔다. 그런데 네 번째 목동은 아무것도 없이 빈손으로 갔다. 사람들은 이 네 번째 목동을 앙샹떼(*L'Enchanté*, 매혹당했다)라고 불렀다. 앞의 세 목동들은 마리아가 아름답다는 둥 마구간이 참 아늑하다는 둥 요셉이 그곳을 잘 골랐다는 둥 참으로 별빛이 아름다운 밤이라는 둥 하면서 마리아와 요셉과 이야기를 나누었다. 그들은 자랑스러워하는 부모를 축하하고, 자신들이 가져간 선물을 건네면서 필요한 것이 있으면 자신들에게 말만 하라고 했다. 그러다가 한 사람이 말했다. "그런데 앙샹떼는 어디 간 거지?" 그들은 위와 아래, 이 구석 저 구석, 안과 밖을 찾아보았다. 그러다가 누군가가 바람막이로 쳐놓은 담요를 슬쩍 젖히고 구유가 있는 곳을 들여다보았다. 거기 구유 앞에 앙샹떼가, 예수에게 매혹당한 자가 무릎을 꿇고 있었다. 바람의 방향을 가리키는 깃발이나 불꽃처럼 그는 사랑의 방향을 가리키고 있었다. 그는 그날 밤 내내 그렇게 경배하며 이렇게 속삭였다. "예수, 예수, 예수⋯⋯예수, 예수, 예수."

크리스마스가 다가오면 떠오르는 솔직한 질문 하나가 있다. 나는 그리스도인이기를 원하는가, 아니면 그저 겉으로만 그렇게 보이기를 원하는가? 난파한 자처럼 이 매혹당한 자는 오직 한 가지 순수한 열정 때문에 황폐해진 자다. 그의 올곧은 마음은 그로 하여금 실재에 근거한 판단에 다다르게 했다. 그리스도께 중심을 두지 않은 크리스마스와 관련된 것들―트리, 장식, 칠면조 만찬, 선물교환, 경배 그 자체 등―은 공허한 몸짓에 지나지 않는다. 난파한 자들은 복 있는 자들이다. 그들은 크리스마스의 모든 장식물들 속에서 하나님을 보며, 세상이 이해하지 못하는 기쁨을 체험하기 때문이다.

어느 날 성 프란체스코가 레오 수사와 함께 길을 걸어가고 있었다. 레오 수사가 풀이 죽어 있는 것을 보고 프란체스코가 돌아보며 물었다. "형제님, 순수한 마음을 가진다는 것이 무슨 뜻인지 압니까?"

"물론이지요. 자기 자신을 책망할 만한 죄나 잘못, 나약함이 없다는 뜻입니다."

성인이 말했다. "아, 이제 형제님이 어째서 슬퍼하는지 알겠군요. 우리에게는 자신을 책망해야 할 거리가 늘 있을 것입니다."

"그렇습니다. 그래서 마음의 순수함을 영원히 이루지 못할까 봐 절망스럽습니다."

"레오 형제, 내 말을 잘 들으세요. 형제님 마음의 순수함에 그렇게 집착하지 마세요. 눈을 돌려 예수님을 보세요. 그분을 찬미하세요. 예수님이 바로 그대의 형제이고 벗이고 주님이시고 구주이십니다. 그 사실을 기뻐하세요. 작은 형제여, 마음이 순수해진다는 것은 바로 이런 뜻입니다. 그리고 한번 예수님을 향해 돌아섰다면 다시는 그대 자신을 뒤돌아보지 마세요. 그대가 그분과 함께 서 있는 곳이 어디인지 궁금해 하지 마세요.

완전하지 못함에 대한 슬픔, 그대가 참으로 죄에 물든 자라는 발견은 지나치게 인간적인 감정이며, 우상 숭배로 넘어가는 경계선입니다. 그대의 눈길을 밖으로 돌려 예수 그리스도의 아름다움과 은혜로움, 자비로움을 보세요. 순수한 마음은 해 뜰 때부터 해 질 때까지 그분을 찬양합니다. 자신이 부서지기 쉽고 허약하며, 정신이 산란하고 안전하지 않으며 불확실하다고 느끼더라도, 이런 것들은 그분의 평화 안에서 놓아 버릴 수 있습니다. 이런 마음은 버릴 것은 버리고 채울 것은 채운 마음입니다. 곧 자기 자신은 버리고 하나님의 충만하심을 채운 마음이지요. 예수님이 주님이시라는 사실만으로 충분하답니다."

한참 뒤에 레오 수사가 대답했다. "하지만 프란체스코 형제님, 그래도 주님은 여전히 우리에게 노력과 성실을 요구하시지 않습니까?"

성인이 대답했다. "물론이지요. 하지만 거룩함이란 인격적으로 도달하는 결과물이 아닙니다. 그것은 형제님 자신 안에서 발견하는 비어 있음 같은 것이지요. 그런 비어 있음을 분노하지 말고 받아들이세요. 그러면 그곳은 주님께서 새롭게 창조하실 수 있는 자유로운 공간이 됩니다. 이렇게 외치세요. '당신만이 홀로 거룩하시고, 당신만이 홀로 주님이십니다.' 마음이 순수하다는 것은 바로 이런 뜻입니다. 그것은 그대의 영웅적인 노력과 해묵은 결심으로 얻어지는 것이 아닙니다."

"하지만 어떻게 그럴 수가 있나요?" 레오 수사가 물었다.

"간단합니다. 그대의 마음속에 아무것도 감추어 두지 마세요. 집을 깨끗하게 청소하세요. 다락방까지 청소하고, 그대에게 잔소리를 해대는 과거의 고통스러운 양심도 청소하세요. 난파했다는 것을 받아들이세요.

버거운 것, 당신의 죄를 더하는 것이라면 무엇이든지 버리세요. 오직 그리스도의 긍휼하심과 무한한 관대하심과 온유한 사랑만을 보세요. 예수님은 주님이십니다. 그것으로 충분합니다. 그대의 죄의식과 책망은 관심 밖의 무의 상태(nothingness) 속으로 사라질 것입니다. 푸른 하늘로 솟구쳐 올라 자유롭게 나는 참새처럼 그대의 영혼은 더 이상 자신을 의식하지 않습니다. 거룩해지고 싶다는 열망조차도 예수님을 향한 순수하고 단순한 열망으로 바뀌지요."

레오 수사는 프란체스코 곁에서 걸으며 그의 말에 진지하게 귀 기울였다. 한 걸음 한 걸음 뗄 때마다, 마치 영혼에 깊은 평화의 물결이 밀려오는 것처럼 마음이 점점 가벼워지는 것을 느꼈다.

난파한 자는 땅에 붙박인 자들과 공통점이 별로 없다. 땅에 붙박인 자에게는 나름의 안전체계와 자기 영역, 주위의 증명서나 신용카드, 창고와 곳간, 손도 대지 않는 이자와 투자금이 있다. 그들은 정말로 자신이 길을 잃었다고 느끼는 일이 없으므로 결코 자신을 발견할 수 없다. 크리스마스에 사람들은 그들에게 줄 마땅한 선물을 고를 수 없어 낙담하게 된다. "그들에게 줄 물건을 사기가 힘들다. 그들은 필요한 것을 다 가지고 있다."

이와 달리 난파한 자는 물에 빠져 죽지 않으려고 있는 힘을 다해 팔을 뻗어 지나가는 널빤지를 붙든다. 성난 바다에서 이리저리 떠다니며 아무 도움도 없이 무력한 상태에 빠진 난파한 자는 자신이 널빤지를 붙들 자격이 있는지, 마른땅을 밟을 자격이 있는지를 결코 묻지 않았다. 그들은 이런 것들에 관한 한 자신들이 할 수 있는 것이 전혀 없음을 알았다. 그저 어린아이들처럼 널빤지를 선물로 **받아들였다**. 어린아이란 바로 아무것도 한 것이 없는 바로 그런 사람들이다. "너희가 돌이켜 어린아이들과 같이 되지 아니하면 결단코 천국에 들어가지 못하리라"(마 18:3). 예수님의 말씀은 천국이 아이들이 뛰노는 넓은 운동장이라는 뜻이 아니다. 어린아이들은 하늘나라를 요구하지 않는다. 그래서 아이들은 우리의 모범이 된다. 사이먼 터그웰(Simon Tugwell)은 말한다. 어린아이들이 하나님과 가깝다면 "그것은 아이들이 순진무구해서가 아니라 무력하기 때문"이라고.[3]

난파한 자에게 "어린아이와 같이 된다"는 것은 자신이 보잘것없는 존재임을 받아들인다는 것을 뜻한다. 유대인 아이가 주말에 아버지한테 용돈으로 10센트를 받는다면, 아이는 그 돈을 집안 청소나 가게 심부름의 보수나 보상이라고 생각하지 않을 것이다. 그 돈은 온전히 거저 주어지는 선물이며, 아버지의 관대함에서 나오는 행동이다.

우리에게 어린아이와 같이 되라고 하시는 예수님의 말씀은 뒤에 놓인 것은 잊어버리라는 요구다. 어린아이에게는 과거가 없다. 선하든 악하든, 크든 작든 과거에 우리가 행한 모든 것들은 지금 예수님 앞에 서 있는 우리와 무관하다. 우리는 오직 지금 주님의 임재 안에 있으며, 이번 크리스마스는 우리의 남은 생애를 통틀어 첫 번째의 크리스마스다. 어린아이가 그렇듯이 난파한 자는 과거의 보따리를 지금 이 순간의 마구간으로 들고 오지 않는다.

몇 해 전의 여름 어느 날, 우리 가족은 미시시피 주에 있는 빌록시 해변에 갔었다. 멕시코 만의 바다로 깡총깡총 뛰어들어 가던 작은 딸 니콜이 5달러짜리 지폐가 바다에 떠다니는 것을 발견했다. 아이는 기뻐 소리치며 우리에게로 뛰어왔다. 그러더니 우리와 또 빌록시와 플로리다 펜사콜라 해변 사이에 있는 모든 사람들에게 돈을 주은 그 기쁜 일을 이야기해 댔다. 아이는 환하게 빛이 날 정도였다. 아이의 행복을 위해 더 이상 아무것도 필요하지 않았다.

예수께서 말씀하신다. "천국은 마치 밭에 감추인 보화와 같으니 사람이 이를 발견한 후 숨겨 두고 기뻐하며 돌아가서 자기의 소유를 다 팔아 그 밭을 사느니라. 또 천국은 마치 좋은 진주를 구하는 장사와 같으니 극히 값진 진주 하나를 발견하매 가서 자기의 소유를 다 팔아 그 진주를 사느니라"(마 13: 44-46).

이 두 이야기의 초점은 천국을 발견하는 기쁨이다. 보화를 발견한 사람은 부동산 매매소로 가는 길 내내 하늘을 날듯 기쁨에 넘친다. 자신이 얼마나 멋진 것을 발견했는지 알기 때문이다. 진주상인도 그 값진 진주가 치러야 할 값보다 얼마나 더 큰 가치가 있는지 알아본다. 그것을 사기 위해 자신이 가진 것을 모두 팔아야 한다 해도 진주는 그만한 값어치가 충분하다. 그는 자신이 우연히도 큰 이익이 남는 거래를 만난 것을 알며, 그 거래에서 남을 이익 생각에 기쁨이 넘친다.

성경학자 요아킴 예레미아스(Joachim Jeremias)는 이렇게 말한다.

모든 잣대를 넘어서는 그 큰 기쁨이 사람을 사로잡을 때, 그 기쁨은 그를 먼 곳으로 실어 간다. 그의 존재 가장 깊은 곳을 관통하며, 그의 온 정신을 지배한다. 이 높디높은 가치와 비교할 때 그 어떤 것도 가치를 잃는다. 어떤 값을 치러도 아깝지 않다. 가장 가치 있는 것을 위해 아낌없이 내놓는 것은 당연한 일이 된다. 이 짝을 이루는 이야기에 담긴 결정적 요소는 두 사람이 무엇을 포기했느냐가 아니라 포기의 동기, 곧 자신들의 멋진 발견에 대한 압도적인 체험이다. 따라서 그것은 하나님 나라와 함께하는 포기다. 기쁜 소식은 사람을 압도한다. 반가움으로 마음을 채우고, 삶의 방향 전체를 바꾸어 놓으며, 온 마음으로 자신을 희생하는 결과를 낳는다.⁴

마구간에 난파한 자는 기쁨과 놀라움에 사로잡힌다. 그들은 베들레헴의 밭에서 보석을 발견했다. 귀하디귀한 진주가 배내옷에 싸여 구유에 누워 있다. 그 밖의 모든 것은 싸구려, 가짜, 색칠한 유리 조각에 불과하다.

우리 모두가 당면한 문제는 다가오는 크리스마스에 무엇을 진정한 목표로 삼을 것인가이다. 우리의 추구하는 바가 점잖고 자기만족적인 고상함, 판에 박힌 기도, 세심한 예배의식, 마음을 어루만져 주는 동정심 같은 것뿐이라면, 우리는 난파한 자와의 관계를 아주 제대로 끊어 버린 것이다. 우리와 진주를 찾는 사람 사이에는 아무런 동료의식이 없다.

12월 24일, 길거리에서 아무나 붙들고 크리스마스에 가장 바라는 것이 무엇이냐고 물으면 "예수를 만나 보고 싶다"고 대답할 사람이 몇이나 될까?

대림절이라는 성스러운 절기에 가장 중요하게 여겨야 할 한 가지는 바로 간절한 열망이라고 생각한다. 랍비 아브라함 헤셸(Abraham Heschel)의 말을 바꿔 인용하면 "예수 그리스도를 가장 중요하게 여기지 않는다면,

그분을 전혀 중요하지 않게 여기는 것이다." 간절한 내적 열망 그 자체는, 이미 그분이 우리 마음 안에 계시다는 표시다. 그 나머지는 성령이 역사하실 몫이다.

아마도 우리 가운데 많은 이들은 요한복음 12장에 나오는 헬라인들과 같은 처지일 것이다. 그들은 빌립에게 가서 이렇게 말한다. "우리가 예수를 뵈옵고자 하나이다."

우리 각자에게 돌아오는 질문은 이러하다. "얼마나 간절히 뵙고자 하느냐?"

마구간에 난파한 자는 교회 안에 없어서는 안 될 사람이다. 그는 구주를 관습의 덫에서 구해 내고, 조직화된 종교의 손아귀에서 구해 낸다. 그들은 지도자나 의사 결정자가 아닌 주변 사람들이다. 조용히 존재하는 그 자체가 사명인 이들에게 승리나 경쟁은 필요하지 않다. 그들 자신의 눈에도 스스로 실패자로 보일 것이다. 그들이 세상의 비위를 맞춘다면 세상은 그들을 존경하리라. 그들이 세상을 무뚝뚝하게 멸시한다면 세상은 그들을 더욱 존경하리라. 하지만 세상이 그들에 대해 생각하는 그 어떤 특징도 그들에게서 발견할 수 없기에 세상은 그들을 조롱하고 비웃는다.

도대체 난파한 자들의 이 작은 무리가 왜 존재하느냐는 질문에 대한 유일한 설명은, 예수님의 인격적 자력(磁力)뿐이다. 클레르보의 성 베르나르(Bernard of Clairvaux)가 말했듯이 "오직 체험한 사람만이 예수 그리스도의 사랑이 무엇인지 믿을 수 있다." 당신한테는 구유 안에 나타난 소박하고 거리낌 없고 열정적이고 물러서지 않으며 끈질긴 하나님의 사랑을 이해하는 것보다, 새우잡이 그물로 태풍을 잡는 것이 오히려 쉬울 것이다.

1980년 크리스마스 전날, 사우스캐롤라이나의 앤더슨에서 리처드 벌린저의 어머니는 부지런히 꾸러미들을 포장하면서 어린 아들에게 당신의 구두를 닦아 달라고 부탁했다. 잠시 후에 아이는 일곱 살짜리만이 보여 줄 수 있는 자랑스런 미소를 지으며 검사를 받기 위해 구두를 내보였다. 어머니는 흡족하여 아이에게 1쿼터짜리 동전을 주었다.

크리스마스 아침, 어머니가 교회를 가려고 구두를 신는데 구두 안에 무슨 작은 물건이 들어 있었다. 꺼내 보니 1쿼터짜리 동전이 종이에 싸여 있었다. 그 종이에는 어린아이의 삐뚤삐뚤한 글씨로 이렇게 적혀 있었다. "사랑하기 때문에 한 일이에요."

막이 내려오는 순간, 우리는 각자 일생 동안 행한 선택의 총합계로, 우리가 지킨 약속과 지키지 않은 약속의 합계로 남을 것이다. 의무 이행에 늘 실패하고 말았다는 그 사실 자체가 난파한 자들의 영광이 될 것이다. 그들은 배내옷에 싸인 아기에게 붙들려 지체할 수밖에 없었다고 변호할 것이다. 어째서 그 마구간을 떠나지 못했느냐는 질문에 그들은 이렇게 대답할 것이다. "사랑하기 때문에 한 일입니다."

난파한 자들은 그들의 순전함 속에 크리스마스 본래의 순수한 의미를 보존하고 있다. 그 의미란 구주가 탄생하셨고, 역사 속에 메시아의 시대가 시작되었다는 것이다.

이번 크리스마스에는 당신도 이들 가운데 한 사람이기를 간절히 바란다.

스터디 가이드

1. 하나님과 자신에 대한 생각을 바로 잡음

5분간의 묵도로 시작한다. 내주하시는 성령을 믿음으로 의식한다. 성경말씀, 개인적 묵상, 다른 사람들의 깨달음을 통해 내 심령에 말씀해 주실 것을 성령께 겸손히 구한다.
한 사람이 대표로 요한일서 4:16-19을 큰소리로 읽는다. 다음 질문을 중심으로 개인적으로 묵상하고 그룹으로 함께 나눈다.

1) 어린 시절과 십대 때에 믿었던 하나님을 설명해 보라.

2) 그때 이후로 하나님에 대한 내 인식에 어떤 변화가 있었는가? 아니면 여전히 부모, 목회자, 이웃의 신앙 공동체가 심어 준 하나님에 대한 생각에 머물러 있는가?

3) 삶의 여정 가운데 너무 바쁜 단계라서 하나님과 함께 보낼 시간이 없는가? 어린아이를 키우는 부모들은 지금 분명하게 밝히기 바란다. 거룩한 게으름에 대한 열정이 사라졌는가? 자신의 기도생활을 설명해 보라.

2. 예수님을 만난 날

5분간의 묵도로 시작한다. 내주하시는 성령을 믿음으로 의식한다. 성경말씀, 개인적 묵상, 다른 사람들의 깨달음을 통해 내 심령에 말씀해 주실 것을 성령께 겸손히 구한다.
한 사람이 대표로 빌립보서 3:7-11을 큰소리로 읽는다. 다음 질문을 중심으로 개인적으로 묵상하고 그룹으로 함께 나눈다.

1) 100년 전 미국 남부 지방에서는 "거듭났다"는 말을 거의 쓰지 않았다. 예수님과의 인격적인 관계 속으로 급격히 들어가게 되는 것을, "나는 위대한 사랑의 힘에 사로잡혔다"고 표현했다. 이것은 하나님께서 주도권을 쥐고 계시다는 것과, 예수님이 누군가의 인격과 그가 하는 일의 주님이 되실 때 그의 마음속에 일어나는 폭발을 가장 인간적이고 감동적으로 표현하는 말이었다. 이 표현은 다음의 옛 러시아 속담에 새로운 의미를 불어넣었다. "예수라는 병은 치료가 불가능하다." 이처럼 거듭난 경험을 서로 나눠 보라.

2) 아직 이런 체험을 하지 못했다면, 그 일이 앞으로 내게 일어날 것이라고 계속 믿겠는가?

3) 위대한 사랑의 힘에 사로잡힌 뒤로, 나의 영적인 삶에 어떤 성장이 있었는가? 나는 지금도 그 순간을 잘 붙들고 있는가?

3. 말씀 안의 자유

5분간의 묵도로 시작한다. 내주하시는 성령을 믿음으로 의식한다. 성경말씀, 개인적 묵상, 다른 사람들의 깨달음을 통해 내 심령에 말씀해 주실 것을 성령께 겸손히 구한다.
한 사람이 대표로 고린도후서 3:17을 큰소리로 읽는다. 다음 질문을 중심으로 개인적으로 묵상하고 그룹으로 함께 나눈다.

1) 그리스도인은 늘 '되어 가는' 과정에 있는 사람이다. 나는 인간적인 존경, 즐겁게 해주고 친절한 사람들, 타인들의 인정 같은 속박에서 벗어나 큰 자유를 누리고 있는가?

2) 나를 더 큰 자유로 이끌어 줄 조언자, 안내자 혹은 영적 지도자가 있는가?

3) 이번 장을 마치면서, 양심의 성찰에 대한 응답을 서로 나눠 보라.

4. 가난하지만 풍요로운 자

5분간의 묵도로 시작한다. 내주하시는 성령을 믿음으로 의식한다. 성경말씀, 개인적 묵상, 다른 사람들의 깨달음을 통해 내 심령에 말씀해 주실 것을 성령께 겸손히 구한다.
한 사람이 대표로 마태복음 5:1-3을 큰소리로 읽는다. 다음 질문을 중심으로 개인적으로 묵상하고 그룹으로 함께 나눈다.

1) 비범한 가난 속으로 스스로 사라져 들어감은 하나님께 대한 경배다. 내게 이 말은 어떤 의미를 가지는가?

2) 나는 예수님의 자비를 받아들이고, 나 자신에게 자비로우며, 그 자비를 다른 이들에게 전할 수 있는가? 그렇지 못하다면 이유가 무엇인가?

3) "나는 하나님을 만나기 위해 하나님을 버리게 해달라고 기도한다"는 마이스터 에크하르트의 말은 무슨 의미이겠는가?

5. 성령 안에서 모두 내려놓음

5분간의 묵도로 시작한다. 내주하시는 성령을 믿음으로 의식한다. 성경말씀, 개인적 묵상, 다른 사람들의 깨달음을 통해 내 심령에 말씀해 주실 것을 성령께 겸손히 구한다.
한 사람이 대표로 마가복음 8:34-38을 큰소리로 읽는다. 다음 질문을 중심으로 개인적으로 묵상하고 그룹으로 함께 나눈다.

1) 삶에서 정신적으로, 감정적으로, 육체적으로 혹은 영적으로 아프고 괴롭고 힘들었던 일들에 대해 서로 이야기를 나눠 보라.

2) 자신의 실패, 약점, 불행으로 인해서, 다른 이들의 실패와 단점들을 더욱 깊이 공감해 본 적이 있는가? 한 가지씩 돌아가며 이야기를 나눠 보라.

3) 최근 전국 여론 조사에 따르면, 나사렛 예수의 삶과 가르침에 비추어서 이라크 전쟁의 도덕성을 판단하는 미국의 그리스도인은 겨우 9퍼센트에 불과하다. "예수님이라면 어떻게 하셨을까?"라고 팔찌에 새겨 넣던 문구는 그리스도인들의 대화에서 거의 자취를 감추고 말았다. 그리스도 안의 거하는 사람이라는 내 존재가 전쟁에 대한 판단에 어떤 영향을 미치는가? 비폭력 저항 원칙은 테러가 횡횡하는 이 시대에 과연 타당한가? 그렇지 않다면 다른 대안은 무엇인가?

6. 투명한 제자

5분간의 묵도로 시작한다. 내주하시는 성령을 믿음으로 의식한다. 성경말씀, 개인적 묵상, 다른 사람들의 깨달음을 통해 내 심령에 말씀해 주실 것을 성령께 겸손히 구한다.
한 사람이 대표로 갈라디아서 2:19-20을 큰소리로 읽는다. 다음 질문을 중심으로 개인적으로 묵상하고 그룹으로 함께 나눈다.

1) 내가 알고 있는 투명한 사람에 대해 설명해 보라. 그 사람의 매력은 무엇인가?

2) 나는 투명한 사람이라고 생각하는가? 예를 들어 설명해 보라.

3) 서로의 가장 좋은 점들이 무엇인지 묻고 나눠 보라.

7. 중심에서 비껴난 삶

5분간의 묵도로 시작한다. 내주하시는 성령을 믿음으로 의식한다. 성경말씀, 개인적 묵상, 다른 사람들의 깨달음을 통해 내 심령에 말씀해 주실 것을 성령께 겸손히 구한다.
한 사람이 대표로 요한복음 15:1-5을 큰소리로 읽는다. 다음 질문을 중심으로 개인적으로 묵상하고 그룹으로 함께 나눈다.

1) 나는 내 내면으로부터의 압력과 타인의 기대로부터 얼마나 자유로운가? 한 가지 예를 들어 보라.

2) 개인적인 실패가 축복이 되었던 경험을 서로 나눠 보라.

3) 중심에서 비껴난 삶은 온 종일 성령의 속삭임에 깨어 귀 기울이도록 우리를 초대한다. 로렌스 형제(Brother Lawrence)의 「하나님의 임재 연습」(*The Practice of the Presence of God*), 토머스 키팅(Thomas Keating)의 「마음을 열고 가슴을 열고」(*Open Mind, Open Heart*), 리처드 포스터(Richard Foster)의 「리처드 포스터의 기도」(*Prayer*) 같은 고전들은 분명 수많은 제자들에게 크나큰 도움이 되었다. 일상의 삶이 어쩔 수 없이 나의 초점을 흐리게 할 때, 하나님의 현존에 대한 깨달음 안에 계속 머물도록 도와준 것이 무엇이었는지 이야기를 나눠 보라. 내가 영화를 보러 갈 때 예수님은 복도 바깥에 서 계시는가? 내가 배에 오를 때 하나님은 바닷가에 남아 계시는가?

8. 거침없는 신뢰

5분간의 묵도로 시작한다. 내주하시는 성령을 믿음으로 의식한다. 성경말씀, 개인적 묵상, 다른 사람들의 깨달음을 통해 내 심령에 말씀해 주실 것을 성령께 겸손히 구한다.
한 사람이 대표로 누가복음 12:22-32을 큰소리로 읽는다. 다음 질문을 중심으로 개인적으로 묵상하고 그룹으로 함께 나눈다.

1) 우리가 예수님의 자비를 깊이 받아들여 내면화한다면, 더 이상 건전하지 않은 죄의식이나 가책, 자기혐오 같은 것에 시달리지 않을 것이다. 자신이 어디쯤에 있는지, 그리고 어느 만큼의 평화를 얻었는지를 서로 나눠 보라.

2) 시편 103:1-5을 본떠 작성한 감사의 시편을 서로 나눠 보라.

3) 혹시 내 삶 속에 도덕주의/율법주의의 흔적이 남아 있다면 어떤 것들인가?

9. 사자와 어린양, 예수의 무자비한 온유하심

5분간의 묵도로 시작한다. 내주하시는 성령을 믿음으로 의식한다. 성경말씀, 개인적 묵상, 다른 사람들의 깨달음을 통해 내 심령에 말씀해 주실 것을 성령께 겸손히 구한다.
한 사람이 대표로 마태복음 11:25-27을 큰소리로 읽는다. 다음 질문을 중심으로 개인적으로 묵상하고 그룹으로 함께 나눈다.

1) 사막에서 예수를 유혹한 악마의 세 가지 유혹에 대해 헨리 나우웬은 이렇게 말했다. "이 세 가지 유혹은 예수를 꾀어서 사랑을 향해 경쟁하는 자로 만드는

방법들이다. 유혹하는 자의 세계를 정확하게 표현하면, 유용하고 대단해 보이고 강해 보이는 일들을 통해서, 그리고 애정과 숭배를 보장하는 승리를 쟁취함으로써 사랑을 얻으려고 경쟁하는 사람들의 세계다." 나는 좋은 행위로써 애정과 인정을 얻기를 바라는 마음으로, 친절과 봉사로 사랑을 얻으려고 다투고 있는가? 다시 말하면, 그릇된 동기로 올바른 행동을 하고 있느냐는 것이다.

2) 나는 진실로 중요한 것들을 중요하게 생각하는가?

3) 내 삶의 여정 안에 계시는 예수님은, 내가 착할 때는 사랑해 주시고 악할 때는 내치시는 분인가?

10. 위대한 희망의 절기

5분간의 묵도로 시작한다. 내주하시는 성령을 믿음으로 의식한다. 성경말씀, 개인적 묵상, 다른 사람들의 깨달음을 통해 내 심령에 말씀해 주실 것을 성령께 겸손히 구한다.
한 사람이 대표로 빌립보서 3:7-14을 큰소리로 읽는다. 다음 질문을 중심으로 개인적으로 묵상하고 그룹으로 함께 나눈다.

1) 12월은 많은 분주한 일들로 인해 시간이 부족하다. 이런 가운데 나는 하나님, 가족, 직업이나 성직 사이에서 우선순위를 지킬 수 있는가?

2) "예수님은 지금, 사람들이 자신의 본향으로 돌아올 때마다 그리고 자신을 잃어버려 희망과 기쁨이 거의 없을 때조차도 우리 안에 '성탄'(Christmas) 하신다"는 짧은 경구에 대한 생각을 나눠 보라.

3) 크리스마스 시즌에 가난한 사람들에게 자애로운 마음을 표현해 본 적이 있는가?

11. 크리스마스의 위기

5분간의 묵도로 시작한다. 내주하시는 성령을 믿음으로 의식한다. 성경말씀, 개인적 묵상, 다른 사람들의 깨달음을 통해 내 심령에 말씀해 주실 것을 성령께 겸손히 구한다.

한 사람이 대표로 마가복음 6:1-6을 큰소리로 읽는다. 다음 질문을 중심으로 개인적으로 묵상하고 그룹으로 함께 나눈다.

1) 씨 뿌리는 사람의 비유로 보면, 나의 마음 밭은 어느 수준에 해당하는가? 네 번째 수준이라면 어느 정도의 점수를 줄 수 있는가? 30점, 60점 아니면 100점인가?

2) 삶이 복잡하고 힘들어질 때, 누군가가 내 진심을 곡해할 때, 고독을 느낄 때, 친구가 나를 버릴 때, 갑작스러운 실직 혹은 우울이 엄습할 때, 하나님께서 나를 있는 그대로 사랑하시며, 당신의 잣대를 들이대지 않으심을 깨달음으로써 내면의 평정을 유지할 수 있는가?

3) 기도생활에서 열망을 강하게 단련하는 것은 매우 중요하다. 나는 구원받은 이후로 예수님과 친밀하고자 하는 열망이 더 강해졌는가?

12. 크리스마스의 묵상가

5분간의 묵도로 시작한다. 내주하시는 성령을 믿음으로 의식한다. 성경말씀, 개인적 묵상, 다른 사람들의 깨달음을 통해 내 심령에 말씀해 주실 것을 성령께 겸손히 구한다.

한 사람이 대표로 누가복음 11:1-13을 큰소리로 읽는다. 다음 질문을 중심으로 개인적으로 묵상하고 그룹으로 함께 나눈다.

1) 최근에 은혜에 사로잡혔던 때의 일을 서로 나눠 보라.

2) 하나님의 사랑에 나를 맡기는 것이 어려웠던 적이 있는가? 그 이유는 무엇인가?

3) 삶 속에서 예수 그리스도를 개인적으로 체험했다면, 내게 신비가라는 이름표가 붙는다. 신비가에 대한 고전적인 정의는 하나님을 체험한 사람이기 때문이다. 칼 라너는 소천하기 직전인 1985년에 다음과 같은 예언을 남겼다. "앞으로 그리스도인은 신비가이거나 전혀 그리스도인이 아니거나 둘 중의 하나일 것이다." 신비 체험은 결코 일회성 사건이 아니다. 라너의 말에 동의하는가, 그렇지 않은가? 나는 신비가로 불리는 것에 거부감이 없는가? 나의 종교적 전통은 이 호칭을 사용하는가?

13. 크리스마스는 자유다

5분간의 묵도로 시작한다. 내주하시는 성령을 믿음으로 의식한다. 성경말씀, 개인적 묵상, 다른 사람들의 깨달음을 통해 내 심령에 말씀해 주실 것을 성령께 겸손히 구한다.
한 사람이 대표로 고린도후서 3:16과 갈라디아서 6:1을 큰소리로 읽는다. 다음 질문을 중심으로 개인적으로 묵상하고 그룹으로 함께 나눈다.

1) 자신의 문화를 거스르거나, 전통의 지혜를 무시하거나, 가족과 친구의 기대를 의도적으로 저버리고 행동했던 일에 대해 서로 이야기를 나눠 보라. 그때 두

려움을 느꼈는가? 왜 두려웠는가?

2) 낙태, 동성애 혹은 규범과 복음의 가르침에 반하는 논쟁적인 도덕 문제에 대해 입장을 분명히 표명할 것을 양심이 요구할 때 어떻게 하겠는가?

3) "자유로운 사람의 존재는, 자유에 대한 우리의 두려움에 대한 심판이다." 이 말을 어떻게 이해하는가? 오늘날 종교 모임들 안에 어째서 이토록 자유롭지 못한 사람들이 많을까?

14. 마구간에 난파한 자

5분간의 묵도로 시작한다. 내주하시는 성령을 믿음으로 의식한다. 성경말씀, 개인적 묵상, 다른 사람들의 깨달음을 통해 내 심령에 말씀해 주실 것을 성령께 겸손히 구한다.
한 사람이 대표로 요한복음 20:19-21을 큰소리로 읽는다. 다음 질문을 중심으로 개인적으로 묵상하고 그룹으로 함께 나눈다.

1) 평화를 느끼지 못할 때에도 평화로울 수 있다는 사실을 경험한 적이 있는가?

2) 최근에 경험한 좌절에 대해서 이야기하고 그때 어떤 느낌이 들었는지 서로 나눠 보라.

3) "네가 나를 사랑하니 내 마음이 기쁘다. 나를 행복하게 한다." 예수님에게서 이런 말씀을 최근에 들은 적이 언제인가? 눈을 감고 잠시 멈추어서 조용히 귀를 기울이라. 우리는 「사자와 어린양」을 읽었으며, 지난 14주간 동안 오직 하나의 목표를 가지고 진실한 마음으로 모였다. 우리의 목표는 예수님을 주님,

구원자, 형제와 벗으로서 더욱 친밀하게 마음 깊이 이해하는 것이다. 이제 귀를 기울이면, 예수님의 이런 말씀이 들리는가? "네가 나를 사랑함을 알게 되어 내 마음이 기쁘다. 나를 행복하게 한다."

자리에서 일어나 손잡고 주기도문으로 기도한 후 서로 평화의 인사를 나누라.

주

1. 하나님과 자신에 대한 생각을 바로잡음

1. James Burtschaell, *Philemon's Problem: The Daily Dilemma of the Christian* (Chicago: The Acta Foundation, 1973), p. 21.
2. Burtschaell, p. 20.
3. Dick Westley, *Redemptive Intimacy*(Mystic, Conn.: Twenty-third Publications, 1981), p. 136.

2. 예수님을 만난 날

1. Sean Caulfield, *The Experience of Praying*(Ramsey, N.J.: Paulist Press, 1980), p. 67.

4. 가난하지만 풍요로운 자

1. William E. Reiser, *Into the Needle's Eye-Becoming Poor and Hopeful Under the Care of a Gracious God*(Notre Dame, Ind.: Ave Maria Press, 1984), p. 53.
2. Reiser, p. 55.
3. Carroll Stuhlmuller, *The Prophets and the Word of God*(Notre Dame, Ind.: Fides Press), p. 224.

5. 성령 안에서 모두 내려놓음

1. Jim Wallis, *The Call to Conversion*(New York: Harper and Row, 1981), pp. 30, 34. (「회심」 IVP)
2. C. S. Lewis, *Mere Christianity*(New York: Macmillan Co., 1952), p. 56. (「순전한 기독교」 홍성사)
3. Mary Craig, *Blessings*(New York: William Morrow & Co., Inc., 1979), p. 124.

4. Craig, p. 120.

6. 투명한 제자

1. Dorothy L. Sayers, Michael E. McCauley가 축약 편집한 *The Jesus Book*(Chicago: The Thomas More Press, 1978), p. 210에서 인용.
2. Sebastian Moore, *The Inner Loneliness*(New York: Crossroad, 1982). p. 85.

7. 중심에서 비껴난 삶

1. Robert Gleason, *Christ and the Christian*(New York: Sheed and Ward, 1960), p. 12.
2. Gleason, p. 18.
3. 이런 생각의 핵심적인 내용은 Peter van Breeman의 *Called by Name*(Denville, N.J.: Dimension Books, 1980), p.53에서 착안했음.
4. Peter van Breeman, *Certain as the Dawn*(Denville, N.J.: Dimension Books, 1980), p. 37.
5. Donald Gray, *Jesus, the Way to Freedom*(Winona, Minn.: St. Mary's Press, 1979), p. 47.

9. 사자와 어린양, 예수의 무자비한 온유하심

1. Henri Nouwen, *Compassion, A Reflection on the Christian Life*(Garden City, N.Y.: Doubleday), P. 24. (「긍휼」IVP)
2. Nouwen, p. 30.
3. Walter Burkhardt, *Tell the Next Generation*(Ramsey , N.J.: Paulist Press, 1982), p. 80.
4. Nouwen, p. 30.
5. Thomas Merton, Burkhardt, p. 192에서 인용.
6. Laurens Van der Post, *Caring* by Morton Kelsey(Ramsey, N.J.: Paulist Press), p. 96 에서 인용.
7. Dr. James Shannon, Burkhardt, p. 14에서 인용.
8. Kelsey, pp. 23-24.

10. 위대한 희망의 절기

1. Van Breeman, *Certain as the Dawn*, p. 13

11. 크리스마스의 위기

1. Albert Nolan, *Jesus Before Christianity*(Maryknoll, N.Y.: Orbis Books, 1978), pp. 135-136. (「그리스도교 이전의 예수」분도출판사)
2. William MacNamara, *Mystical Passion*(Chicago: Claretian Press, 1977), p. 58.

12. 크리스마스의 묵상가

1. Paul Tillich, *The Shaking of the Foundations*(New York: Charles Scribner's Sons, 1948), p. 161-162. (「흔들리는 터전」 뉴라이프)
2. Burkhardt, p. 210.
3. Brennan Manning, *Souvenirs of Solitude*(Denville, N.J.: Dimension Books, 1979), pp. 35-37.
4. John Heagle, *A Contemporary Meditation on Hope*(Chicago: St. Thomas More Press, 1976), p. 18.
5. Bernard Haring, *A Sacramental Spirituality*(St. Louis, Mo.: Herder and Herder, 1972), p. 112.

13. 크리스마스는 자유다

1. Anthony DeMello, *The Song of the Bird*(Chicago: Loyola University Press, 1982). (「유쾌한 깨달음」 보누스)
2. Gray, p. 46.
3. Gray, p. 49.
4. M. Scott Peck, *The Road Less Traveled*(New York: Simon and Schuster, 1979), p. 311. (「아직도 가야 할 길」 율리시즈)
5. John McKenzie, *Source*(Chicago: Thomas Moore Press, 1984), p. 206.
6. Heagle, p. 124.
7. Burkhardt, p. 114.
8. Avery Dulles, *Models of Revelation*(Garden City, N.Y.: Doubleday, 1983), p. 161.

14. 마구간에 난파한 자

1. José Ortega, *The Revolt of the Masses*(New York: Norton, 1957), p. 157.
2. Simon Tugwell, *The Beatitudes: Soundings in Christian Traditions*(Springfield, I1.: Templegate Publishers) pp. 127-128.
3. Tugwell, p. 6.
4. Joachim Jeremias, *The Parables of Jesus*(New York: Charles Scribner's Sons, 1970), p. 84. (「예수의 비유」 분도출판사)

브레넌 매닝(Brennan Manning)

미국의 대공황 시절 뉴욕에서 태어난 그는 대학교에 다니다가 해병대에 입대, 한국전쟁에서 싸웠다. 귀국 후 브레넌은 미주리 대학교에서 저널리즘을 공부하면서 글을 쓰기 시작해 장래가 촉망되는 작가로 주목받았다. 그러나 인생의 뭔가 '더 깊은' 것을 찾으려는 절박한 마음에 학교를 그만두었고, 그것이 '하나님일지도 모른다'는 생각에 브레넌은 프란체스코회 신학교에 들어간다. 그곳에서 브레넌은 예수 그리스도의 인격적 사랑을 강렬하게 체험하고 자신의 인생을 향한 하나님의 부르심을 확신케 된다. 그는 계속해서 철학과 신학을 공부하고 1963년 프란체스코회 사제로 서품받는다.

이후 브레넌의 사역 직책들은 그를 상아탑의 전당에서 빈자(貧者)들의 뒷골목으로 데려갔다. 그는 대학교에서 신학강사 및 캠퍼스 사역자로 섬기면서, 가난한 이들과 더불어 살며 사역했다. 1960년대 말 프란체스코회에서 2년간 휴가를 얻은 브레넌은 스페인으로 건너가 샤를 드 푸코(Charles de Foucauld)의 예수의 작은 형제회에 들어갔다. 세상과 격리되지 않은 채 가난한 자들 속에서 묵상하며 살기로 헌신한 수도회였다. 낮에는 육체노동을 하고 밤에는 침묵과 기도에 잠기는 생활방식이었다. 그는 여기서 다양한 임무를 맡았다. 물 배달부가 되어 당나귀와 짐마차로 시골 마을에 물을 실어 날랐고, 벽돌공 조수가 되어 이글거리는 스페인의 땡볕 아래에서 진흙과 밀짚을 삽으로 폈고, 사제의 신분을 간수에게만 알린 채 스위스의 한 감옥에서 자원 죄수로 살았으며, 사라고사 사막의 외딴 동굴에서 6개월간 떨어져 외로운 묵상가로 지내기도 했다. 그곳에서 수련하는 동안 브레넌은 십자가에 달리신 그리스도로 나타난 하나님의 사랑의 계시를 다시 한번 강렬히 확신케 된다. 어느 한겨울 밤 그는 주님으로부터 이런 말씀을 받았다. "내 널 사랑해 아버지 곁을 떠났다. 내게서 달아난 너, 나를 피해 숨은 너, 내 이름을 듣지 않으려 한 너를 찾아왔다. 내 널 사랑해 얼굴에 침세례를 받고 주먹질과 채찍질당하고 나무 십자가에 달렸다." 브레넌은 후에 이렇게 회상했다. "그 말씀이 불길이 되어 내 삶에 옮겨붙었다. 프란체스코회에 입회하던 날 한 지혜로운 노신부가 해줬던 이야기를 그날 밤 비로소 나는 깨달았다. '일단 예수 그리스도의 사랑을 알게 되면 세상 어느 것도 멋있어 보이거나 탐나지 않게 된다오.'"

1970년대에 미국으로 돌아온 브레넌은 다른 네 신부와 함께 앨라배마의 번잡한 항구도시에 실험공동체를 세우고 프란체스코회의 소박한 삶을 모델 삼아 미시시피만(灣)의 한 집에 정착해 묵묵히 새우잡이 어선에서 일하면서 어부들과 그 가족들을 상대로 사역하는 한편, 플로리다를 중심으로 캠퍼스 사역을 다시 시작했다. 그러나 성공적인 사역은 그가 갑자기 알코올 중독에 무너지면서 처참히 중단됐다. 미네소타의 해즐던 치료센터에서 6개월의 치료를 통해 그는 건강을 되찾고 회복의 길에 들어섰다. 이 시기부터 브레넌은 본격적으로 글을 쓰기 시작했다. 책들이 잇달아 간행됐고 하나님의 부르심을 좇아 새로운 방향으로 들어선 브레넌은 결국 프란체스코회를 탈퇴했다. 1982년 그는 로즐린 앤 워커와 결혼해 뉴올리언스에 정착했다. 현재 브레넌은 집필과 설교를 계속하는 한편 수많은 곳을 다니며 도처의 남녀들에게 예수 그리스도 안에 있는 하나님의 무조건적 사랑의 기쁜 소식을 수용하고 품을 것을 권하고 있다.